AfD, Pegida und der Untergang des Abendlandes

Sebastian Henke

AfD, Pegida und der Untergang des Abendlandes

Mythen, Symbole und Narrative der Neuen Rechten in Deutschland

Cuvillier Verlag Göttingen
Internationaler wissenschaftlicher Fachverlag

Bibliografische Information der Deutschen Nationalbibliothek
Die Deutsche Nationalbibliothek verzeichnet diese Publikation in der
Deutschen Nationalbibliografie; detaillierte bibliographische Daten sind im Internet
über http://dnb.d-nb.de abrufbar.
1. Aufl. - Göttingen: Cuvillier, 2018

Cover-Abb.:
Thomas Cole: The Course of Empire: Destruction (1836)

Nonnenstieg 8, 37075 Göttingen
Telefon: 0551-54724-0
Telefax: 0551-54724-21
www.cuvillier.de

1. Auflage, 2018
Gedruckt auf umweltfreundlichem, säurefreiem Papier aus nachhaltiger
Forstwirtschaft.

ISBN 978-3-7369-9932-9
eISBN 978-3-7369-8932-0

Inhaltsverzeichnis:

Tabellenverzeichnis:

1. Prolog: Des Mythos langer Arm durch die Geschichte

„In die Gegenwart wirkt nur jener Teil des Vergangenen hinein, der dazu bestimmt ist, sie zu erhellen oder zu verdunkeln.“

-Italo Svevo[1]

Am Anfang war die Stunde Null. Die Waffen schwiegen und aus den Trümmern erhob sich das Volk, um seine Heimat wiederaufzubauen. Mit unendlichem Fleiß und noch größerer Opferbereitschaft, Hand in Hand, bereiteten die deutschen Trümmerfrauen ihren heimkehrenden Männern den Boden, auf dem diese durch harte Arbeit Deutschland aus dem Nichts zu einem Land machten, in dem dank sozialer Marktwirtschaft und D-Mark bald Milch und Honig flossen. Nach langem Irrweg durch die Geschichte fand Deutschland wieder seinen angestammten Platz im Westen und so schlossen sich allmählich die Wunden der geschundenen Heimat. Dies ist in gekürzter Fassung das mythische Konvolut der frühen Bundesrepublik. Manche diese Mythen wurden früh formuliert und mussten der neuen Situation bloß angepasst werden wie etwa der eines deutschen Sonderweges (Bizeul 2013: 180-181). Manche sickerten erst spät ins kollektive Ohr wie etwa der in den 1980ern in Westdeutschland aufkommende Mythos der deutschen Trümmerfrau (Treber 2014: 404). Politische Mythen dienen der Legitimation und Vergewisserung der Existenz eines Gemeinwesens über kollektiv gelebte Erinnerungskultur an historische oder historisierte Meistererzählungen, welche ein emotionales Bindeglied zwischen dem Individuum und seiner politischen Gemeinschaft erzeugen. Somit sollten die oben genannten Mythen dem westdeutschen Nachfolgestaat des Deutschen Reichs, seiner politischen Elite, aber auch dem bundesrepublikanischen Demos Legitimation und Selbstvergewisserung sowie ein Gemeinschaftsgefühl stiften. Mit der Komposition von Geschichte und ihrer mythischen Transzendenz wird Politik gemacht. Geschichtspolitik, die Applaus wie Ablehnung findet. Doch wo Ablehnung ist, steht bereits eine Gegengeschichte im erzählerischen Raum. Bereits unmittelbar nach dem Krieg bereiteten konservative bis rechtsradikale Intellektuelle Gegenmythen und Anknüpfpunkte zu den deutschnationalen Diskursen des 19. und 20. Jahrhunderts vor, die eine durch den bundesrepublikanischen Bruch mit Reichsidee und deutscher Großmachtpolitik bedroht geglaubte deutschnationale Denkschule erhalten sollten - und damit die hoffende Erwartung einer Renaissance

[1] (Svevo 1988: 467).

ihrer Ideologie. Diese von Armin Mohler ins Leben gerufene „Konservative Revolution“ stellte eine antiliberale Denkfabrik dar, die im Hintergrund rechtskonservative Netzwerke im In- und Ausland spann und über die an Frankreichs *Nouvelle Droite* angelehnte „Neue Rechte“ ein Konzept zur Rückeroberung verloren geglaubter „kultureller Hegemonie“ ersann - ein Konzept des italienischen Marxisten Gramsci.[2] Diese Neue Rechte seit den 1970er Jahren führte die Gedanken der Konservativen Revolution unter Anwendung sprachpolitischer Strategeme logisch fort, um metapolitischen Einfluss auf die geschichtspolitischen Diskurse der Bundesrepublik auszuüben. Durch die geschickte Nutzung alternativer Mythopoesis und derer ästhetischen Wirkmacht fanden die neurechten Diskurse seit den 1980ern zunehmenden Widerhall im konservativen Milieu und brachen sich mit dem Aufkommen rechtspopulistischer Organisationen und Parteien in den 1990ern auch politisch Bahn. Seit dem Jahrtausendwechsel intensivierten sich die Bemühungen neurechter Presseorgane, Denkfabriken und aktionistischer Organisationen, diese ersten kurzfristigen Erfolge auszubauen und zu verstetigen. Die im Zuge der Finanzkrise 2008 sich gründende Anti-Euro-Partei „Alternative für Deutschland“ (AfD) und die hauptsächlich islamophobe Organisation „Patriotische Europäer gegen die Islamisierung des Abendlandes“ (Pegida) sind dabei die zeitgenössischen Ventile neurechter Diskurse im politischen und öffentlichen Raum. Gerade aus politikwissenschaftlicher Perspektive muss daher die Rolle politischer Mythen, Symbole und Narrative untersucht werden, vermittelst derer die Neue Rechte versucht, eine kulturelle Hegemonie über eine immer wirkmächtigere Gegenöffentlichkeit zu etablieren. Die entscheidende Frage lautet also: Welche Rolle spielen politische Mythen, Symbole und Narrative im neurechten Diskurs? Hierzu wird nach einer kurzen Darstellung des Forschungsstandes zunächst ein ausführlicher Blick unter anderem auf die Begriffe „Mythos“, „Narrativ“ sowie „Symbol“ geworfen werden, um ihre interdisziplinäre und interlinguale Mannigfaltigkeit ordnend in einen sinnvollen Zusammenhang zu bringen. Anhand einer solchen Konzeptspezifikation mit dem notwendigen Rüstzeug ausgestattet, werden dann die heterogenen alt- und neurechten Denkfabriken, Organisationen, Parteien, Bewegungen und Personen untersucht, um aufzuzeigen, dass deren Vernetzung insbesondere im intellektuell-diskursiven Bereich weder zufällig, noch unzusammenhängend ist, sondern einen erkennbaren roten Faden aufweist - von der Nachkriegszeit bis heute. Der Hauptteil widmet sich den Mythen, Symbolen und Narrativen im alt- und neurechten Diskurs und stellt diese den bundesrepublikanisch und in der DDR geprägten gegenüber. In Hinblick zur Auswahl der Mythen

[2] „[...] *dass sich die Suprematie einer gesellschaftlichen Gruppe auf zweierlei Weise äußert, als Herrschaft und als intellektuelle und moralische Führung* [...] *Eine gesellschaftliche Gruppe kann und muss sogar bereits führend sein, bevor sie die Regierungsmacht erobert*“ (Gramsci 2012, 1947).

wird sinngemäß nur auf diejenigen eingegangen, die entweder im Kontext der Bundesrepublik signifikant wurden und somit von der Neuen Rechten angegriffen werden, um deren Legitimations- und Sinnstiftung zu untergraben, oder diejenigen, die für die ideologische Selbstbestimmung der Neuen Rechten selbst von immanenter Bedeutung sind. Dabei wird klar, dass vermittelst der Nutzung bestimmter Mythopoesis sowie der „Arbeit am Mythos“ (Blumenberg 2001) der gesellschaftliche Konsens des bundesdeutschen Demos aufgebrochen werden soll. Indem dieser Konsens in Frage gestellt wird und mithilfe einer offensiv geführten Marketing-Kampagne, die eigenen Mythopoesis in den öffentlichen Raum zu bringen, soll der in der Nachkriegszeit begründete *Metademos* (*μετάδῆμος*) einer rechten Gegenöffentlichkeit an Einfluss gewinnen. Gramscis Konzept der kulturellen Hegemonie aufgreifend, soll diese Gegenöffentlichkeit zur „intellektuellen Führung“ der Neuen Rechten führen - als nötige Vorstufe einer Eroberung der Regierungsmacht (Gramsci 2012: 1947). Damit sollte auch zur gesellschaftlichen Relevanz des Themas hinreichend Auskunft gegeben sein, denn die Frage nach der Rolle politischer Mythen einer Gegenöffentlichkeit definiert auch deren Zielsetzungen und da die politische Macht und der öffentliche Einfluss der Neuen Rechten in Deutschland zunimmt und die Erfahrungen aus dem Ausland zeigen, dass deren Machtübernahme keineswegs unmöglich ist und dieser neurechte „Kulturkampf“ eine unmittelbare Bedrohung des liberal-pluralistischen gesellschaftlichen Zusammenlebens darstellt. Selbst ohne politischen Wandel ist die Zukunft einer mythisch zerrissenen Gesellschaft die einer sprachlich und mental zerrissenen Gesellschaft. Ohne Konsens eines hinreichend großen Teils einer Gesellschaft in Bezug auf ihre Art zu sprechen und zu denken, ist die Existenz dieser Gesellschaft als Einheit in Frage gestellt. In punkto politikwissenschaftlicher Relevanz lässt sich feststellen, dass dieses Buch besonders eine Synthese zahlreicher Ansätze darstellt, den Fokus dabei aber in eine bislang wenig berücksichtigte Richtung lenkt. Es gibt eine mittlerweile schier überbordende Vielzahl von Arbeiten, die sich mit dem Phänomen der Neuen Rechten oder des Rechtspopulismus beschäftigen und auch die Erforschung politischer Mythen rückt zunehmend ins Augenmerk politikwissenschaftlicher Forschung. Bislang kaum untersucht wurde dagegen die konkrete Rolle mythopoetischer Gegenkonzepte der Neuen Rechten als Stichwortgeber und intellektueller Unterbau rechtspopulistischer Bestrebungen, politische Macht zu generieren. Da politische Mythen heute zumeist nationale Mythen sind, unterscheidet sich Deutschland von allen anderen Staaten insofern, als dass manche Mythopoesis oder Elemente dieser im kollektiven kulturellen Langzeitgedächtnis (Assmann 2007b: 69-70) zwar schlummernd aktiv, politisch aber nicht belegt sind aufgrund der Mythenumwälzung nach 1945. Dadurch konnte sich die Neue Rechte sehr viel älterer, wirkmächtigerer Mythen bedienen, die im zunehmenden Normalisierungsdiskurs in Deutschland nach der Wiedervereinigung Anklang fanden. Zudem verdrängten in einigen Fällen akademische Dekonstruktionen und soziokulturelle Veränderungen die bundesrepublikanische Vereinnahmung nationaler Mythen und Meistererzählungen, so dass die Neue Rechte das Mythenvakuum besetzen konnte und an Deutungshoheit gewann. Der Anspruch, das „wahre“ Deutschland zu vertreten, ist im Kontext der durch die Neue Rechte belegten älteren deutschen Mythopoesis, von enormer Suggestionskraft. Dagegen verlieren viele bundesrepublikanische Mythen durch deren Verknüpfung an obsolete Deutungsstrukturen (Kalter Krieg, Antikommunismus, Deutsche Teilung) an gesellschaftlicher Kohäsion. Neben den in der Forschung herangezogenen sozioökonomischen, soziokulturellen, demographischen und vielen anderen Faktoren nebst exogenen Schocks, die belegen sollen, wieso der Rechtspopulismus in Deutschland so schnell und stark an Einfluss gewann, soll hier mit dem Verweis auf die mythopoetische Metapolitik der Neuen Rechten und derer ästhetisch-emotionalen Wirkmacht (die sich historisch mehrfach bewiesen hat) ein Beitrag zur Ursachenforschung geleistet werden. Darüber hinaus stellt auch die systematische Typologisierung und Definition einer Vielzahl teils in der Forschung synonym oder vage definierter Termini wie politischer Mythos und Kultur, Symbol, Metanarrativ und *grand narrative*, *métarécit* und Meistererzählung sowie einigen anderem mehr, einen Teil zur Klärung offener politikwissenschaftlicher Fragen dar.

2. Literaturüberblick und Forschungsstand

In Bezug auf die Fragestellung der Arbeit lassen sich grob drei Forschungsstränge voneinander unterscheiden, deren Behandlung hier von Interesse ist. Zum einen ist das die Erforschung politischer Mythen und derer Wirkmacht in Deutschland, wobei zur Wirkmacht selber aufgrund der schwierig zu operationalisierenden Empirie wenig geschrieben wurde und der Themenkomplex daher eher deskriptiv behandelt wird. Dann die Forschung in Bezug auf die Entstehung der Neuen Rechten aus dem Geiste der Konservativen Revolution und Armin Mohlers transnationalem rechtskonservativen Netzwerk und - zumeist separat - die Verbindung der Neuen Rechten in Deutschland mit rechtspopulistischen Organisationen wie der AfD oder Pegida. Drittens ist die Forschung hinsichtlich Erinnerungsorten[3], Symbolen, neurechter Mythen und narrativer Strategeme zu nennen, die sich allerdings ebenfalls nicht der Frage derer Wirkmacht in der Öffentlichkeit stellt. Die große Menge nicht klar diesen Strömungen zuzuordnender Artikel, Studien und Monographien, die manchmal nur zur Klärung eines winzigen Teilaspekts dienlich waren, kann an dieser Stelle leider nicht erschöpfend Würdigung finden, gleichwohl deren Bedeutung als unerlässlich charakterisiert werden muss.

2.1 Politische Mythen, Symbole und Narrative als Forschungsgebiet

Im Kontext deutscher Mythenforschung ist vor allem Herfried Münkler von Bedeutung, der nicht nur eine Zusammenfassung der für ihn wichtigsten Mythen von Arminius/Hermann bis zu den politischen Mythen der Bundesrepublik liefert, sondern auch auf die politische Bedeutung von Mythen und Narrativen hinweist (Münkler 2009: 11-12). Hervorzuheben ist hier auch Wolfgang Schivelbuschs Monographie „Kultur der Niederlage“, der in seiner mentalitätsgeschichtlichen Analyse die Gemeinsamkeiten in der vor allem mythischen Verarbeitung großer Niederlagen von Troja bis heute untersucht (Schivelbusch 2003: 11). Die grundlegenden Forschungen zum Themenkomplex Mythos beruhen in diesem Buch vor allem auf den Arbeiten von Claude Lévi-Strauss, Ernst Cassirer, Hans Blumenberg, Pierre Nora und Roland Barthes, um nur einige zu nennen.

[3] Pierre Noras Konzept der *„lieu de mémoire“* fand in Deutschland rege Rezeption (François 2005: 7).

2.2 Rechtspopulismus und die Neue Rechte als Forschungsgebiet

In Westeuropa sind Mitte der 1980er eine Reihe von Parteien in Erscheinung getreten, die von Journalisten und Sozialwissenschaftlern rechtspopulistisch betitelt wurden (Decker 2006: 9). Seit den frühen 1990er Jahren sieht Mudde einen „populistischen Zeitgeist" in den westlichen Demokratien am Wachsen (Mudde 2004: 551), weswegen auch die Versuche, die Ursachen dieses Phänomens zu untersuchen, zunahmen. In dieser Zeit untersucht Frank Decker dessen soziostrukturelle Faktoren, etwa in der auf der Theorie von Lipset und Rokkan (Lipset und Rokkan 1967) beruhenden Annahme Deckers, die Auflösung sozialer *Cleavages* sei die Grundlage des Erfolgs rechtspopulistischer Parteien (Decker 2006: 10 und 14). Dieser Nachfrageseite stellt er die Angebotsseite gegenüber, durch die eine rechtspopulistische Partei (langfristigen) Erfolg erreichen kann vermittelst eines charismatischen Anführers, einer stabilen Organisation und in sich konsistenten Ideologie (ebenda: 16). Jan-Werner Müller geht dagegen von einer demokratietheoretischen Perspektive an die „innere Logik" des Populismus heran, um Links- und Rechtspopulismus untersuchen zu können (Müller 2016: 129). In Ablehnung modernisierungstheoretischer Erklärungsversuche, wie sie Decker zu Felde führt, etwa des populistisch wählenden „Modernisierungsverlierers", dem die Welt zu komplex geworden ist (ebenda: 33), sieht Müller diese innere Logik des Populismus in der Verquickung von Antielitismus, dem manichäischen Gegensatz eines „reinen Volkes" und „korrupter Eliten" sowie einem antipluralistischen Alleinvertretungsanspruch der Populisten (ebenda: 44). Die österreichische Soziolinguistin Ruth Wodak widmet sich in "Politik mit der Angst. Zur Wirkung rechtspopulistischer Diskurse" als herausragende Vertreterin der kritischen Diskursanalyse der emotionalen Dimension des Rechtspopulismus. Sie widmet sich den rechtspopulistischen Parteien in der EU, der Schweiz und den USA in Bezug auf deren Methoden, kontinuierlich Angst zu erzeugen und zu legitimieren (Wodak 2016: 19) und spricht dabei von einer „Mikropolitik der Angst" (ebenda: 82). Dabei konstatiert sie eine Gemeinsamkeit dieser Parteien, aus ethnischen, religiösen, sprachlichen und politischen Minderheiten eine Bedrohung für das rechtspopulistische „Wir" - die Nation oder das Volk - zu konstruieren (Wodak 2016: 21). Gleichzeitig seien ein Laissez-faire-Liberalismus (ebenda: 25) und die „Arroganz der Ignoranz" Kennzeichen rechtspopulistischer Parteien, die einen Rückfall in voraufklärerische Rhetorik darstellt (ebenda: 19).[4] Das Bestechende an Wodaks Monographie ist die präzise Aufarbeitung rechtspopulisti-

[4] Wobei der Verweis auf Laissez-faire-Liberalismus als einigendes Band („in der Regel", Wodak 2016: 25) so nicht unbedingt gelten kann, blickt man z.B. nach Osteuropa, wo eine eher protektionistische, keynesianische Wirtschaftspolitik seitens rechtpopulistischer Parteien vertreten wird, etwa in Polen.

scher „Mikropolitik“, also wie Rechtspopulisten sich im politischen Alltag, medienpolitisch, im Wahlkampf oder in den neuen sozialen Medien im Internet gerieren, um ihre Diskurse zu produzieren und zu reproduzieren (ebenda: 19). Damit nähert sich die Forschung bereits einem soziokulturellen Ansatz. Die Historikerin und Politikwissenschaftlerin Karin Priester knüpft an Muddes Ansatz vom Populismus als „dünner Ideologie“ (Mudde 2004: 543) an, wenn sie davon spricht, dass dieses Phänomen weniger eine Frage von links oder rechts ist, sondern von „Kräften eines neuen Aufbruchs“ gegenüber „Kräften der Beharrung“, einem Widerstand gegen ein als verkrustet empfundenes politisches System eines phantasielosen „weiter so“ (Priester 2012: 13-14).[5] Demzufolge stellt sich nur die Frage, von welcher „ideologischen Großfamilie“ die Kräfte des Aufbruchs im „populistischen Moment“ (ebenda: 16) eine ideologische Unterfütterung erfahren, um ihre dünne Ideologie zu überwinden. Judis sieht in der „Explosion des Populismus“ ein Frühwarnsystem politischer Krisen (Judis 2016: 16 und 157-158),wofür er mit Kriesi und Pappas vor allem die globale Finanzkrise von 2008 verantwortlich macht (Kriesi und Pappas 2015: 323). Auch wenn diese Theorie für zum Beispiel Osteuropa nicht haltbar ist, wie Hanley und Sikk überzeugend darlegten (Hanley und Sikk 2016: 8), bedeutet die nicht zwangsläufige Verbindung von Krise und Erfolg populistischer Parteien nicht, es gebe keine im Einzelfall. Zumindest für Deutschland kann der Wahlerfolg der AfD durch das Nutzen der Finanzkrise von 2008 im Sinne eines neuen Aufbruchs (Priester 2012: 13-14) durchaus konstatiert werden und der kurze Marsch der Partei in den Rechtspopulismus mit dem Nutzen der Flüchtlingskrise von 2015 (s. in dieser Arbeit: Kapitel 4.1). Armin Pfahl-Traughber verfolgte 1998 den Ansatz, den Zusammenhang von Konservativer Revolution und Neuer Rechten und deren Spannungsverhältnis zu den Wertvorstellungen des bundesdeutschen Verfassungsstaates aufzudecken (Pfahl-Traughber 1998: 11). Brauner-Orthen knüpft 2001 mit der Betrachtung insbesondere der 89er-Bewegung nach der Wiedervereinigung in Bezug auf die Neue Rechte daran an (Brauner-Orthen 2001: 14). Darauf aufbauend, analysiert Patrick Keßler 2018 die zunehmende Bedeutung der Neuen Rechten im öffentlichen Diskurs und deren wachsende Rezeption durch das konservative Milieu (Keßler 2018: 8). Volker Weiß setzte 2017 die Verflechtungen der Neuen Rechten mit AfD und Pegida sowie aktionistischer Organisationen wie dem Identitären Block (IB) ins Zentrum einer „Autoritären Revolte“ (Weiß 2017: 64, 118, 148), wobei er auch die Nutzung alternativer Mythen thematisch anschnitt, etwa durch den Mythos des Abendlandes (ebenda: 155).

---

[5] Vgl. Muddes Konzept einer „*silent majority*“, die sich nicht ausreichend durch die „Eliten“ vertreten fühlt (Mudde 2004: 363).

2.3 Rechte Mythen als Forschungsgebiet

Breuer nennt 1990 das Konzept der Konservativen Revolution terminologisch „unhaltbar“, weswegen es sich selbst um einen Mythos handle (Breuer 1990: 603). Auch Jost Müller kritisiert 1995 in „Die Mythen der Rechten“, dass sich diese in zwei Jahrhunderten nicht wesentlich geändert hätten (Müller 1995: 7), womit er die Eigenständigkeit einer Neuen Rechten als Selbstbezeichnung einer extrem heterogenen ideologischen Gemeinschaft ablehnt und auf eine bloße konservative „Tendenz zu einer autoritär verfassten parlamentarischen Demokratie“ hinweist, was ihn allerdings nicht davon abhält, den Terminus Neue Rechte zu verwenden (ebenda: 12). Auch hier soll trotz der extremen Heterogenität und Problematik der Begriffe „Neue Rechte“ und „Konservative Revolution“ auf diese zurückgegriffen werden, da sie - dem Anlass angemessen eingegrenzt - der wissenschaftlichen Arbeit mehr nützen als schaden. Langebach und Sturm subsummieren in ihrem Sammelband 2015 „Erinnerungsorte der extremen Rechten“, womit sie vor allem auf die Bedeutung der Geschichtspolitik für die extreme Rechte hinweisen (Langebach und Sturm 2015: 8). Dabei bleibt der Begriff der extremen Rechten seltsam vage stehen mit dem Verweis auf heterogene Strömungen die gemeinsam Mythen teilen (ebenda: 9). Im vorliegenden Buch wird die extreme Rechte, obwohl die Grenzen zur Neuen Rechten fließend sind, nur am Rande eine Rolle spielen, da der Fokus auf Neuer Rechte und Rechtspopulismus liegt.

3. Trümmer auf dem Fluss der Zeit: Mythen, Symbole und Narrative

"If This Is Your Land, Where Are Your Stories?"

- Sprichwort kanadischer Ureinwohner[6]

3.1 Der politische Mythos: Ein janusköpfiges Konzept

Mythen sind wie Trümmerteile auf dem Fluss der Zeit: ein schier unerschöpfliches Reservoir an emotional aufgeladenen Geschichten und Erzählungen, Symbolen und Erinnerungen, die mal laut, mal leise mahnend, fordernd, schaudernd klopfen an das kollektive Ohr. Im allgemeinen Sprachgebrauch oft verwendet im Sinne von Märchen oder Sagen, steckt weit mehr in diesem Begriff, von dem es heißt, ihn zu fassen, gleiche der Aufgabe, einen Pudding an die Wand zu nageln (Kaase 1983: 144, Fußnote 1). Im klaren Gegensatz zur Wissenschaft ist der Mythos emotional aufgeladen und wehrt sich jedwede Zergliederung seiner Wahrheit (Cassirer 1990: 123). Gerade die oberflächliche Simplizität des Mythos verschafft ihm seine opake Natur. Mythen sind ferner universal: Zwischen den Mythen der verschiedenen Kulturen existieren große Ähnlichkeiten (Lévi-Strauss 1977: 228). Als Untergruppe des Begriffs Mythos zeigt sich der politische Mythos als scheinbar redundanter Begriff, ist doch der Mensch als *zoon politikon* (ζῷον πολιτικόν) in seinem Wesen staatenbildend und somit stets politisch (Aristot. Pol. 1253a1-11). Abzugrenzen ist hier aber der politische Mythos vom religiösen (etwa einer Theogonie), der zwar auch politisch instrumentalisiert werden kann (und fast immer wird[7]), aber nicht politisch an und für sich ist. Wie etwa von Christian Meier (Meier 1983) beschrieben, begann die Trennung der politischen von der religiösen Sphäre bei den Griechen. In der Orestie von Aischylos als Mythos der Polis steht Pallas Athene als Modernisiererin dem unerbittlichen, archaischen Recht der Erinyen gegenüber (Meier 1983: 179f. und 219; Fischer 2017: 418-419; Aischylos Eumeniden 470-490 und 680-719). Die von ihr begründete Herrschaft des Rechts auf der Grundlage menschlicher Rechtsprechung statt göttlicher Rache dient so auch der Entwicklung des Staates und legitimiert die Polis als

[6] Zitiert nach Chamberlins Buchtitel (Chamberlin 2010: 1).

[7] Da die Sphäre des Religiösen häufig die Sphäre des Politischen berührt, da beide letztlich soziale Sphären sind. Etwa im zentralen Teil des Hindu-Mythos des Mahabarata, der Bhagavadgita, wenn der Gott Krischna gegenüber dem Pandava-Prinzen Ardschuna das Kastenwesen und somit die brahmanische Ordnung für sinnhaft erklärt (Bhagavadgita 4, 13; 18, 41-48). Oder in der Bibel, etwa wenn es um die Stellung zur staatlichen Gewalt geht, etwa Römer 13, 1-7 oder Mt 22,21.
Letztlich ist jeder Mythos zumindest auch politisch zu betrachten als leerer Signifikant, der entsprechend von Politikern, Parteien und anderen Gruppen und Personen verwendet werden kann (Laclau 2005: 43-44).

politische Organisationsstruktur (Meier 1983: 181-182; Aischylos Eumeniden 903-1020). Beschäftigt sich der religiöse Mythos mit Entstehung und Werden der Welt und somit der Götter, so beschäftigt sich der politische Mythos mit Entstehung und Werden einer politischen Gemeinschaft, wobei im Gegensatz zur historischen Überlieferung nicht das Ereignis selbst, sondern seine Sinnhaftigkeit im Vordergrund steht (Münkler 1994: 21). Dabei erschwert die begriffliche Nähe des politischen Mythos zu Termini wie politischer Utopie, Ideologie oder Kultur die Einordnung zusätzlich. In diesem Kapitel soll der Frage nachgegangen werden, was den politischen Mythos ausmacht, wo er zu verorten ist im Dämmerschlaf der Jahrhunderte, wie er entsteht und wodurch er seine Wirkmacht innerhalb der politischen Kommunikation erfährt. Dazu wird zunächst im Rahmen einer Konzeptspezifikation der politische Mythos im Vergleich zu politischer Kultur und nationalem Mythos sowie politischer Utopie und Ideologie abgegrenzt. Dann geht es in *„Unde venisti, Mythos?"* um die Entstehung des Mythos als Mythopoesis und in *„Qui es, Mythos?"*, wie sich der Mythos artikuliert und wie er mit politischen Inhalten belegt werden kann. Überdauert er in den Köpfen der Menschen die Zeit, als Niederschrift? Sind es Gefühle, in denen er schlafend des erweckenden Wortes harrt? Oder braucht er das stete gebetartige Wiederholen seiner Quintessenz, um fortzudauern? Als Beispiele werden die *„Chanson de Roland"* und *„Cantar del Mío Cid"* herangezogen. Im Zwischenfazit *„Quo vadis, Mythos?"* soll hiernach erklärt werden, worin seine Wirkmacht in der politischen Kommunikation begründet liegt, und wie ein vorläufiges Urteil über Gefahr, Harmlosigkeit oder auch Nützlichkeit des politischen Mythos ausfallen könnte.

3.1.1 Politischer Mythos und politische Kultur

> *„Immer sind es die Werte, die den Kampf schüren und die Feindschaft wachhalten. Daß die alten Götter entzaubert und zu bloß geltenden Werten geworden sind, macht den Kampf gespenstisch und die Kämpfer verzweifelt rechthaberisch."*
>
> \- Carl Schmitt[8]

Während politische Kultur als „Weltbild" (Weber 1988: 252) und „ungeschriebene Verfassung" den Rahmen des Politischen absteckt und determiniert, was Politik ist, soll und darf und wie politisch kommuniziert wird (Rohe 1996: 1-2), geht der politische Mythos tiefer in die „Seele" einer politischen Gemeinschaft ein (Pohl 2004: 25). Der politische Mythos dient der Legitimation und Vergewisserung der Existenz eines Gemeinwesens

[8] (Schmitt et al. 1979: 31-32).

über kollektiv gelebte Erinnerungskultur an historische oder historisierte Meistererzählungen, welche ein emotionales Bindeglied zwischen dem Individuum und der Gemeinschaft erzeugen.[9] Kern der politischen Kultur sind Weltbilder und ungeschriebene Verfassungen (Rohe 1996: 2) - ergo die Werte einer politischen Gemeinschaft. Kern des politischen Mythos sind Symbole und Narrative, die eine gemeinsame „Schicksalsgemeinschaft" konstruieren - ergo Sinn und Wesen einer politischen Gemeinschaft.[10] Der politische Mythos ist also letztlich derjenige aus dem Sagenhaften in die Welt des Rationalen übertragene Mythos, der dem Zweck der Konstruktion einer politischen Gemeinschaft dient (Gehrke 1994: 239-240). So begann Herodot als *pater historiae* (Cicero De legibus 1,5) die Feindschaft zwischen Griechen und Barbaren durch die wechselseitigen Frauenraube zu erklären, die letztlich in den trojanischen Krieg mündeten - den Urkrieg Europas gegen Asien (Herodot Hist. I, 1-5). Doch spielten bei dieser Mythen-Wahrschau[11] Herodots keine Götter oder magischen Fähigkeiten eine Rolle (Gehrke 1994: 240): Die Mythen wurden ihrer metaphysischen Hüllen entledigt und offenbarten sich als quasihistorischer Prolog einer Erbfeindschaft. Der rationalisierte Mythos wird politisch instrumentalisiert (ebenda). Zu welchem Zweck? Zum einen durch den Erwerb eines überlegenen Rechtstitels durch den historischen Rückgriff auf die Erstschuld des Anderen und gleichzeitiger Betonung eigener Überlegenheit durch mehr Zeittiefe (Geschichte als Machttitel, ebenda: 241). Zum anderen muss ja auch das Eigene und Andere definiert werden. Was unterscheidet den Trojaner von dem Mykener, den Phönizier von dem Rhodesier oder dem Kreter? Willkürlich im östlichen Mittelmeer gezogene Grenzen. Doch durch diesen Mythos werden aus Phöniziern aus Sidon und Tarsos ebenso Perser wie aus den Trojanern. Dagegen werden Rhodos, Kreta, Theben, Athen, und all die anderen Inseln und Städte ein Griechenland, geeint durch Abstammung und somit Schicksal. Griechenland aber konstituiert sich so auch als Antagonist zum Barbaren, zur „asiatischen Despotie" als „Hort der Zivilisation": Europa.

[9] Einmal durch Negation oder Ignoranz der Kontingenz (verstanden als „etwas, was weder notwendig ist noch unmöglich ist" (Luhmann 1984: 152), da die Begründung der politischen Gemeinschaft sowohl notwendig ist als auch nicht anders als möglich, da schicksalhaft, denkbar) und einmal durch Reduktion sozialer Komplexität (Fischer 2004: 5).

[10] Ein historisch belasteter Begriff, der aber den Kern der Sache trifft, da „Schicksal" die Kontingenz-Wegdichtung des Mythos im besonderen Maße betont.

[11] Wahrschau entspricht hier dem Denken Kantorowicz' im Sinne seiner „*imagination créatrice*" in der Geschichtsschreibung (Greiert 2017: 398-399). So wie die Geschichte von diesem mythisch gelesen wurde, muss der Mythos retrospektiv als Wahrschau gesehen werden (und nicht länger als bloße Geschichte). Die Wahrheit kristallisiert sich also aus dem Wunsch des Mythopoeten heraus, die Wirklichkeit durch Schönheit zu überformen:Wahrheit entsteht, wenn die Wirklichkeit sich der Schönheit beugt.

3.1.2 Politischer Mythos und nationaler Mythos

> *„Amitae meae Iuliae maternum genus ab regibus ortum, paternum cum diis inmortalibus coniunctum est. nam ab Anco Marcio sunt Marcii Reges, quo nomine fuit mater; a Venere Iulii, cuius gentis familia est nostra. est ergo in genere et sanctitas regum, qui plurimum inter homines pollent, et caerimonia deorum, quorum ipsi in potestate sunt reges.“*
>
> - Gaius Suetonius Tranquillus[12]

Da in heutiger Zeit die Dominanz des Nationalstaates ungeachtet Globalisierung und supranationaler Integration ungebrochen ist, wird im Sprachgebrauch häufig politischer und nationaler Mythos synonym verwendet. Vergessen dabei wird, dass der nationale Mythos eine Unterart des politischen Mythos darstellen muss, da er eine bestimmte Form der politischen Gemeinschaft konstituiert, den dem *Ethnos* unterworfenen *Demos*, wie es besonders am deutschen Beispiel seit Herder ersichtlich wird (Jansen und Borggräfe 2007: 38 und 41). Demzufolge liegt im Zentrum des nationalen Mythos vor allem eine primordiale Ethnogenese, die sich zumeist exklusiv artikuliert (ebenda: 41-42). Alternativ könnte als Subtyp des politischen Mythos der imperiale Mythos neben dem nationalen Mythos stehen. Ein solcher läge wenig Wert auf Exklusion, sondern benötigte eine Legitimation seiner universalen und vielleicht expansiven Natur auf einer metaethnischen Ebene, etwa über eine dynastische oder religiöse Idee. Eine über Mythen konstruierte Abstammungslinie, die Gemeinschaften, Bündnisse und Feindschaften konstituiert und legitimiert, ist zwar eine anthropologische Grundkonstante (Gehrke 1994: 244). Doch würde ein imperialer Mythos damit seinen Universalismus und seine kulturelle Kompatibilität konstruieren, der nationale Mythos dagegen seine Territorialität und ethnokulturelle Einzigartigkeit. So wie durch imperiale Mythen Geschlechter und Reiche ihren Ursprung im Göttlichen verorteten, um ihre Legitimation als Herrscher zu bestätigen (etwa bei den Römern über Romulus der Bezug auf Mars und weiter - wie bei den Juliern - über Aeneas der Bezug auf Venus), verrücken nationale Mythen über eine Verzurrung von Nationalhelden (Hermann der Cherusker), mystifizierten Herrschern (Barbarossa) und allegorischen Figuren (etwa Germania) die Ethnogenese in frühestmögliche Zeit, da die Länge der Zeit-

[12] (Suet. Iul. 6.1) „Meiner Tante Iulia mütterliches Geschlecht stammt von Königen; das väterliche ist mit den unsterblichen Göttern verwandt. Denn von Ancus Marcius stammen die Marcii Reges, deren Namen meine Mutter führte; von Venus die Julier, zu deren Geschlecht unsere Familie gehört. Es ist also in diesem Stamme hier die unverletzliche Majestät der Könige, die auf Erden die meiste Macht haben, dort die Heiligkeit der Götter, deren Untertanen die Könige selbst sind.“ (Sueton 2013: 37).

spanne auch über die Qualität des Geeinten befindet (Harth 1992: 14). Besonders für nationale Mythen zudem wichtig ist der durch das Abstammungsalter transferierte Anspruch der Unsterblichkeit eines Ethnos durch seine dargelegte Ewigkeit (Weichlein 2012: 19). Wie wichtig das Abstammungsalter für die Legitimation ist, erschließt sich z.B. am Ringen der europäischen Könige des Mittelalters durch den Rückgriff auf die (west)römische Kaiserwürde auch in den Genuss der römischen Genealogie (theoretisch bis hin zu Aeneas und den alten Göttern) zu gelangen, und so den Vorrang gegenüber allen anderen Fürsten und Reichen imperial zu begründen (Münkler 1984: 21-22, Weichlein 2012: 25). Sobald indes der deutsch-nationale Mythos Diskurshoheit über den deutsch-imperialen errang, spätestens ab 1806 mit dem Erlöschen des Heiligen Römischen Reiches Deutscher Nation, erfolgte kein Rückgriff auf diese Kaiserwürde, da römisch, ja: „welsch" tradiert (Weichlein 2012: 26), sondern man knüpfte stattdessen mit der späteren Hohenzollern-Kaiserkrone an Hohenstaufer-Mythen eines alten „deutschen" Reiches an (Münkler 1984: 22).

3.1.3 Ideologie, Utopie, Mythos: Die Trinität politischer Imagination

"Who controls the past controls the future: who controls the present controls the past."

- George Orwell[13]

Der politische Mythos wurde als derjenige aus dem Sagenhaften in die Welt des Rationalen übertragene Mythos beschrieben, der dem Zweck der Konstruktion einer politischen Gemeinschaft dient (Gehrke 1994: 239-240). Im Gegensatz zur historischen Überlieferung steht nicht das Ereignis selbst, sondern seine Sinnhaftigkeit im Vordergrund (Münkler 1994: 21). Der politische Mythos stiftet also den Sinn der Demogonie (δημογονία) und dient somit der sozialen Identität einer Gruppe (Pohl 2004: 24). Im Unterschied zur Ethnogenese (ἔθνογένεσις) soll hier von Demogonie (δημογονία) gesprochen werden, da hier nicht die Konstruktion eines Volks[14] im Sinne einer aufgrund sozialen Raums, Kultur, Sprache und/oder biologischer Verwandtschaft gefassten Gemeinschaft gemeint ist, sondern die Konstruktion eines Staatsvolks, einer politischen Gemeinschaft, deren gemeinsame Sinnhaftigkeit konstituierend wirkt (Müller 1989: 237-238; Pohl 2004: 28). Der politische Mythos wirkt also über seine Kontinuität der Vergangen-

[13] (Orwell 2016: 282).

[14] Etwa bei der Ethnogenese der Germanen (Ament 1984: 43-44), deren Fremdfassung durch die Römer (etwa Tacitus, besonders Caesar (ebenda: 37-38)) begann, dem aber lange Zeit keine politische Einheit oder Verfasstheit entsprach, außer auf Stammesebene.

heit zur Gegenwart retrospektiv identitätsbildend. Er stiftet Sinn, begründet den Demos, dichtet Kontingenz hinweg und reduziert Komplexität (Fischer 2004: 5).

Die politische Utopie geht begrifflich auf die Schrift Utopia des englischen Mönchs Thomas Morus zurück, der inhaltlich nicht nur einen fiktiven Ort beschrieb (οὐτόπος, Nicht-Ort), sondern auch einen Idealort (εὗτόπος, Gut-Ort), was in der englischen Aussprache von Utopia eine naheliegende Assoziation ist (Fischer 2004: 4). Aus dem räumlichen Kontext gerissen und in einen zeitlichen gesetzt, stellt eine politische Utopie das teleologische Ideal eines Demos dar, ein in der Zukunft zu verortender Traum und gemeinsames Ziel (ebenda). So wie der politisch genutzte Mythos einem Zweck dient, ist auch die Utopie ein „rational den Interessen seines Trägers auf lange Sicht dienender Glaube“ (Riesman 1985: 328). Abgesehen von der zeitlichen Projektion liegt der Unterschied zwischen Mythos und Utopie darin, dass sich hinter ersterem der Wunsch nach Abschaffung der Komplexität und Beliebigkeit verbirgt, hinter letzterer dagegen „die Hoffnung auf eine versöhnte Totalität“ (Bizeul 2006: 17). Anders formuliert, bricht sich mit der Utopie der besonders europäisch-aufklärerische Wunsch nach Perfektion durch Ordnung Bahn, durch ganzheitliche Regulierung des menschlichen Lebens von der Wiege bis zur Bahre (ebenda: 18). Demzufolge, wie Enzensberger ausführt, ist im Gegensatz zum politischen Mythos die Utopie keine anthropologische Konstante, sondern ein Produkt europäischer Kultur (Enzensberger 1992: 68). Dem politischen Mythos als erzählende Legitimation des Demos durch die Demogonie im Gestern steht die politische Utopie als *in extremo* totalitäres (Fischer 2004: 4-5) teleologisches Konzept ins Morgen gegenüber.

Die politische Ideologie wird häufig im Gegensatz zum politischen Mythos negativ konnotiert. Wird etwa diesem eine integrative Wirkung unterstellt, hätte jene segregative Wirkungen vermittelst ihrer manichäischen Konzeption, wobei die genannten segregativen Kategorien (Rasse, Klasse, Religion) eine tendenziöse Zuordnung von Ideologien zu totalitären und fundamentalistischen Gesellschaftsordnungen verrät (Bizeul 2006: 14). Riesmann bezeichnet Ideologie im Gegensatz zur Utopie sogar als „irrationales Glaubenssystem“ (Riesmann 1985: 328). In dieser Arbeit soll Ideologie in weniger wertender oder weniger tendenziöser Form verwendet werden, eingedenk Eagletons Aperçu, Ideologie ähnele sonst dem Mundgeruch insofern, als dass es immer das sei, was die anderen hätten (Eagleton 1993: 8). In Anlehnung an die zusammengetragene Arbeitsdefinition Arzheimers (Arzheimer 2009: 86, Kasten 1), wird Ideologie hier definiert als eine ordnungsstrukturierende Doktrin oder Lehre (je nach Grad der ihr innewohnenden Forderung nach Einhaltung), sprich Anleitung für die Gegenwart. Ideologie ist somit ein Korpus von Ideen, die der Ordnungsstruktur des Demos dienen (Eagleton 1993: 7). Ideologien formulieren Ist- und Soll-Zustand der sozialen Realität und implizieren einen konkreten Maßnahmenkatalog, wie die Lücke zwischen Ist- und Soll-Zustand zu schließen ist (Arzheimer 2009: 86, Kasten 1). Einer solchen neutralen Definition unterworfen, lässt sich eine demokratische Ideologie ebenso beschreiben wie eine faschistische oder kommunistische. In einer Demokratie könnten dies Glaubenssätzen wie Freiheit, Gleichheit, Brüderlichkeit unterworfene Handlungsanweisungen sein, in einer Theokratie etwa den Geboten Gottes entsprechende, usw. Die Ideologie resultiert insofern aus politischen Mythen, die deren Ideenkorpus legitimieren und Sinn stiften. Als Resultat politischer Kultur dagegen, ein dem Weltbild entsprechendes Gerüst impliziter oder expliziter Überzeugungen und Handlungsanweisungen im Jetzt, entspräche hier der Ideologie die Zivilisation, die weniger als Lehre, sondern in Form der Moral implizite oder explizite kollektive Handlungsanweisungen gibt und an Stelle der Utopie den bloßen Fortschritt als teleologisches Ideal setzt, den Prozess also an Stelle des Zustands oder (fiktiven) Ortes.

Kultur, Zivilisation und Fortschritt kann man sich veranschaulichen, indem man sich die Kultur als einen (bearbeiteten) Acker vorstellt, aus dem die Nutzpflanze der Zivilisation erwächst. Dieses stete Wachstum ist der Fortschritt, der als Limit letztlich nur den Himmel kennt. Die Trinität aus Mythos, Ideologie und Utopie aber versinnbildlicht sich am besten anhand eines Schiffes: Der politische Mythos stellt den metaphorischen Anker in der Vergangenheit dar, den Heimathafen und in der gemeinsamen Trennung vom Alten (Ablegen) manifestiert sich der konstitutive Akt der Crew als Demos. Die Ideologie ist das dem Schiff und seiner Crew inhärente Handlungsregime, ein Satz Überzeugungen, und die Utopie wäre das verheißungsvolle Neuland in der Zukunft, das den Kurs vorgibt.

3.1.4 *Unde venisti, Mythos?*

„Zwischen uns und dem Nichts steht unser Erinnerungsvermögen, ein allerdings etwas problematisches und fragiles Bollwerk."

- Klaus Mann[15]

Mythos entsteht in der Mythopoesis (μυθοποίησις), also der künstlerischen Umsetzung eines (realen oder fiktiven) Stoffs, etwa eines Epos. Dahingestellt sei, ob die Schaffung eines Mythos beabsichtigt ist oder nicht. Es darf angenommen werden, dass es für beide Fälle Beispiele gäbe, könnte man die Verfasser fragen. Die Absicht, einem Sinn über

[15] (Mann 1989: 25).

Schönheit Raum und Aufmerksamkeit zu verleihen, soll genügen. Dies wird so schon früh bestätigt, setzt man Herodot als einen Zeitgenossen der Uraufführung der Orestie in Athen 458 v. Chr. als Maßstab: In seinen *Historien* gibt sich Herodot recht aufgeklärt, wenn er die Schöpfung der Götter den Menschen zuschreibt, namentlich Homer und Hesiod (Herodot Hist. II, 53) und wo Menschen Götter schaffen, schaffen Menschen auch Mythen (Gehrke 1994: 245). Den Zeitpunkt der Mythopoesis beschreibt Platon als die „Zeit der Muße" nach einer „Zeit der Not" in den *Poleis*, zumindest von Manchen (Platon 1991: 441 (Krit. 110a)). Dominiert nicht länger der Mangel das Denken, erfährt die Sinnsuche die Aufmerksamkeit der Menschen. Mythen werden geschaffen. Einmal verselbständigt durch Popularität und kanonische Tradition, verliert der Mythos seine fiktive Herkunft und wird rückwirkend Wahrschau einer Geschichte[16], selbst wenn der Schöpfer der Mythopoesis als solcher selbst präsent bleibt: Wahrheit entsteht, wenn sich die Wirklichkeit der Schönheit beugt - Mythos entsteht, wenn die Mythopoesis ihren Schöpfer überragt. Spätere Dichter und Sänger sind so die Verwalter des Mythos, Gestalter und Entwickler einer vom Schöpfungsakt losgelösten Erinnerungskultur (Gehrke 1994: 245). Der Schöpfer des Mythos ist so nicht länger Erfinder, sondern Medium, Nacherzähler eines Stoffes, der schon da war. Der Mythos ist die fortwährende Wiederholung eines Ereignisses in Form eines „gleichbleibenden narrativen Textes oder Bildzusammenhangs" (Harth 1992: 10). Neben zum Beispiel nationalen Emotionen, die sich so über den Mythos transferieren, werden natürlich auch die spezifischen Emotionen von Gruppen, Ständen, Klassen, Generationen oder Geschlechtern kommuniziert (François et al. 1995: 19). Diese aber werden in den jeweiligen Metakontext (national, imperial) eingebunden, uminterpretiert und ermöglichen so ein Zusammenfassen des Demos (ebenda). Sprich: Der politische Mythos als Bindeklammer des Demos erzeugt durch seine gesellschaftliche Kohäsionskraft über die Partikularidentitäten hinaus eine Abhängigkeit - seine Addiktivität. Der Demos ist ohne seinen Mythos nicht länger in der Lage, sozial als Einheit zu fühlen, zu denken und somit letztlich auch zu agieren. Das heißt, der Mythos wird nicht hinterfragt. Wird er hinterfragt, falsifizierbar, geht er über in Theorie (oder aber Lüge, Propaganda, Fehlinterpretation). Der Mythos ist ein Pfahlbau im Sumpf des Ungefähren, gestützt auf den Trägern Willen (zum Mythos), Glauben (an den Mythos) und Abhängigkeit (vom Mythos).

---

[16] Im Vergleich hierzu nimmt die Mythenschau oder mythische Schau etwa des vom George-Kreis diesbezüglich im Verfassen seiner Biographie Friedrich II. beeinflussten Ernst Hartwig Kantorowicz den umgekehrten Weg. Der von v.a. Albert Brackmann monierten mangelnden wissenschaftlichen Präzision begegnet Kantorowicz mit dem Verweis auf die Notwendigkeit einer „*imagination créatrice*" in der Geschichtsschreibung (Greiert 2017: 398-399). Der Mythenschau auf die Geschichte soll hier also die Wahrschau auf den Mythos entsprechen.

3.1.5 Qui es, Mythos?

„Si Jeanne d'Arc revenait, elle aurait à affronter une nouvelle idéologie. L'oppresseur n'est plus Angleterre, mais le mondialisme."

Jean-Marie Le Pen[17]

Politische Mythen stellen den Versuch dar, eine „*imagined community*" (Anderson 2015: 15) durch den Nebel der Zeit zu verstetigen durch den Bezug auf einen mythischen oder quasimythischen Fixstern, etwa einen Heros, der tragisch in der Abwehr einem übermächtigen Feind unterliegt (Vercingetorix - Gallien - Frankreich) oder triumphierend einen eingedrungenen Feind bezwingt (Hermann - Germanien - Deutschland) und somit unterschiedlich belegt sein kann (Weichlein 2012: 27).[18] Dabei bilden mehrere solcher Fixpunkte eine Kontinuität (Jeanne d'Arc - Chlodwig[19] - Vercingetorix oder Bismarck - Barbarossa - Hermann), eine Art Brotkrumenspur in die Vergangenheit über ethnische, sprachliche, religiöse, kulturelle und historische Grenzen hinweg. Einige können auch von mehreren Nationen beansprucht werden (Charlemagne - Karl der Große) und somit in einem größeren Zusammenhang identitätsstiftend wirken, in diesem Falle etwa als europäischer Gründervater. Manche Figuren sind auch nur allegorisch existent (Marianne, der deutsche Michel) oder im Dunkel der Geschichte verschluckt (Siegfried, Roland). Es muss sich zwar nicht immer um Personen handeln, doch häufig werden politische Mythen entlang einer „Ahnenreihe" gerankt. Wie im letzten Kapitel dargelegt, werden diese Mythen durch stets neue Künstler, Sänger u.ä. perzipiert und verwaltet, ja: konserviert im Lauf der Jahrhunderte. Vor allen Dingen werden sie aber auch den jeweiligen Begebenheiten angepasst, man könnte sagen: nach *gusto* belegt. Offensichtlich wird dies am Beispiel des Rolandliedes des Pfaffen Konrads, das keineswegs identisch ist mit dem *Chanson de Roland* (Oxford-Fassung) oder Ludovico Ariosts *Orlando furioso*. Der historische Kern liegt in einem Feldzug Karls des Großen 778 gen Saragossa, der in einem Rückzug hinter die Pyrenäen endete, wobei eine Nachhut seines Heeres, darunter laut karolingi-

[17] (Zitat vom 23.11.2014 (Hacquemond 2016)): *„Würde Jeanne d'Arc zurückkehren, müsste sie sich einer neuen Ideologie stellen. Der Unterdrücker ist nicht länger England, sondern der Globalismus.*" (Eigene Übersetzung).

[18] Einige stellen auch innerhalb eines Landes unterschiedliche Anknüpfpunkte dar, so für die deutschen Protestanten Luther versus den katholischen Bonifatius für die Katholiken, dieser mit, jener gegen Rom konnotiert (Weichlein 2012: 27).

[19] Der ehemalige Anführer des französischen Front National, Jean Marie le Pen, sah in der Taufe (!) Chlodwigs I. 496 n. Chr. die Geburt der französischen Nation, womit aus dem rechtsnationalen Kontext der Merowinger-Mythos mit dem Christentum konstitutiv belegt wird, womit die französische Nation z.B. den Islam nicht inkludieren könnte (Geary 2002: 17).

schen Chroniken ein *Hruodlandus*, bei Ronceval von baskischen Bergbewohnern aufgerieben wurde (Ariost 2004: 6-7). Die daraus konstruierten Mythopoesis erzählen aber mehr über Zeit und Intention ihrer Verfasser als über diese historisch vergleichsweise unspektakuläre Episode. Die früheste erhaltene Fassung etwa um 1100 macht aus den baskischen Bergbewohnern ein riesiges Sarazenenheer und gibt dem Kampf so im Geiste des karolingischen Zyklus eine Aufladung hin zum manichäischen Kampf zwischen Gut und Böse, Christentum und Islam (Ariost 2004: 39). In der französischen Variante stellt sich Roland als Held zwischen Hybris und Demut dar, der seine Weigerung und Sünde, sein Horn Olivant zur rechten Zeit zu blasen, bereut (Wesle 1985: XVIII-XIX). In der deutschen Variante dagegen (ca. 1172, ebenda: XXIV) bläst Roland nicht in sich überschätzender Vermessenheit nicht ins Horn, sondern da er den Weg des Märtyrers gehen will (ebenda: XIX-XX). Ist der *Chanson de Roland* ein heroischer Epos „kämpferischer Heimatliebe", steht das deutsche Rolandslied als Märtyrerlied noch stärker in der Stimmung seiner Zeit, des Kreuzzuggedankens und des göttlich legitimierten *bellum iustum* (ebenda XVII). Die mehr ins Rittermärchen gehende italienische Fassung des *Orlando furioso* ist - dem italienischen *Cinquecento* entsprechend - ein Spiegel italienischer Autonomiebestrebungen und spätmittelalterlicher Umbrüche (Ariost 2004: 10 und 20). Um diesem Mythos auf den Grund zu gehen, stellt sich die Frage, wo er zwischen 778 und 1100 war.[20] Ungeachtet der Ansichten verschiedener Denkschulen ähneln sich die Erklärungen dahingehend, dass der Stoff zunächst mündlich tradiert wurde, somit „latent" fortlebte - etwa durch ungebildete Spielleute entlang der Pilgerpfade - und später schriftlich fixiert wurde durch einen Priester (Christmann 1965: 50-51). So läse sich die im Text erwähnte Eroberung fast ganz Spaniens durch Karl den Großen als vielleicht frühe Aufforderung eines klerikalen Verfassers zur *Reconquista.* Im spanischen *„Cantar del Mío Cid"* als eng mit der *Reconquista* verbundene Mythopoesis bringt die Figur des *Cid* eine Art geläuterten, gemäßigten, nicht der Hybris, sondern der *mesura* (Mäßigung) unterworfenen Roland (Neuschäfer 2011: 2) ins Spiel. Die zeitgenössischen Interessen waren vor allem der kastilische Führungsanspruch (*Castellanocentrismo*) und die propagierte Allianz zwischen Königtum und Kriegeradel, den Hidalgos (ebenda: 6-7). Allerdings konnte der Text im Zuge der *Reconquista* auch mit Kriegspropaganda belegt werden (Harney 2013: 74). Gegeben seien also mehrere Faktoren: Erstens muss ein Mythos geschaffen werden und einer breiten Öffentlichkeit bekannt sein, sei es im Elitendiskurs in schriftlich fixierter oder in der Masse des Volkes in oral überlieferter Form. Durch die Verknüpfung

[20] Ungeachtet der wahrscheinlichen Existenz früherer, nun verschollener Schriftfassungen (Christmann 1965: 51).

des Stoffs mit bestimmten Assoziationen - etwa Heldenmut, Königstreue, Christentum, Kampf gegen den Islam entstehen Subtexte, etwa ein „Wir“ (Christen oder Bewohner der iberischen Halbinsel oder Erben Karls des Großen) gegen ein „Die“ (Fremde, Muslime, Nichtkastilier). Solange der Mythos als Geschichte präsent ist, über Rituale (Feiertage) oder Denkmäler präsent bleibt, über Symbole oder im Rahmen des Bildungskanons im Schulwesen, bleiben auch seine verknüpften Inhalte präsent (Bernhard 2017: 13). Emotional aktiv bleibt ein politischer Mythos über die im „kulturellen Gedächtnis“ einer Gemeinschaft gespeicherten emotionalen Langzeit-Erinnerungen (etwa *Reconquista*: große Leistung, *El-Andaluz*: Fremdherrschaft) (Assmann 2007b: 69-70; Angern 2010: 28-29). So könnte ein französischer Rechtspopulist etwa über die Instrumentalisierung des Roland-Opfers anti-muslimische Ressentiments schüren und diesen Angriff auch noch als Verteidigung (des Abendlandes) subtexten, da die Geschichte des Rolands nun mal eine Geschichte der Verteidigung ist. Zudem bieten die Bilder andere Rahmen, etwa die „Feindesflut“ im Rolandslied (gegenüber den wenigen Recken) in den Kontext einer „Migrationsflut“ zu setzen. Den falschen Stolz Rolands, um Hilfe zu rufen, könnte man kontextualisieren mit einer als „Weigerung“ titulierten Haltung gegnerischer Politiker, den Islam als „Gefahr“ zu sehen, und damit „Toleranz“ als „falscher Stolz“ subtexten.

3.1.6 Quo vadis, Mythos?

> *„Jeder Mythos großen Stils steht am Anfang eines erwachenden Seelentums. Er ist seine erste gestaltende Tat. Man findet ihn nur dort und nirgends anders, dort aber auch mit Notwendigkeit.“*
>
> \- Oswald Spengler[21]

Am Anfang steht – ob basierend auf einem konkreten Ereignis oder nicht – ein Künstler, der ein Werk schafft, eine Mythopoesis. Diese wird durch wiederholende Aneignung kulturelle Allmende - ein Mythos. Im nächsten Schritt wird der Mythos zur Grundlage von Legitimation und Konstitution des Gemeinwesens oder politischer Ansprüche genutzt - die Geburt des politischen Mythos. Wirkmacht erfährt dieser politische Mythos als „leerer Signifikant“ durch seine Aufladung einerseits und seine emotionale Resonanz andererseits (Laclau 2005: 38-39). Hört ein Mythos auf, kollektiv bekannt zu sein und emotional zu greifen, tendiert auch dessen politische Wirkmacht gegen Null. Erst die Kombination aus einer emotional kollektiv starken Erinnerung (Angern 2010: 28-29) und ihrer Bele-

---

[21] (Spengler 1979: 513).

gung hin auf ein Ziel, entsteht ein politisch geladener Mythos. Und diese Ladung ist es denn auch, die darüber befindet, ob ein politischer Mythos eher zur gesellschaftlichen Chance oder gesellschaftlichen Gefahr gereicht. Da ein politischer Mythos immer auch in identitätsstiftender Funktion verwendet wird, benötigt er eine Abgrenzung. Wenn z.B. ein relativ neutral wirkender Mythos wie der von der Trümmerfrau verwendet wird, um die Wiederaufbauleistung zu würdigen, um daran anknüpfend ein gemeinsames Projekt anzuschieben („Wir haben es damals geschafft, also schaffen wir das jetzt auch"), dann ist in diesem „Wir" das „Die" (im „die nicht") auch implizit gesagt (Münkler 2009: 468-469). In der Komplexitätsreduktion dieses speziellen Mythos negiert sich etwa die Aufbauhilfe des Auslands (Marshall-Plan), die Schuldenerlasse und anderes mehr, so dass z.B. der Subtext „Wenn wir was erreichen wollen, können wir uns nur auf uns selbst verlassen" mitschwingt (Bizeul 2006: 25). Oder man belegt den Mythos geschlechtskämpferisch: Männer zerstören, Frauen bauen wieder auf. In diesem Fall würde sich der Mythos gegen Männer richten. Diese negativen Konsequenzen sind mytheninhärent, da die Komplexitätsreduktion (im Gegensatz zur Geschichtswissenschaft etwa) und der Identitätsbezug (zu irgendwas, das sich von irgendwas abgrenzen muss) nichts anderes zulassen. So gesehen, ist jeder politische Mythos nützlich und schädlich zugleich. Die emotionalen Energien, die er freisetzen kann, sind schwer abzuschätzen und nicht immer zu kanalisieren. Nicht zuletzt gehen den blutigsten Konflikten im Vorfeld Deutungsschlachten an der „Mythenfront" voraus, wenn etwa ein Flecken im Kosovo zum mythischen Ursprungsort der serbischen Nation erklärt wird, dem ein albanischer Illyrianismus entgegensteht (Geary 2002: 17) oder dem libanesischen Bürgerkrieg der politische Mythos des Phönizianismus voranging, der gegen den Panarabismus antrat und so eine gemeinsame Identität der Libanesen unmöglich machte (Traboulsi 2012: 93, 96). Das zudem bereits vorhandene Mythen okkupiert werden können, um eine neue Belegung vorzunehmen, etwa der Roland-Mythos - wie bereits ausgeführt - durch französische Rechtspopulisten, um ihm einen dezidiert anti-muslimischen Gehalt zu geben, beinhaltet eine zusätzliche Gefahr, da man kaum in der Lage ist, einen politischen Mythos sicher und dauerhaft zu vereinnahmen. Dies ist der Januskopf des politischen Mythos: Er einigt den Demos durch den Blick auf den Anfang der Gemeinsamkeit, wirkt integrativ und progressiv, setzt ungeheure Energien frei und doch ist er dem Wesen nach durch seinen Blick auf das Ende der Gemeinsamkeit auch regressiv und exkludierend (Bizeul 2006: 25 und 29). In der alltäglichen politischen Arbeit einer stabilen und funktionierenden Demokratie wiegt daher die destruktive Seite des politischen Mythos schwerer als seine möglichen Nutzen. Nicht umsonst erfreut er sich ungebrochener Beliebtheit bei den destruktiveren Elementen der Parteienlandschaft. Seinen großen Nutzen erfährt der politische Mythos da, wo etwas erschaffen werden soll. Wenn es jemals eine geeinte europäische Nation geben sollte, so kann dies nur über einen Gründungsmythos in möglichst weiter historischer Entfernung geschehen. Im Rückbezug auf ein Europa der Vergangenheit, das in Vergessenheit geriet, sei es im christlichen Abendland des Mittelalters, im antiken Griechenland oder gar im fiktiven Atlantis angesiedelt. Problematisch würde nicht die mythische Konstruktion Europas, sondern die Formulierung des Nicht-Europas, denn sei es die Gegnerschaft zu Muslimen jenseits des Mittelmeers, asiatischen Weltreichen oder zum Kontinent Mu: Einen Feind, gegen den man zusammenstand und -steht, formuliert man - beabsichtigt oder nicht - stets mit.

3.2 Der Ursprung des Menschlichen: Die *raison d'être* des *homo narrans*

"Any life story, written or oral, more or less dramatically, is in one sense a personal mythology, a self-justification"

- Raphael Samuel und Paul Thompson[22]

Gemeinsam ist Mythos und Kultur die Erzählung als anthropologische Konstante. Lange vor dem *zoon politikon* stapfte der *homo narrans* durch die Savannen. Wo auch immer Menschen zusammentreffen, erzählen sie Geschichten. Sie definieren über Geschichten sich, ihr Gegenüber, die Umwelt, einfach alles. Wir sind Geschichtenerzähler, seit wir sprechen können, als Mensch und Menschheit. Als solch anthropologisches Urelement der direkten menschlichen Kommunikation (neben Gestik und Mimik) verstanden, ist die Erzählung Beginn des menschlichen Wesens an sich und der Mythos somit unter dieser als eine ihrer Manifestationen anzusiedeln - jeder Mythos ist eine Erzählung, aber nicht jede Erzählung ein Mythos. Der Mythos artikuliert sich neben dem Symbol oder dem Ritual zumeist in narrativer Gestalt, genauer: einer Meistererzählung.[23] Es bedarf einer möglichst feingliedrigeren Trennung der - verschiedenen akademischen Disziplinen und

[22] (Samuel und Thompson 1990: 11).

[23] Symbole machen Mythen sichtbar (Näheres hierzu in Kapitel 3.3), Rituale aber verbinden Symbol und Mythos als meist stark reglementiertes Fest – etwa in einem sakralen Hain - indem sie mithilfe einer mehr oder minder sakralen, feierlichen Handlung eine kollektive Verbindung zwischen Gegenwart und mythischer Vergangenheit herstellen (Voigt 2016: 155). Während das Fest als rauschhafter Ausnahmezustand jenseits des Alltags das dionysische Element beinhaltet, ist das Disziplin und Ordnung abverlangende Ritual seinem Wesen nach eher apollinisch, stellt aber ebenso wie das Fest einen Ausnahmezustand jenseits des Alltags dar. Es hebt die Regeln des Alltags nicht vollkommen auf, amalgamiert aber Protagonisten und Publikum zu einem idealiter geeinten Wesen. Dabei werden die zum Mythos gehörenden Symbole in Erinnerung gerufen, etwa Flaggen, Ikonen, Parolen, Jahreszahlen, Heroen. So lernt, vergegenwärtigt und verstetigt eine Gemeinschaft ihr kollektives Gedächtnis in Bezug auf ihren Mythos, was Einheit und Zusammenhalt stiftet (Voigt 2016: 155).

Übersetzungen geschuldeten - zahlreich kursierenden Begriffe. Um diese Unterscheidung begrifflich deutlich zu machen, soll daher die Erzählung als Ursprung und Nexus von Mythos und Kultur Metanarrativ genannt werden, synonym zu den Begriffen *grand narrative* oder *métarécit*.[24] Innerhalb des politischen Mythos, respektive in seiner narrativen Gestalt wird der Begriff der Meistererzählung verwendet, synonym zu *master narrative*.[25] Der politische Mythos unterscheidet sich insofern von der Meistererzählung, als dass er in narrativer Gestalt diejenige Meistererzählung darstellt, die der Legitimation und Vergewisserung der Existenz eines Gemeinwesens dient. Meistererzählungen sind generell dominante Erzählungen der Vergangenheit. So wäre etwa - nur diesen Aspekt betrachtend - der deutsche Völkermord durch Lothar von Trotha an den Ovaherero eine Meistererzählung. Für die Ovaherero selbst aber wäre er ein nationaler Mythos, da sich deren ethnisches Bewusstsein und Ahnenkult über zum Beispiel das Gedenken des Hererotags am Tag der Schlacht am Waterberg mit Schwerpunkt Okahandja und dem Heros Samuel Maharero begründet und legitimiert (Förster 210: 313).[26] Dadurch zeigt sich auch hinlänglich, dass sowohl Mythos als auch Meistererzählung keine Fabelhaftigkeit anhaftet, keine Unwahrheit, sondern dass sie nur eine bestimmte Komposition der Geschichte repräsentieren, was das Wesen der Geschichte selbst ausmacht, selbst in der eigenen Erinnerung (Samuel und Thompson 1990: 11). Der Mythos muss dabei nicht dominant im öffentlichen Diskurs wie die Meistererzählung sein, sondern kann auch - ähnlich eines inaktiven Vulkans - schlummern. Metanarrativ, *métarécit* oder *grand narrative* unterscheiden sich von der Meistererzählung oder dem *master narrative* trotz aller

[24] Nach Lyotard, der die *métarécit* als vom Mythos getrennt ansieht, da beide zwar der Legitimation dienen, erstere diese aber nicht nur aus der Vergangenheit bezieht, sondern auch z.B. teleologisch aus der Zukunft; außerdem sind nach Lyotard Mythen auf eine bestimmte Gemeinschaft bezogen, *métarécit* dagegen universal (Lyotard 188: 36). Ein Beispiel ist die Selbstbefreiung des Menschen durch die Aufklärung bei Kant (Kant 1784: 481). Im Unterschied zur Utopie ist dieser zwar wie der *métarécit* die teleologische Ausrichtung inhärent; liefert aber keine Legitimation wie die *métarécit* und auch keine Erklärungen, sondern dient als Fernziel und Traum.

[25] White regte den künstlerischen Aspekt im *master narrative* an (wenngleich er den Begriff selbst nicht verwendete (Jarausch und Sabrow 2011: 13)), indem er vor allem die quasiliterarische Qualität von Geschichtskompositionen darlegte (White 1994: 25). Lévi-Strauss betont in „Triste Tropique" und „La Pensée Sauvage" vermittelst der Gegenüberstellung des kolonial-schriftlichen mit dem indigen-oralen Narrativ die imperiale Macht der Kolonialherren (Klein 1995: 278-279).

[26] Unterdrückung, Widerstand, Entscheidungsschlacht, Exodus und Genozid stiften Sinn, legitimieren und erwehren sich der Zergliederung ihrer Wahrheit (Cassirer 1990: 123). Ob Komplexität reduziert wird, müsste aber genauer betrachtet werden und da die Kontingenz des Völkermords nicht ignoriert wird, er nicht zur schicksalhaften historischen Notwendigkeit erhoben wird, ist der Ovaherero-Genozid als nationaler Mythos nur schwach belegbar. Es wäre allerdings möglich, dass sich dies in Zukunft retrospektiv ändert.

interdisziplinären Vagheit der Begriffe[27] insofern, als dass die Meisterzählung die dominante Erzählweise des Vergangenen darstellt, womit der Wortteil Meister sowohl auf soziale Macht hindeutet, als auch auf Kunstfertigkeit, vermittelst derer die Meistererzählung ihre Wirkmacht etabliert und erhält (Jarausch und Sabrow 2011: 9). Dem gegenüber ist das Metanarrativ, die *métarécit* vor allem erklärende Großdeutung des faktisch Existenten sowie Geschehenden (Lyotard 1988: 36), richtet sich also nicht zwangsläufig in die Historie und ist zudem universaler Natur, wohingegen Meistererzählungen zumeist nationaler oder imperialer Natur sind (Jarausch und Sabrow 2011: 16). Das Metanarrativ wandelt das Gegebene in das Begründete, liefert also eine im Idealfall logisch fundierte Argumentationskette (Arnold 2012: 18). Somit ist das Metanarrativ *logos*, wo Mythos *pathos* ist, ist es ein Appell an die Ratio, nicht an die Emotio. Ziel des Metanarrativs ist neben Legitimation vor allem Erklärung. Gleichzeitig bietet ein Metanarrativ neben der Erklärung einen Qualitätsmaßstab für das Erklärte (ebenda). Wenn Hobbes im Leviathan etwa die (faktische) Existenz des Staatswesens mit dem Chaos des Naturzustands erklärt und dem Wunsch der Menschen nach Sicherheit, der höher wiegt, als ihr Wunsch, den *status quo naturalis* zu erhalten (Hobbes 1966: 131-135), so ist dies Erklärung und logisches Bewertungskriterium des Staates zugleich (Arnold 2012: 18). Wenn der Staat die Sicherheit nicht gewährleisten kann, verwirkt er seine *raison d'être*. Ein Metanarrativ ist also eine Art argumentativer Leitfaden, eine Großdeutung von universalem Einfluss, die der Legitimation und Erklärung dient. Das Metanarrativ kann sich auf die Zukunft beziehen[28], in der Gegenwart spielen[29] oder aus der Vergangenheit schöpfen[30]. Eine Meistererzählung ist dagegen die öffentlich dominante, institutionell kanonisierte Geschichtsdarstellung einer politischen Gemeinschaft, womit sie geschichtspolitisch wirksam ist. Geschichtspolitik wiederum wird hier als politisches Ritual, politische Inszenierung, Institutionalisierung und Kanonisierung von Geschichte im Sinne der politischen Akteure verstanden, also z.B. die Etablierung von Meistererzählungen in politischen Reden oder im Geschichtsunterricht. Eine Meistererzählung ist somit Produkt einer Geschichtspolitik. Das Narrativ selbst stellt eine begründende und legitimierende Erzählung im kleineren Rahmen dar, etwa den „Wettlauf zum Mond“, in welchem das Narrativ des kapitalistischen Wettbewerbs mit dem amerikanischen *Frontier*-Mythos (Osterhammel 2011: 478) in einem nicht-bedrohlichen sportlichen Stil des friedlichen Wettlaufs verbunden wurde,

---

[27] Ein guter Einstieg in die einschlägigen Diskussionen, der daher nicht verschwiegen werden soll, findet sich bei Jarausch und Sabrow (Jarausch und Sabrow 2011: 13-18).

[28] etwa die Emanzipation des Menschen durch die Aufklärung bei Kant (Kant 1784: 481).

[29] etwa: Freiheit, Demokratie und Marktwirtschaft bedingen einander (Mair und Perthes 2011: 13).

[30] etwa Hobbes Begründung des Staates mit dem Sicherheitsbedürfnis im Naturzustand (Hobbes 1966: 131-135).

um die amerikanische Öffentlichkeit auf ein kostspieliges Prestigeprojekt einzuschwören (Werth 2006: 17 und 145). Das Narrativ „Wettlauf zum Mond" erklärt und legitimiert die Milliardenausgaben für ein Ziel von hinterfragbarem Wert. Das ist auch der Unterschied des Narrativs zu einem (*marketing-*)*slogan*, die sich ansonsten durchaus wesensähnlich sind. Der *slogan* erklärt und legitimiert nicht. Er animiert und emotionalisiert, er lädt Objekte und Subjekte normativ auf, wie das *slogan*-Konvolut im Manifest der politischen Anfeuerungskampagne „Du bist Deutschland" (Münkler 2009: 487-489). Darin wird die Leistung des Einzelnen mit der Leistung Deutschlands gleichgesetzt, es wird aber weder gesagt, welchem Zweck das dienen soll, noch woher diese Verbindung rühren soll (ebenda: 487). Es ist ein emotionales Aufpeitschen, dass nur kurzfristig über das Nutzen bestimmter Symbole und Chiffren wirken mag (ebenda: 489-490), analog zu der „Pulse of Europe"-Kampagne, die letztlich auch nur auf dem *slogan* „Du bist Europa" beruht. Das Hauptdilemma des *slogans* gegenüber dem Narrativ ist seine mangelnde Fähigkeit zur Verschmelzung des Individuums mit einem Kollektiv, *slogans* sind an Individuen als Individuen adressiert. Das Narrativ („Wettlauf zum Mond", „Keine Experimente", „Amerikanischer Traum") bietet dem Individuum eine kollektive Zuordnung, indem ein kollektiver Ist- oder Soll-Zustand legitimiert und erklärt wird: die Projektion des Individuums auf ein kollektives Ziel oder Ideal. Der *slogan* spricht das Individuum an, um es zu etwas zu bringen, stupst es also mehr in eine Richtung, als dass das Individuum überzeugt ist, Teil von etwas Wollendem zu sein. Es bleibt dabei stets Individuum.[31] Das ist nicht zuletzt auch eine Frage der Struktur einer Geschichte. „Du bist Deutschland" formuliert (außer dem „Du" selbst) keinen vorbildlichen Helden, sondern vorbildliche Karrieren (ebenda: 489). Schurken oder Konflikte werden überhaupt nicht thematisiert. Dabei ist gerade der Konflikt die Quintessenz der Geschichte und deren Qualität entscheidet substanziell darüber, ob sie mythisch oder narrativ angenommen wird, Teil des kulturellen Gedächtnisses einer Gemeinschaft wird oder nicht.

3.2.1 Von Homer bis Ingmar Bergmann: Die ewige Form der story[32]

Der Doyen des *storytellings* in den USA, Robert McKee, benennt als Quintessenz einer jeden Geschichte – gleich ob Mythopoesis, Roman, *graphic novel*, Kinofilm oder TV-Serie - den Konflikt (McKee 2011: 229). Der Protagonist will etwas und muss Wider-

[31] In dem Marketing-Kampagnen-Text „Du bist Deutschland" taucht etwa das Wort „Du" 22 Mal auf, „Wir" dreimal, Varianten von „Dein"/"Dir" elfmal, „uns" zweimal (Eigene Zählung nach Komplettext (Hamburger Abendblatt 2009)).

[32] (McKee 2011: 28-29).

stände überwinden, die ein Ausdruck von Macht sind.[33] Die drei Konfliktebenen sind innerer Konflikt (Herakles am Scheideweg), persönlicher Konflikt (Medea und Iason) und Konflikte mit der Umwelt (die Odyssee) (ebenda: 166). Eine ideale Geschichte behandelt alle drei Konfliktebenen.[34] Dass Historiographie auch den strukturellen Gesetzen der Literatur genrespezifisch folgt, hat White bereits beschrieben, wodurch die Synonymie von Geschichte im Sinne der Historiographie und der Belletristik auch inhaltlich augenfällig wird (White 1994: 25). Geschichte wurde teils als Traum des Historikers bezeichnet, der durch dessen Milieu bestimmt sei (Duby und Lardreau 1982: 48). Dieser Traum mag ein streng kontrollierter sein (ebenda: 51), ist aber auch für Koselleck stets mehr als Quellenforschung (Koselleck 1979: 204). Wie im Roman oder Kinofilm, ist auch in jedem politischen Mythos ein Held formuliert (als Person, Gruppe oder Gemeinschaft) und fast jeder politische Mythos benennt wenigstens einen Schurken. Politische Mythen sind erfolgreich, wenn sie eine gute Geschichte erzählen, die Sinn stiftet, Heldenvorbilder konstituiert, Emotionen auslöst, Konflikte klar benennt. Der Wirtschaftswundermythos kennt als Helden etwa Trümmerfrauen, das „fleißige deutsche Volk" oder Ludwig Erhard - je nach Interpretation sind beliebige Belegungen möglich. Sofern nicht abstrakte Widerstände wie die Zerstörung herangezogen werden, ist als Schurke des Wirtschaftswunders wahlweise denkbar die deutsche Sozialdemokratie (innerer Konflikt), die deindustrialisierende demontierende Besatzungsmacht[35] (im Land, daher persönlicher Konflikt) oder der Sowjetsozialismus (im Rahmen des beginnenden Kalten Krieges als Konflikt mit der Umwelt oder äußerer Konflikt). Oft ist die Konfliktstruktur aber auch auf den Dualismus innerer Konflikt und äußerer Konflikt beschränkt, dem Feind im Inneren und den Feind von außen. Der Konflikt ist meist normativ aufgeladen, die opponierende Macht ist im Sinne einer manichäischen Konfliktstruktur böse, moralisch verwerflich (indem sie zum Beispiel aus niederen Motiven wie Gier oder Hass heraus handelt) oder sie agiert zumindest illegal (völkerrechtswidrig oder „gegen den Volkswillen"[36]). So wie sich der politische Mythos zumeist in Form des nationalen My-

[33] Ein Grund dafür, dass etwa die einen Konflikt (mit der Moderne) anbietende HB-Männchen-Kampagne von British American Tobacco noch immer Teil des kollektiven Gedächtnisses („Kult" als Pop-Varianz des Mythos) ist, ganz im Gegensatz zu rein *slogan*-basierten Zigarettenkampagnen.

[34] So hat in der Ilias zum Beispiel Achilles den inneren Konflikt „früher Tod" oder „ewiger Ruhm", den persönlichen Konflikt etwa im Streit um Briseis mit Agamemnon, und den Konflikt mit seiner Umwelt, den eigentlichen Krieg, gipfelnd im Zweikampf mit Hektor nach dem Tod des Patroklos.

[35] idealtypisch verkörpert zum Beispiel in Henry Morgenthau, dessen von der US-Regierung nie real in Betracht gezogener Morgenthau-Plan zur Aufteilung und Reagrarisierung Deutschlands bereits 1944 von der NS-Propaganda genutzt wurde, um die drohende „Vernichtung und Versklavung" Deutschlands zur Mobilisierung im totalen Krieg auszunutzen (Heil 2003: 131-132).

[36] Etwa in Bezug auf Brandts Ostpolitik wurde ihm aus manch Kehle „Verrat am deutschen Volk" vorgeworfen.

thos entlang einer Ahnenreihe heroischer Vorbilder in der Vergangenheit verzurrt, begründen deren Heldentaten eine Ahnenreihe von Schurken.

Tabelle 1: Helden- und Feindkonstruktionen[37]

nationalmythischer Held	äußerer Feind	innerer Feind
Arminius/Hermann	Varus (Rom)	Marbod („germanischer Dualismus")
Friedrich I. „Barbarossa"	Hadrian IV. (Papsttum)	Heinrich, der Löwe (Reichsfürsten)
Friedrich II. „Alter Fritz"	Zarin Elisabeth (Symbol der Koalition gegen Preußen)	Maria Theresia[38] (Deutscher Dualismus)
Bismarck	Napoleon III. (Frankreich)	Sozialdemokratie

Natürlich sind auch andere Belegungen möglich, Barbarossa und Saladin, Bismarck und die Katholische Kirche - die Liste darf nicht ausschließlich betrachtet werden. Anhand solch einer Konfliktkette können aktuelle Ereignisse geschichtspolitisch gedeutet werden. Es wird auch ersichtlicher, welcher Mythos für eine aktuelle Situation nützlich sein kann und welcher nicht. Für den nationalsozialistischen Endkampf nützte Barbarossa ebenso wenig wie Bismarck, Friedrich II. dagegen war ideal: Der disziplinierte, aber auch zweifelnde König kurz vor dem sicheren Ende, von allen Seiten bedroht, hält durch und wird durch ein Wunder in letzter Sekunde gerettet. So wird der durch das „Mirakel des Hauses Brandenburg" siegreiche Siebenjährige Krieg Ende des Zweiten Weltkrieges für Durchhalteparolen genutzt, Friedrich II. als „erster Nationalsozialist" vereinnahmt (Kroll 2005: 195). Im Falle des Sieges über Frankreich 1871 wurde der „französische Erbfeind" im

[37] Eigene Darstellung.

[38] Historisch natürlich als innerer Feind nicht korrekt, nationalmythisch retrospektiv aber durchaus als Fortsetzung des Arminius-Marbod-Dualismus deutbar. Lässt sich aber auch misogyn lesen. „Der große König" gegen die „europäischen Megären". Wie gesagt: Mythen sind erstaunlich flexibel.

Sinne des „Welschen“ geschichtspolitisch bis zur Varusschlacht mit dem Sieg über Rom gleichgesetzt. Bismarck wurde zum Arminius/Hermann verklärt und über dessen Gleichsetzung mit Siegfried war auch Bismarck der preußische Siegfried, der den „welschen Drachen“ niederrang (Schivelbusch 2003: 249). Nach der Niederlage 1918 war der „Dolchstoß“ von hinten, der Mythos von dem „im Felde unbesiegten Heer“ (als Massensymbol Deutschlands (Canetti 2003: 202)) mythisch mit dem Giftmord an Arminius, mit Hagens Meuchelmord an Siegfried verbunden und der Siegfried/Hermann-Heros nun kollektiv auf alle Deutsche übertragen, wie 1871 mythisch alle Franzosen zum Roland wurden (Schivelbusch 2003: 171). Für den Nationalismus sind vor allem Schöpfungsmythen bedeutsam (die „Geburt der Nation“), Mythen über Helden und Schurken (das Konfliktnarrativ) sowie die Utopie einer glorreichen Zukunft (Fulbrook 1997: 74). Mit den Worten der drehbuchschreibenden Zunft lautet der *spin* dieser *story*: Weil wir gemeinsamen Ursprungs (*ab ovo*) sind, wurden wir Waffenbrüder gegen zahlreiche Feinde von innen und außen, die wir überwunden haben und auch weiter überwinden werden und daher winkt uns ein ewiges Reich des Glücks und der Größe.

3.3 Der Mythos in 1000 Gestalten: Symbole als Code und Botschaft

Das Massensymbol der Deutschen war das Heer. Aber das Heer war mehr als das Heer: es war der marschierende Wald.

- Elias Canetti[39]

In Anspielung an Campbells Heros im Mythos (Campbell 2011) ist auch das Symbol universell und tritt in tausenderlei Gestalt auf. Das Symbol taucht als Glyphe auf oder Zahl, scheint als Metapher durch ein Wort, als Graffito, Bild oder Chiffre, in einem Datum oder einem Ort. Symbole sind genauso Sprache wie Geschichten, nur verlangen sie primär eine kulturelle Transferleistung wie die Geschichte primär eine linguale. Der Erzähler einer Geschichte kodiert das Gedachte in Worten und Sätzen, die der Hörer wieder entschlüsselt, sofern er der Sprache hinreichend mächtig ist. Ebenso verhält es sich mit dem zumeist optisch transkribierten Symbol: Durch das Symbol drückt jemand etwas aus, dass ein Anderer versteht, wenn er die Bedeutung des Symbols kennt. Im Gegensatz zum Mythos ist das Symbol nicht zwangsläufig leerer Signifikant, da es nicht beliebig mit Bedeutung aufgeladen oder belegt werden kann. Das Symbol als Erkennungszeichen (*symbolon*, σύμβολον) für etwas wird kulturell erlernt, ebenso wie ein Wort, das für einen

[39] Der „*marschierende Wald*“ ist im Original kursiv hervorgehoben (Canetti 2003: 202).

Gegenstand steht (Schell 1997: 298). So wie das Wort Taube für einen bestimmten Vogel erlernt wird, in dem die Eltern dem Kind immer wieder dieses Wort sagen und auf diesen Vogel zeigen, so dass ein Sinnzusammenhang anerzogen wird, lernt das Kind durch beständige Assoziation des Taubensymbols mit Friedenskontexten die Symbolbedeutung „Taube steht für Frieden". In einer anderen Kultur könnte das Taubensymbol ebenso gut für Botschaft, Festtagsmahl oder Krankheit stehen, es kommt auf den erlernten Symbolzusammenhang an[40]. Daher kann in einer Kultur, in der Taube mit Frieden assoziiert wird, die Taube nicht einfach neu belegt werden, in dem sie etwa für Krieg steht. Durch die symbolische Kennzeichnung einer Kriegspartei mit der Taube kann höchstens erreicht werden, dass die symbolische Bedeutung der Taube auf den Träger übertragen wird, damit etwa diese Partei für den Frieden steht. Ein Symbol kann also okkupiert werden, sich aber nur schwer aus seinem Bedeutungszusammenhang lösen. Die türkische Militäroffensive auf das syrische Afrin 2018 lief unter dem Namen „Operation Olivenzweig" (*Zeytin Dalı Harekâtı*). Das Symbol des Olivenzweigs steht als Kranz für Ruhm und Unsterblichkeit, als Zweig für Sieg und Frieden (Wiesner 1994: 2118-2119).[41] In der Bibel kennzeichnet die Taube mit dem Ölzweig im Schnabel die Wiederversöhnung Gottes mit den Menschen nach der Sintflut, weshalb Olivenzweige auch den Erdenrund der UNO-Flagge als Friedenssymbol umkränzen. Diese fast universale Symbolik lässt sich nicht übertünchen, sehr wohl aber vereinnahmen von der türkischen Regierung, wenn eine Militäroperation im Namen die Symbolik nicht nur von Sieg als Verheißung, sondern auch von Frieden als Ziel trägt. In Verbindung zum Mythos steht ein Symbol wie ein Wort als Mythem[42] (Lévi-Strauss 1963: 207). Ein Symbol kann außerdem für einen bestimmten Topos stehen, etwa Frieden, Krieg, Versöhnung, Widerstand. In diesen beiden Funktionen ist das Symbol als Signifikant belegt, kann aber vereinnahmt werden. Es kann aber auch breiter ein bestimmtes Narrativ, einen Mythos oder ein Handlungselement (etwa einen Helden) darstellen und somit alle ihm innewohnenden Inhalte symbolisieren.[43] Als solches kann es belegt werden, indem bestimmte Elemente kontextual betont werden. Daher dienen Symbole bevorzugt als Elemente der Propaganda, der Werbung und zur Erinnerungspflege politischer Mythen, z.B. in Form von Denkmälern oder auch Feiertagen (das Datum als Symbol). Wie mächtig Symbole noch immer durch ihre mythi-

[40] Auch sind oft mehrere parallele Deutungen möglich.

[41] So trugen in der Antike Asylsuchende und Boten, die um Frieden oder Waffenstillstand baten, einen in Wolle gehüllten Olivenzweig bei sich (Biedermann und Hulbert 1994: 245).

[42] Mytheme stellen nach Lévi-Strauss die generische Grundeinheit, den Basisbaustein von Mythen dar, also unter anderem „Kindermord" in Bezug auf Medea oder „Blutrache" in Bezug auf Orestes.

[43] So wie eine Roland-Statue für seinen Heldenmut, seine Opferbereitschaft, seine Vermessenheit oder seinen Märtyrertod oder alles zusammen stehen kann - und für den Gesamtmythos an sich.

sche Wahrschau und emotionale Bindekraft empfunden werden durch die Politik, konnte man bei der Eroberung Afrins im Rahmen der „Operation Olivenzweig“ am 18. März 2018 erleben. Die protürkischen Milizen eroberten und plünderten, fanden aber auch die Zeit zu einem politischen Statement, indem sie die Statue der mythischen Gestalt Kaweh des Schmieds stürzten und durch die Straßen Afrins schleiften (Klingst et al. 2018: 8). Die Gestalt aus dem persischen Epos Schāhnāme des Dichters Abū l-Qāsem-e Ferdousī aus dem 10. Jahrhundert ist ein Symbol des Widerstands gegen den mythischen König Zahāk, seines Zeichens Archetyp eines Tyrannen und Symbol der Fremdherrschaft (Firdausī 2010: 373). Ihm mussten täglich zwei Kindergehirne geopfert werden, um den zwei Schlangen, die ihm aus den Schultern wuchsen, Nahrung zu sein.[44] Als Kaveh alle seine Kinder bis auf eines an Zahāk verloren hatte und auch sein letztes opfern sollte, begann er einen Aufstand gegen den Tyrannen und erschlug ihn mit seinem Schmiedehammer, angeblich am 21. März 612 v. Chr. - ein erstaunlich präzise fixierter Moment. Auf dieses Datum ist das kurdische *Newroz*-Fest datiert, dass eingedenk dieses Mythos auch ein Ritual zur Erinnerung an den Widerstand gegen Fremdherrschaft ist. Deswegen wurde dieser Tag als symbolisches Datum für die antitürkischen Proteste gegen die Eroberung Afrins in den kurdischen Gemeinden weltweit gewählt. Kavehs lederne Schmiedeschürze wurde später laut der Geschichte Grundlage der Standarte der Sassanidenherrscher und Kaveh ist somit auch Teil des iranisch-persischen Gründungsmythos, fiel doch der Tag des Tyrannenmords auf den so datierten Tag der Eroberung des assyrischen Ninives durch die Meder als protoachämenidische Konföderation (Strohmeier und Yalçın-Heckmann 2016: 27). Insbesondere die schwierige Definierung der Kurden im Sinne einer Ethnogenese (ebenda: 25), führte zur mythopoetischen Begründung des Kurdentums in Kaveh als Urvater aller Kurden durch kurdische Nationalisten (Yilmaz 2008: 69). Damit verortet der kurdische Gründungsmythos von Kavehs Tyrannenmord vor allem als nationaler Mythos die Ethnogenese des kurdischen Volkes zurück bis zu den Medern. Seine mythische Symbolik ist demnach seine Rolle als Symbol des „Kurdentums“ an sich einerseits und des Widerstands gegen Fremdherrschaft andererseits. Hinzu tritt die dahinterliegende Relevanz des Mythos im Sinne territorialer Rechte als ethnisch von den Türken unabhängige „Ureinwohner“ der Region. Es ist kein Wunder, dass der Sturz Kavehs in Afrin vollzogen wurde. Einerseits erfolgte er durch arabische Milizen, die damit auch den paniranischen Kontext des Mythos angriffen, vernichte-

[44] Es gibt verschiedene Versionen der Geschichte, wobei sich die oral tradierten von den schriftlich fixierten deutlich unterscheiden. Im Nachfolgenden wird der Mythos im Sinne der kurdisch tradierten (vgl Strohmeier und Yalçın-Heckmann 2016: 26-27) Version erzählt. Als Gesamtüberblick und zum Vergleich s. Eintrag in der Encyclopædia Iranica (Omidsalar 2013).

ten doch auch arabische Streitkräfte nach dem Sieg in der Schlacht von al-Qādisīya um 637 n. Chr. die Kaveh-Standarte (*Derafš-e Kāvīān*) der Sassaniden als Symbol des Feindes und seiner Wehrkraft (Khaleghi-Motlagh 1994). Und von Seiten der Türken ist Kaveh Symbol der Einheit und des Widerstandwillens der Kurden. Kurz vor dem symbolträchtigen Newroz-Fest stellte so die Schändung der Kaveh-Statue die symbolische Krönung des Sieges in Afrin dar. Es zeigt sich also die enge Verknüpfung von Symbolen und Mythen, die einen klaren realpolitischen Deutungsrahmen haben, der ebenso relevantes Ziel militärischer Aktionen ist, wie die gegnerische Infrastruktur, Städte oder feindliche Stellungen.

4. Die Jagd auf Gespenster: Konservative Revolution und Neue Rechte

„A Spectre is haunting the world – populism.“

- Ghiţa Ionescu und Ernest Gellner [45]

„[...] in twenty-first century Europe, in the name of the people, the spectre continues to pursue the sceptre.”

- Daniele Albertazzi und Duncan McDonnell[46]

4.1 Populismus, Rechtspopulismus, die AfD und Pegida

„Der Populismus ist im Grunde nichts anderes als eine Regung, den Staat durch seine Verlierer zu annektieren.“

- Peter Sloterdijk[47]

„Das Gespenst des Populismus“ (Dubiel 1986: 33) ist über 2000 Jahre alt. Es taucht auf und ab, wie ein Flimmern in der Geschichte wird es stärker und schwächer, doch verschwindet es ebenso wenig wie der Begriff des Volkes selbst, was an seiner etymologischen Verbundenheit liegen dürfte, ist *populus* doch nichts als das lateinische Wort für Volk. Doch bereits vor Wortführern der römischen Popularen, vor sich auf den Volkswillen berufender Volkstribune wie der Gracchen oder eines Marius ließen sich seitens griechischer Agitatoren wie Perikles (positiv konnotiert, etwa bei Thuk. II, 65,8) und Demagogen wie Kleon (negativ konnotiert, etwa bei Thuk. IV, 21,3) ebenso populistische Methoden feststellen.[48] Die nordamerikanische Agrarier-Bewegung im späten 19. Jahrhundert zum Ausklang der *reconstruction* nach dem amerikanischen Bürgerkrieg stellt mit der Gründung der *populist party* den ersten neuzeitlichen Anknüpfpunkt zum heutigen Populismus dar, etwa in seiner Unterscheidung eines „rechtschaffenen“ Volkes und „korrupter“ Eliten (Unger 2008: 71). Rechtspopulismus bildet eine modernere Untergruppe des Populismus, indem er der „wir hier unten gegen die da oben“-Vertikale eine kulturel-

---

[45] (Ionesco und Gellner 1969: 1).
[46] (Albertazzi und McDonnell 2008: 11).
[47] (Sloterdijk 2016).
[48] Wobei die antiintellektuelle Rhetorik eines Kleons eher an die Populisten heutiger Couleur erinnert als die staatsmännische „Establishment“-Attitüde Perikles‘ (vgl. Mann 2009: 178).

le oder ethnische „wir hier drinnen gegen die da draußen"-Horizontale hinzufügt (Hartleb 2004: 142). Rechtspopulistische Parteien haben ihren Gesamtanteil innerhalb Europas von einem Prozent 1982 auf rund zwölf Prozent 2017 gesteigert (Heinö 2017: 14), während der Anteil aller populistischen Parteien in Europa im selben Zeitraum lediglich von knapp elf Prozent auf 19 stieg (Heinö 2017: 12). Ideologisch eint sie eine Mélange aus nativistischen, ethnonationalistischen Einstellungen, dem Hochhalten "traditioneller Werte", dezidiertem Anti-Elitismus und dem Widerstand gegen Immigration, oft mit islamophober Pointierung (Rydgren und Meiden 2016: 2). Startete die AfD 2013 noch als antieuropäische Anti-Establishment-Partei mit populistischen Attitüden[49], kann man spätestens ab September 2015 mit der Veröffentlichung des „Thesenpapiers Asyl" die AfD klar rechtspopulistisch verorten (Rosenfelder 2017: 124, 140). Die 2014 auftretende Organisation Pegida wiederum ist als Teil einer neurechten[50] sozialen Bewegung anzusehen (Heim 2017: 6) und im Zusammenhang mit der Frage dieser Arbeit interessant insofern, als dass sich die Frage stellt, woher deren „Deutungsmuster, Narrative und Kollektivsymboliken" stammen (ebenda: 12).

4.2 Konservative Revolution und Neue Rechte

„Der Kulturpessimist hält Zerstörung für unvermeidlich. Der Rechte hofft hingegen auf einen tiefgreifenden, unter den Gefahren geborenen Wechsel der Mentalität [...]*"*

- Botho Strauß[51]

In einer an Keßler angelehnten Chronologie (Keßler 2018: 79-80) wird die Geschichte der deutschen Rechten nach dem Krieg wie folgt gegliedert: An Phase I von 1949-1969 knüpft sich mit der „Konservativen Revolution" von 1970-1988 in Phase II der Aufstieg der „Neuen Rechten" an, der in Phase III von 1989-1999 „Anschwellender Bocksgesang der 89er" folgt, worauf sich ab 2000 mit Gründung der Partei Rechtsstaatlicher Offensive (Schill-Partei) in Phase IV der „Aufstieg des deutschen Rechtspopulismus" anschließt, dessen Phase derzeit andauert.

4.2.1 Phase I - 1949-1969: Die Konservative Revolution

Der Schweizer „Wahldeutsche" und SS-„Reisläufer" (Weiß 2017: 43-44) Armin Mohler erschafft mit seinem Mythos der Konservativen Revolution[52] den literarischen Pantheon

[49] Zur Differenzierung von Anti-Establishment-Parteien, siehe Abedi (Abedi 20014:12).
[50] Mit fließenden Grenzen sowohl zum Konservatismus wie Rechtsradikalismus (Heim 2017: 8).
[51] (Strauß 1993).

einer höchst heterogenen Gruppe aus diesem oder jenem Grund antiliberaler Vordenker der Zwischenkriegszeit, die außer besagtem Antiliberalismus und einem positiven Bezug zum Nationalismus (Breuer 1990: 603) nur gemein haben, als dass sie „nichts mit dem Nationalsozialismus zu tun gehabt haben“ sollen (Weiß 2017: 45).[53] Diese Mythopoesis einer NS-resistenten konservativen Intelligenzija kam den Absolutionsbedürfnissen deutscher Nationalkonservativer entgegen und ermöglichte das nahtlose Anknüpfen an protonationalsozialistische rechte Diskurse (ebenda: 48). Mohler wurde in der Nachkriegszeit zum Netzwerker und Brückenbauer der bundesrepublikanischen Rechten (ebenda: 49 und 53), ab 1953 auch zur französischen Rechten unter Alain de Benoist (Leggewie 1987: 197). Waren die Vertreter der Konservativen Revolution durch deren Nähe zum Nationalsozialismus in Nachkriegsdeutschland aus dem öffentlichen Diskurs verschwunden, änderte sich dies mit derer positiven Rezeption durch die *Nouvelle Droite*, durch die der Reimport nach Deutschland gelang (Pfahl-Traughber 1998: 129-130). Die 1968 von Benoist mitbegründete Denkfabrik „*Groupement de recherche et d'études pour la civilisation européenne*“ (GRECE) spielte dabei also die entscheidende Relaisfunktion zwischen Konservativer Revolution und der Neuen Rechten (ebenda: 130) und war somit Katalysator für die theoretische Erneuerung der Konservativen Revolution (Keßler 2018: 102).

4.2.2 Phase II - 1970-1988: Der Aufstieg der Neuen Rechten

Im Unterschied der „Alten Rechten“, der rechten Vätergeneration, die von Adenauer in die politische Bedeutungslosigkeit gedrängt worden war, kam mit der Gründung der Nationaldemokratischen Partei Deutschlands (NPD) 1964 eine neue politische Sammelbewegung zu zeitweiligem politischen Erfolg (Brauner-Orthen 2001: 17). 1972 kam es zum Bruch mit vor allem den Mitgliedern derer Jugendorganisation und es entstand unter Siegfried Pöhlmann die „Aktion Neue Rechte“ als junge aktionistische Gruppierung (ebenda: 18). Hinzu traten Bestrebungen seitens junger Aktivisten, eine neue rechte Intelligenzija zu begründen, indem rechte Zeitschriften und Bünde gegründet wurden, die linke Diskurse theoretisch angreifen wollte (ebenda), etwa die 1970 gegründete Zeitschrift

---

[52] Genaueres hierzu in dieser Arbeit (Kapitel V 1.2).

[53] Mohlers Doktorvater Jaspers kommentierte das Opus mit den Worten: „*Ihre Arbeit ist eine großangelegte Entnazifizierung dieser Autoren, die besticht und heute in Deutschland mit Begierde gelesen wird. Wenn ich nicht wüsste, dass Deutschland politisch nichts mehr zu sagen hat, sondern dass alles auf USA und Russland ankommt, könnte ich die Verantwortung für Ihre Dissertation nicht übernehmen. Da sie so aber bloss begrenzten Unfug stiften wird, nehme ich sie an.*“ (zitiert nach Weiß 2017: 46-47). Breuer stellte in seiner Kritik fest, dass die Konservative Revolution sich als gemeinsame, unterscheidbare Denkschule begrifflich nicht aufrechterhalten lässt (Breuer 1990: 603).

„Criticón“ des unter der Kuratel Mohlers stehenden Caspar von Schrenck-Notzing, die ein breites Spektrum rechtskonservativer bis rechtsextremer Strömungen abdeckte (Pfahl-Traughber 1998: 202). Mithilfe dieser Zeitschriften konnten die Ideen der Konservativen Revolution bis Ende der 1990er Jahre ihre Wirkung im neurechten Diskurs entfalten (Weiß 2017: 54). Dabei ist zu beachten, dass die Neue Rechte eine Selbstbezeichnung ist, die dem Zweck diente, sich der kompromittierenden Nähe zum etablierten organisierten Rechtsextremismus zu entziehen (Feit 1987: 12) - ein Muster, dass von Armin Mohler bereits mit der Konservativen Revolution in Bezug auf den Nationalsozialismus vollzogen wurde. Einmal steckt in der Neuen Rechten die Abgrenzung zur Alten Rechten, politisch beheimatet zunächst in der Sozialistischen Reichspartei (SRP), später dann in Teilen der NPD, von der sich die Neue Rechte als intellektuell-aktionistischer Arm abspaltete. In dieser Selbstbezeichnung klingt im „Neu“ das Revolutionäre, Adoleszente an, dass im „Alt“ sein reaktionäres, geriatrisches Pendant findet. Gleichzeitig ist die Selbstbezeichnung in Anlehnung an die *Nouvelle Droite* eine Reminiszenz und Kampfansage an die „Neue Linke“ der 1960er und deren strategische Neuausrichtung (Schmidt 2001: 16).[54] Die Neue Rechte definiert sich einmal im Abgrenzung zur thematischen Alten Rechten und einmal im Sinne einer neuen Strategie: der Metapolitik. Diese Strategie orientierte sich an Gramscis Theorie der kulturellen Hegemonie, die zu erreichen sei, ehe die Macht errungen werden könne (Assheuer 1992: 139-140; Gramsci 2012, 1947). Benoist sagt über kulturelle Hegemonie, dass parlamentarischer Erfolg auf dem allgemeinen Klima beruhe, das man zu schaffen habe, wodurch der eigene politische Diskurs wahrer klänge (Weiß 2017: 57). In engem intellektuellen Austausch mit der französischen *Nouvelle Droite* konzentrierte sich das politische Selbstverständnis der Neuen Rechten also darauf, metapolitisch die kulturelle Hegemonie in Deutschland zu gewinnen (Salzborn 2015: 64). 1973 wurde diese Strategie als zeitgemäße Anpassung der alten Themen dargestellt, indem etwa Fremdarbeiter nicht mit gängigen fremdenfeindlichen Parolen zum Problem stigmatisiert werden sollten, sondern vermittelst linker Diskurse, indem das „profitgierige Großkapital“ angeprangert werden solle, das Völkerscharen verschiebe, statt die Arbeit zu den Menschen zu bringen - so erreiche man die Menschen eher (Brauner-Orthen 2001: 27). Die Verquickung „linker“ und „rechter“ Inhalte zeigt sich am Beispiel des für die Neue Rechte kennzeichnenden Konzepts des Ethnopluralismus. Begriff und Konzept des Ethnopluralismus gehen im Wesentlichen auf Henning Eichberg zurück, der als einer der

[54] Um die Inflation des Neuen inmitten des ewig wiederkehrend Gleichen zu komplettieren, ist in diesem Kontext die Selbstverortung der SPD 1998 als „Neue Mitte“ interessant (Decker et al. 2016: 211) - eine sozialdemokratische Reminiszenz an das Labour-Narratem unter Tony Blair vom „Dritten Weg“ der „New Labour“.

führenden Köpfe der Neuen Rechten beides in den 1970er Jahren als sogenannte „nationalrevolutionäre Befreiungsphilosophie" entwickelte (Stöss 2006: 525; Zorn 2018: 30-31). Bereits zuvor allerdings sind wesentliche Elemente etwa bei Carl Schmitts „Pluriversum" als Abwehr universalistischer Ansprüche aufzufinden (Zorn 2018: 29).[55] Ferner finden sich Anleihen bei der auf Franz Boas aufbauenden kritischen Kulturanthropologie, die im Zuge des „Kulturrelativismus" eurozentrische Beschreibungen und Bewertungen indigener Kulturen[56] kritisierte, was impliziert, dass Kulturen als abgeschlossene Gebilde betrachtet werden, die einen Vergleich mit anderen schwer möglich machen (Zorn 2018: 29). Der Ethnopluralismus stellt demnach eine Synthese „linker" wie „rechter" Denktraditionen dar (ebenda: 31). Darauf bauen sowohl Henning Eichberg, als auch Alain de Benoist auf, wobei letzterer im Kulturrelativismus eine „positive Auffassung der Toleranz" erkennen will, lies: „Vielfalt ist etwas Gutes, denn jeder wahre Reichtum beruht auf ihr" (ebenda: 30). Im Umkehrschluss ergibt sich daraus eine Absage an die „Vermischung" von Kulturen, den Multikulturalismus liberal-pluralistischer Gesellschaften, da dieser in dieser Denkart die kulturelle Vielfalt minimiert, indem er die kulturellen Unterschiede nivelliert.[57] Hinter dieser Forderung einer Emanzipation der einzelnen Kulturen verbirgt sich aber auch die Forderung einer Unterordnung des individuellen unter seine kulturelle Prägung, das Aufgehen des Individuums in „seinem" Kollektiv, das keinen Widerspruch zulässt (ebenda: 30). Gleichzeitig ist „Kultur" in diesem Sinne ethnisch und homogen und somit dem biologistischen Rassismus nicht wesensfern (ebenda: 31). Menschenrechte treten so hinter die Ansprüche des „völkischen Kollektivs" zurück (Pfeiffer 2018: 39) oder kurz gefasst: *Vive la différence - à bas l'égalité*.[58] Der durch Zuwanderung bedingte demographische Wandel wird als „großer Austausch" [59] der indigenen Kultur (etwa durch den Identitären Block), durch „fremde" Kulturen zur Krise konzipiert (Zorn 2018: 31-32). Damit besitzt die Neue Rechte im Ethnopluralismus neben einem nationalistischen und biologistischen (Pfeiffer 2018: 39 und 46) auch ein antiimperialistisches und antikapitalistisches Element, dass dieses Ideologem von „links" wie

[55] Wenngleich Eichberg im Gegensatz zu Schmitt den Volksbegriff dem Staatsbegriff vorzog und somit nicht klar in Schmittianischer Denktradition steht (Pfeiffer 2018: 39).

[56] Auch der bevorzugte *terminus technicus* der Neuen Rechten, der anstelle des Begriffs „Rasse" trat.

[57] Sinnbild hierzu etwa der New-York-Mythos eines *melting pots*, eines Schmelztiegels der Nationen und Völker. Diesen könnte man als Protomythos des Multikulturalismus und des Globalismus ansehen, der von der Neuen Rechten abgelehnt wird.

[58] Grundlegend sind die als Kultur formulierten ethnischen Kollektive zwar gleichgestellt, Benoist spricht von einem „differenzialistischen Antirassismus", aber nur als Kollektiv gegenüber anderen Kollektiven, nicht als Individuum oder Gruppe innerhalb eines „anderen" Kollektivs (Pfeiffer 2018: 39-40).

[59] Teils mit der Verschwörungstheorie eines von globalistischen (die Globalisierung vorantreibenden) Eliten gesteuerten Austauschs, teils ohne garniert.

„rechts“ belegbar macht und ihren Anspruch untermauern soll, jenseits des Parteienspektrums zu stehen, um über die vorgebliche Unparteilichkeit[60] die Akzeptanz der eigenen Ideologie in der Gesellschaft zu erhöhen. Dass sie im intellektuellen Milieu der Bundesrepublik damit Erfolg hatten, lässt sich an Habermas‘ Aufruf an die intellektuelle Linke von 1978 ersehen, in welchem er zum geistigen Widerstand gegen die Versuche einer „Neuen Rechten“ aufruft, systematisch an der sprachpolitischen „Rückeroberung von Definitionsgewalten" zu arbeiten und somit die linksliberalen Errungenschaften direkt anzugreifen (Habermas 1978: 21). Gemäß Mohlers Konzeption der Konservativen Revolution als der „Trotzkisten des Nationalsozialismus“[61] (Mohler 1989: 4) sah sich die von ihm maßgeblich geprägte Neue Rechte dergestalt als intellektuelle Avantgarde und es sollte nicht lange dauern, ehe die metapolitische Hintergrundarbeit in die politische Öffentlichkeit zurückkehrte.

4.2.3 Phase III - 1989-1999: Anschwellender Bocksgesang der 89er

Die Revitalisierung konservativer Positionen unter Helmuth Kohls „geistig-moralischer Wende“ der 1980er Jahre (Keßler 2018: 103) und die Umbrüche der Wiedervereinigung sowie die steigenden Migrationsbewegungen nach Deutschland Anfang der 1990er brachten der Neuen Rechten Schubkraft und somit Selbstbewusstsein. Dieses äußerte sich in Schriften wie „*Wir 89er. Wer wir sind - was wir wollen*“ und die Neue Rechte erhielt zudem Schützenhilfe durch intellektuelle Konservative im „*Anschwellenden Bocksgesang*“ eines Botho Strauß sowie im neurechten Sammelband „*Die selbstbewusste Nation*“ (Keßler 2018: 110). Dabei handelte es sich bei der 89er-Generation um ein Konstrukt, das eine Gegendarstellung zur 68er-Generation werden[62] und so dem alten Kampf um kulturelle Hegemonie den Anstrich einer Jugendrevolte gegen ein „linkes Establishment“ geben sollte (Brauner-Orthen 2001: 24-25; siehe Kapitel 5.6). Teils bekannte Köpfe der heutigen Neuen Rechten versammeln sich in diesem Band, darunter Ellen Kositza, die Frau von Götz Kubitschek, dem Chef der neurechten Denkfabrik „Institut für Staatskunde“ und Autorin in dessen Magazin „Sezession“; fast alle entstammen dem Netzwerk der 1986 gegründeten Zeitschrift „Junge Freiheit“, die zum zentralen Sprachrohr der Neuen

---

[60] Die Darstellung der Un- oder Überparteilichkeit ist ein sowohl der metapolitischen Neuen Rechten wie dem partei- und vereinspolitischen Rechtspopulismus innewohnendes Ziel.

[61] Ein Begriff vermittelst welchem Mohler weniger deren Rolle im Nationalsozialismus, sondern die Okkupation der „Deutschen Bewegung“ durch den gleichsam „bolschewistischen“ Nationalsozialismus skizziert, wobei den besagten „Trotzkisten“ als Anhängern der reinen Lehre fortgesetzter Revolution die Rolle des Opfers zufällt als vom NS-Regime verfolgte „Ketzer“, gipfelnd in gewagtem Bogen im Attentat vom 20. Juli, welches ebenso Teil von Mohlers Mythos der Konservativen Revolution ist (Mohler 1989: 4-5).

[62] Stellt man die 68 auf den Kopf, ergibt sich die 89 - wohl ein kleiner Marketing-Gag.

Rechten wurde (ebenda: 26). Als metapolitischer Stichwortgeber diente sich die Neue Rechte zunächst den 1983 gegründeten Republikanern an, die kurzzeitig größere Erfolge feierten, überwarf sich jedoch Mitte der 90er mit der elektoral zu der Zeit bereits im Niedergang befindlichen Partei (Brauner-Orthen 2001: 30).[63] Als weiteres Kennzeichen für die Adaption der in den 1970ern entwickelten neuen Strategie ist das 1998 von der NPD verabschiedete, vom Parteivorstand unter dem zwei Jahre zuvor zum Parteivorsitzenden gewählten Udo Voigt erarbeitete Strategiepapier des „Drei-Säulen-Konzepts", das 2004 um eine vierte Säule ergänzt wurde (Schulze 2009: 93). Die konzeptionelle Ausrichtung der Neuen Rechten in den 1970ern hatte die NPD als Sammelbewegung in den Hintergrund gedrängt, so dass sie bis zum Wahlerfolg in Mecklenburg-Vorpommern 2004 als rechtsextreme, „altrechts" ausgerichtete Splitterpartei keine politischen Erfolge vorweisen konnte (Brandstetter 2006: 1029; Schulze 2009: 94). Das neue Vier-Säulen-Konzept umfasste den „Kampf um die Straße", den „Kampf um die Köpfe", den „Kampf um die Parlamente" und - seit 2004 etwas sperriger formuliert - den „Kampf um den organisierten Willen" (Schulze 2009: 93), womit Mitglieder, Anhänger und Mandate gewonnen werden sollen (ebenda: 95).[64]

4.2.4 Phase IV - 2000 bis heute: Der Aufstieg des Rechtspopulismus

Auch wenn es sich bei der Partei Rechtsstaatlicher Offensive (Schill Partei) um ein lokales und kurzfristiges Phänomen in Hamburg handelte, war der Wahlerfolg 2001 einzigartig, als die vor 14 Monaten gegründete Partei aus dem Stand 19,4 Prozent der Stimmen erhielt. Gleichwohl die Law-and-Order-Partei auch von der erhöhten Bedeutung der Sicherheitsthematik nach dem 11. September 2001 profitierte, zeigt der Erfolg, dass eine Partei selbstgesetzte Themen erfolgreich zu dominanten Punkten der parteiübergreifenden Wahlkampfagenda formen kann. Im Jahre 2000 gründete Götz Kubitschek die Zeitschrift Sezession als modernes Portal für neurechte Positionen, um den konservativen und rechtsliberalen Diskurs zu beeinflussen. Auch in der FDP wurden vom rechtsliberalen Flügel 2002/2003 Versuche nach dem Vorbild Jörg Haiders in der FPÖ unternommen, die Partei für neurechte Positionen zugänglicher zu machen, was allerdings mit der

[63] Es gelang aber, Republikaner-Positionen aus dem Parteiprogramm fast wortwörtlich in den Asylkompromiss von 1993 einzubringen (Brauner-Orthen 2001: 30).

[64] Im Einzelnen bedeuten die Säulen die Erringung der Dominanz im öffentlichen Raum durch Präsenz, z.B. vermittels von Demonstrationen (Straße), das Erreichen intellektueller Diskurshoheit und kultureller Hegemonie, z.B. durch Schulung charismatischer Führungspersönlichkeiten, womit auch Renegaten aus dem linken Spektrum angezogen werden sollen (Köpfe), den politischen Wahlerfolg an sich (Parlamente) und die Einigung der extremen Rechten unter einem Banner (organisierter Wille) (Brandstetter 2006: 1029-1030).

Möllemann-Affäre scheiterte (Decker 2003: 56 und 62). Ferner entstanden nach 2000 immer mehr rechtspopulistische Pro-Bewegungen, wie die locker kooperativ verbundenen Bewegungen nach der 1996 gegründeten Bürgerbewegung Pro Köln genannt wurden, etwa Pro DM, Pro NRW und viele andere. Mit der AfD schließlich gelang es ab 2013 neurechten politischen Entrepreneuren und Organisationen, eine Anti-Establishment-Partei zu vereinnahmen, ohne dadurch die Partei elektoral zu diskreditieren (Weiß 2017: 91-92). Pegida seinerseits stellt die nach wie vor medial präsenteste Form rechtspopulistischen Straßenprotests dar. Das von der Neuen Rechten beeinflusste Vier-Säulen-Konzept der NPD deckt sich *mutatis mutandis* mit dem momentan auftretenden Dreiklang rechter Präsenz in Deutschland. Organisationen wie Pegida, Hogesa oder Pro NRW haben trotz zunehmender Nivellierung eine weit stärkere öffentliche Präsenz gezeigt als rechtsextreme Aufmärsche der Vergangenheit, gerade weil sie nicht als rechtsextreme Bewegung auftraten, sondern sich im Vexierbild des „Spaziergängers" und „besorgten Bürgers" zu präsentieren suchten. Sie verkörpern die Säule des „Kampfs um die Straße". Die von rechts okkupierte AfD löste nach und nach die NPD als beherrschende politische Kraft links der Wand im „Kampf um die Parlamente" ab. In der weiterhin klandestin auftretenden Neuen Rechten wird metapolitisch die kulturelle Hegemonie im „Kampf um die Köpfe" forciert sowie mit Hilfe neurechter Jugendorganisationen wie dem Identitären Block (IB) der Anschluss an das urbane Jugendmilieu gesucht. Einzig im „Kampf um den organisierten Willen" zeichnet sich kein klares Bild ab, da zwar eine Kooperation oder Sympathie der verschiedenen Bewegungen, Parteien, Strömungen und Organisationen erkennbar ist bis hin zu den kryptoanarchistischen Reichsbürgern, aber keine wie auch immer geartete Dachstruktur.

5. Mythen, Symbole und Narrative der Neuen Rechten

„Der Mythos kristallisiert in sich die bedeutendsten Werte, Normen, Glaubensinhalte und Ideologien der Gruppe und verankert sie bei den Angehörigen einer Gemeinschaft."

- Yves Bizeul[65]

Es geht der Neuen Rechten vor allem darum, sich selbst als „Gegenelite" zu präsentieren (vgl. auf die „extreme Rechte" gemünzt Langebach und Sturm 2015: 8), die über eigene Geschichtspolitik und die Komposition eigener politischer Mythen eine alternative Realität konstituiert (ebenda: 18), die im nächsten Schritt gesamtgesellschaftlich an Bedeutung gewinnen soll über das traditionelle konservative Milieu. Aufbauend auf diesem geistigen Gerüst wird dann der politische Arm der Neuen Rechten (im Moment die AfD) dazu genutzt, die Schlussfolgerungen aus dieser alternativen Realität in den politischen und damit öffentlichen Diskurs einzubringen (ebenda: 24). Diese Strategie folgt damit den von linker Seite seit den 1960ern erprobten Methoden (ebenda: 24), den eigenen Einfluss über die direkte eigene Klientel gesellschaftlich zu implementieren. Diese als Metapolitik bezeichnete Strategie beruht also in erster Linie auf der Konstruktion eines Metademos, der seinen Einfluss auf die deutsche Gesellschaft zu erweitern sucht. Hinzu kommen aktionistische Elemente, um Symbole im öffentlichen Raum zu besetzen, Aufmerksamkeit zu generieren, Skandalisierungen zu provozieren. Beispiel hierfür ist der Identitäre Block und dessen Bemühen um Aufmerksamkeit wie im Falle des Brandenburger Tors. Als geschichtspolitisches Symbol steht das Brandenburger Tor als leerer Signifikant im historischen Raum. Es hat nicht eine, sondern viele Bedeutungen, die je nach Belegung abgerufen werden können. Es ist das Tor des Friedens, das zu Ehren der preußischen Allianz mit den Niederlanden und Großbritannien 1788 errichtet wird und den preußischen König Friedrich Wilhelm II in die Tradition des antiken Vorbilds Perikles setzt (Pöthe 2014: 400). 1806 wurde es als Kulisse des napoleonischen Einmarschs in Berlin zum Symbol der Demütigung, zumal seine Quadriga als Beute nach Paris geführt wurde (Münkler 2009: 228). 1814 kehrte sich die Symbolik um. Mit der triumphalen Rückführung der Quadriga vollzog sich am Brandenburger Tor die Umdeutung zum Symbol des antinapoleonischen Befreiungskampfes: Mit dem Eisernen Kreuz im Stab der Viktoria erlebt das Tor eine allmähliche symbolische Metamorphose zum militärischen Siegestor (ebenda). Hitlers SA marschierte durch dieses Tor, womit es als Symbol auch für den Nationalsozi-

---

[65] (Bizeul 2000:21).

alismus und seinen Terror steht, für Hybris und Bellizismus (ebenda: 229). Danach entwickelte es sich zum Symbol der Teilung und schließlich steht es mit Mauerfall und der Silvesternacht 1989/90 unter den Füßen Tausender auch als Symbol der deutschen Wiedervereinigung und friedlichen Protests (ebenda: 229). Es kann also als Symbol für Freiheit und Frieden stehen, aber auch für Terror und Krieg. Für preußischen Militarismus, deutsche Unabhängigkeit, nur nicht mehr für seinen eigentlichen Zweck: dynastische Darstellung. Als der Identitäre Block am 27.08.2016 das Brandenburger Tor besetzte und mit dem Spruchband „sichere Grenzen – sichere Zukunft“ versah, so stellte sich diese Aktion im Kontext der Migrationsbewegungen nach Deutschland klar in die Symbolbedeutung des Tores im Sinne des Widerstands und seiner preußischen Historie, aber auch in den Bezug zur Volksbewegung in der DDR (Ipsen et al. 2017: 18). Bildsymbolisch wird zudem angeknüpft an ähnliche Aktionen zum Beispiel seitens Greenpeace, wodurch ein jüngeres Publikum erreicht werden soll, zumal die Veröffentlichung des Videos der Aktion in den neuen sozialen Medien, auf Facebook, Twitter, YouTube und Instagram erfolgte (ebenda: 17, Fußnote 1). Im Folgenden werden die verschiedenen Mythen, Symbole und Narrative analysiert, die von der Neuen Rechten genutzt werden, um ihren metapolitischen Einfluss im Sinne einer kulturellen Hegemonie in Deutschland auszuweiten und über den politischen Arm der AfD einem breiteren Publikum zugänglich zu machen. Dadurch soll nicht nur eine ideologische Neuverortung des konservativen Milieus erfolgen, sondern auch die Umdeutung und Vereinnahmung linker Diskurse. Zu diesem Zwecke ist es allerdings teilweise vonnöten, zunächst die politischen Mythen der Bundesrepublik Deutschland zu beschreiben, um deren Interaktion mit neurechten Mythen und Belegungen verstehen zu können.

5.1 Die mythenlose Republik? Neuanfang ohne große Worte

„Das Beste, was wir von der Geschichte haben, ist der Enthusiasmus, den sie erregt."

- Johann Wolfgang von Goethe[66]

Geschichte ist in der politischen Sphäre von nicht nur zentraler Bedeutung, sondern erregt auch wie kaum ein anderes Feld die Gemüter der Menschen. Indem darüber befunden wird, was und wie etwas geschehen ist (von den anderen W-Fragen ganz zu schweigen), wird auch festgelegt, wie darüber gedacht wird und wie in jeder Geschichte ist des einen Gewinn durch eine historiographische Interpretation des anderen Verlust. Wenn

[66] (Goethe 2002: 292).

Goethe davon schreibt, der Enthusiasmus sei das Beste, was wir von der Geschichte haben, so unterschlägt er die Kehrseite, dass nämlich dieser Enthusiasmus auch das Schlechteste sein kann, was wir von der Geschichte haben. „*Der hermeneutische Bezug zur Vergangenheit ist von weitreichender Bedeutung für den sich gestaltenden Prozeß der Gruppenidentität*", schreibt Bizeul (Bizeul 2000: 22). Interpretation - enthusiastische zumal - aber birgt Konfliktpotenzial wie jede Konstruktion der Wirklichkeit. Anstatt von konstruierter Geschichte zu sprechen, soll hier Geschichte mehr als Komposition verstanden werden (vgl. Svevo 1988: 467)[67]. Wie in der Komposition eines Musikstücks, ist die Bedeutung der Erfindung von Geschichte, das Hinzudichten von etwas, das nicht oder anders gewesen ist, weniger schwierig zu begreifen als die Auslassung von Geschichte, dem Nicht-erzählen von etwas. Wie der Komponist durch die Pause zwischen den Tönen die Musik kreiert (vgl. Langer 1953: 27-28)[68], den Klang reduzierend ordnend, um erst im zweiten Schritt die Kakophonie in Harmonie zu wandeln, indem die Töne in eine melodische Ordnung gebracht werden, so ist das Auslassen des vermeintlich Irrelevanten im Erzählen des Vergangenen ein notwendiger Schritt – und doch derjenige, der das Faktum zur Dichtung formt. So ist notwendigerweise jede historiographische Erzählung zu einem mehr oder minder großen Teil Dichtung und kaum ein Faktum *per se*. Mit dieser Komposition wird Politik gemacht. Geschichtspolitik, die Applaus und Ablehnung findet und wo Ablehnung ist, steht bereits eine Gegengeschichte im erzählerischen Raum. Geschichtspolitik kann in einer Meistererzählung den Abschluss finden, aber auch mythisch aufgeladen über einen politischen Mythos wirksam werden. Wo Geschichtspolitik nun zum politischen Mythos transzendiert, da ist ihr emotionaler Widerhall enorm und der eingangs erwähnte Enthusiasmus zeitigt seine schöpferische wie destruktive Gewalt. Geschichtspolitik ist daher eine universale Komponente der Politik, unabhängig von Staatsform, Ideologie, Ethnie, Religion oder Kultur. Geschichtspolitik erschöpft sich nicht im Schaffen politischer Mythen, erfährt dort aber seine wichtigste Anwendung und breiteste Wirkung weit über die politische Gemeinschaft, die sie erzeugt, hinaus. Dies lässt sich auch erkennen, wenn man die Wesenselemente des Mythos vergleicht mit den Aufmerksamkeitsregeln der Massenmedien, die im Wesentlichen bestimmen, worüber wie berichtet wird in modernen Gesellschaften. Paula Diehl verglich diese Aufmerksamkeitsregeln mit den Elementen des Populismus, um darzulegen, warum der Populismus in der mas-

[67] Svevo schreibt dort (*Zeno Cosini*): "*Die Gegenwart dirigiert die Vergangenheit wie die Mitglieder eines Orchesters. Sie benötigt gerade diese Töne und keine anderen. So erscheint die Vergangenheit bald lang, bald kurz. Bald klingt sie auf, bald verstummt sie. In die Gegenwart wirkt nur jener Teil des Vergangenen hinein, der dazu bestimmt ist, sie zu erhellen oder zu verdunkeln.*"

[68] Die Kulturphilosophin Langer spricht dort von Musik als „*measured sound and silence*".

senmedialen Aufmerksamkeit einen Vorteil genießt gegenüber technokratischen Diskursen (Diehl 2016: 80):

Tabelle 2: Vereinbarkeit massenmedialer Aufmerksamkeitsregeln mit populistischer Logik[69]

Aufmerksamkeitsregeln der Massenmedien	Elemente des Populismus
Appell zum Außergewöhnlichen	Produktion von Skandalen und Tabubrüchen
Dramatisierung	Narrativ des betrogenen Volkes
Konfliktstruktur	Manichäisches Denken
Unmittelbarkeit	Ablehnung von Mediation

Ebenso lassen sich die Wesenselemente des Mythos mit den massenmedialen Aufmerksamkeitsregeln vergleichen:

Tabelle 3: Vereinbarkeit massenmedialer Aufmerksamkeitsregeln mit mythischen Elementen[70]

Aufmerksamkeitsregeln der Massenmedien	Elemente des politischen Mythos
Appell zum Außergewöhnlichen	Herausstellung der Exzeptionalität eines Demos oder vergangener Taten, Heroisierung
Dramatisierung	Zuspitzung der Seinsfrage eines Demos, seiner Heroen und Taten
Konfliktstruktur	Manichäische Konzeption
Unmittelbarkcit	Ablehnung der Zergliederung seiner Wahrheit

[69] Eigene Darstellung und Auswahl nach Daten von Diehl (Diehl 2016: 80).
[70] Eigene Darstellung und Auswahl unter Ergänzung der Daten von Diehl (Diehl 2016: 80).

Somit lässt sich erkennen, dass auch Mythos und Populismus ähnliche, ja fast deckungsgleiche Wesenselemente aufweisen. Und wenn Geschichtspolitik sich vor allem im Rahmen politischer Mythen artikuliert und der Mythos, wie Barthes schreibt, „statistisch gesehen" rechts ist (Barthes 2016: 303), so ist es kaum verwunderlich, dass sich die Neue Rechte im Rahmen ihrer Bestrebungen, eine verloren geglaubte „kulturelle Hegemonie" wiederzuerlangen, der Geschichtspolitik besondere Aufmerksamkeit beimisst und somit dem Feld der politischen Mythen.

5.1.1 Wie der Phönix aus der Asche: Mythos Stunde Null

Die Gründung der Bundesrepublik stellte ihre Protagonisten und Gestalter vor immense Schwierigkeiten in Bezug auf die Verortung dessen, was denn einigendes Band eines neuen deutschen Demos werden könnte. Es fehlte ein sinnstiftender Anker, ein Gründungsmythos, auf dem aufgebaut werden konnte. Die historische Kontinuität eines demokratischen deutschen Staatsvolkes zu konstruieren, durfte zum einen nicht mit Rückgriff auf autoritäre Traditionen, etwa des Deutschen Kaiserreiches und erst recht nicht des Dritten Reichs erfolgen. Auch die Konstruktion einer demokratischen Traditionslinie war schwierig, mussten doch sowohl die Deutsche Revolution von 1848/49 als auch die Weimarer Republik als gescheitert gelten. Zudem stellte die bedingungslose Kapitulation im Mai 1945 eine beispiellose Zäsur der neueren deutschen Geschichte dar, endete damit nicht nur die staatliche Souveränität Deutschlands und aller seiner Glieder, sondern auch mit dem Untergang des Reichs als Form und Idee des deutschen Staatskörpers jede territoriale und spirituelle Kontinuität.[71] Zudem stand nach den Gräueln der nationalsozialistischen Herrschaft das Volk selbst, insbesondere im konservativen Milieu, vor einem kollektiven mythopoetischen Metanoeite (Μετανοείτε, Massing 2006: 395-396). Es verbot sich also eine *renovatio imperii germanorum* ebenso wie eine *translatio imperii romanorum sacrorum*, etwa in Form einer Übertragung des Alten Reichs auf die neue Regierung, schon da dies kaum ohne Einbindung österreichisch-habsburgischer Traditionen gelungen wäre - vom Einverständnis der Besatzungsmächte ganz zu schweigen. Es war eine Zäsur für alle drei deutschen Folgestaaten, von derer Verantwortung sich der österreichische am elegantesten entledigte. Schon April 1945 wurde in der Präambel der

[71] Wenngleich eine juristische Kontinuität besteht, da das Bundesverfassungsgericht in ständiger Rechtsprechung festgestellt hat, dass das „Deutsche Reich" als Völkerrechtssubjekt nicht untergegangen ist und die Bundesrepublik Deutschland nicht sein Rechtsnachfolger, sondern mit ihm als Völkerrechtssubjekt identisch ist (Deutscher Bundestag 2015: 10). Die besonders von seitens der „Reichsbürgerbewegung" vorgetragenen diesbezüglichen Implikationen sind jedoch insofern falsch, als dass die juristische Kontinuität mehr als „Rechtsfiktion" angesehen werden muss und das Deutsche Reich „als politisch souveräner Akteur" 1945 aufgehört hat zu existieren (Münkler 2009: 413 und 542 Anmerkung 3).

österreichischen Unabhängigkeitserklärung der Gründungsmythos offiziell etabliert.[72] Es war der Mythos von „Hitlers ersten Opfer", der die Alpenrepublik als „macht- und willenloses" Volk mit „wehrloser Staatsleitung" durch „militärische Bedrohung von außen und den hochverräterischen Terror" von innen in den Nationalsozialismus „zwang" (Gries 2005: 12). Der DDR blieb dieser Weg des Opfermythos ebenso versperrt wie der BRD, weswegen bereits früh der Mythos vom „antifaschistischen Widerstand" konstruiert wurde (Münkler 2009: 421). Aus dem Martyrium kommunistischer und sozialdemokratischer Antifaschisten, so die Mythopoesis in Kurzform, entwuchs eine „moralische Dignität", das die DDR als „anderes" und „besseres" Deutschland legitimiert und ein „Wir"-Gefühl im Geiste etwa eines Ernst Thälmanns als Märtyrer konstruiert (Gries 2005: 14-15). Westdeutschland hatte als Nachfolgestaat des Deutschen Reichs keine Möglichkeit, sich auf einen Opfermythos oder einen Widerstandmythos zu beziehen, außer auf den Stauffenberg-Mythos, der aber zu militärisch belegt war für den pazifistischen, demilitarisierten *status nascendi* der Republik. Daher wurde die Zäsur selbst Urmythos der jungen Republik: die „Stunde Null".[73] Es war, als drücke sich in dieser Null nicht nur der Wunsch nach Neubeginn und Katharsis aus, sondern auch der hoffende Topos des „Phönix aus der Asche". Deutlicher hätte es nur ausgedrückt werden können, hätte der Herrenchiemseer Konvent diesen an Stelle des Adlers zum Wappentier auserkoren. Aufgrund der Schwere deutscher Schuld erfolgte vor allem im konservativen Milieu der Rückgriff auf christliche Traditionen (Massing 2006: 397-398), etwa durch die Gründung der CDU und CSU als Parteien mit Bezug zum Christentum, dem neuen Gottesbezug in der Präambel des Grundgesetzes[74] oder dem Stuttgarter Schuldbekenntnis, in welchem „ein neuer Anfang" postuliert wird (Assmussen et al. 1945). Auch in der sozialen Marktwirtschaft zeigt sich ein ökonomischer Neuanfang aus christlichen - präziser: protestantischen - Wurzeln (Jähnichen 2010: 2-3 und 6-7), der sowohl dem Laissez-faire-Kapitalismus als auch dem Kommunismus entsagt (ebenda: 9-10) und somit seinerseits eine interessante Traditionspflege eines deutschen Sonderwegs darstellt - gleichwohl die

[72] vgl. Präambel der Proklamation über die Selbständigkeit Österreichs vom 27. April 1945.

[73] Anders als in vielen Arbeiten, soll hier nicht der ökonomische Mythos „Wirtschaftswunder" selbst zum Gründungsmythos erklärt werden, sondern als auf dem Urmythos der Stunde Null aufbauender Teilmythos innerhalb des Metanarratems „Neuanfang". In allen Teilbereichen des gesellschaftlichen und staatlichen Lebens der BRD leisten solche Teilgründungsmythen ihren Beitrag zum Urmythos „Stunde Null". Ökonomisch der „Wiederaufbau- und Wirtschaftswundermythos", militärisch der Mythos einer „sauberen Wehrmacht", außenpolitisch der Mythos „Sonderweg", um nur einige zu nennen.

[74] Im Gegensatz zum fehlenden Gottesbezug in der Verfassung der Weimarer Republik (Die Verfassung des Deutschen Reiches ("Weimarer Reichsverfassung") 11. August 1919), in der Verfassung des Deutschen Kaiserreichs (Verfassung des Deutschen Reiches vom 16. April 1871) und der Paulskirchenverfassung (Verfassung des deutschen Reiches vom 28. März 1849).

angehende Westbindung „die Hoffnung auf eine versöhnte Totalität“ einer Europa-Utopie anklingen lässt (Bizeul 2006: 17).[75]

5.1.2 Rechter Gegenmythos: Die Konservative Revolution

„Awake, arise, or be forever fallen!“

- John Milton[76]

Der an radikalnationale deutsche Kreise der Zwischenkriegszeit anknüpfende Vordenker der Neuen Rechten und Schöpfer des Mythos der Konservativen Revolution[77], Armin Mohler, stand der Stunde Null als Gründungsmythos ablehnend gegenüber, stand sie doch den eigenen Bemühungen um „Restauration“ dieser Revolution mythisch entgegen (Van Laak 2002: 14). Durch den von ihm unter seinem Doktorvater Karl Jaspers im Rahmen seiner Dissertation „Die Konservative Revolution in Deutschland 1918–1932“ entworfenen Gegenmythos einer vom Nationalsozialismus unberührten Denkschule konservativer Revolutionäre versuchte er, deren Werke wieder in den politischen Diskurs zurückzuholen und gleichzeitig, dem Bruch mit der Reichsidee ein Gegenkonzept entgegenzustellen - letztlich schuf er so dem Faschismus ein geistiges Refugium (Weiß 2017: 44 und 47). Zunächst ging es also um einen Mythos, der das Überleben nationalkonservativer bis faschistischer Positionen unter dem Banner des Konservatismus sichern sollte, ein nationalkonservatives *„awake, arise, or be forever fallen!“* (Milton 2001: 40 (PL I 330)), um die „Heerscharen“ Mohlers gefallener Idole zu sammeln.[78] Dabei lehnten Mohler und die sich auf ihn beziehende Neue Rechte sowohl einen liberalen Konservatismus als auch dessen christliche Ausprägung vehement ab, wobei der klare Hauptfeind der Liberalismus angelsächsischer Provenienz war und ist (Weiß 2017: 60-61). Der Liberalismus dient hierbei als einigendes Feindbild einer heterogenen rechten Denktradition, unter dem alles subsummiert wird, was einst an der Weimarer Republik und später an der Bonner Republik abgelehnt wurde (Jost 1995: 144). Es ging also Mohler als geistigem Vater der Neuen Rechten in erster Linie darum, einen Mythos für seine Konservative Revoluti-

---

[75] Und so scheint auch der deutsche Europa-Kurs mythisch begründet, liest man den Gründungsmythos „Stunde Null“ ökonomisch hin auf das utopische Fernziel der Erlösung im Aufgehen Deutschlands in Europa, so ist auch das politische Denken auf dieses Ziel hin ökonomisch konnotiert. Anders ausgedrückt: Die Utopie ist zunächst ökonomisch zu verwirklichen, dann politisch.

[76] (Milton 2001: 40 (PL I 330)).

[77] Wobei das Schlagwort von einer Konservativen Revolution im deutschen Diskurs schon früher, etwa 1921 von Thomas Mann für Nietzsche als einen „geistigen Vater“ dieser verwendet wurde (Ottmann 2010: 143).

[78] Diese poetische Metapher drängte sich auf, ist aber - ganz in Miltons Sinne - nicht normativ zu werten.

on zu finden, einen eigenen Metademos (μετάδῆμος)[79] zu begründen, der sich historisch über die Vertreter dieser konstruierten Denkschule in der Zwischenkriegszeit unter Ausklammerung des Nationalsozialismus eine eigene Traditionslinie und „Ahnenreihe“ schafft. In der Ablehnung des Liberalismus als „konsequentes, umfassendes, metaphysisches System“ (Schmitt 1985: 45), in dem Bezug auf Nationalismus und Reichsidee und durch die Verquickung konservativer und faschistischer Denktraditionen wurde so eine Alternative zur Bundesrepublik und ihrer Stunde Null geschaffen (Weiß 2017: 44). Wo diese auf die Katharsis des Neuanfangs setzt, finden die Epigonen des Dritten Reichs und seiner Wegbereiter in der Ausklammerung des Nationalsozialismus Anknüpfpunkte zu den Mythen und Narrativen der nationalkonservativen bis rechtsextremen Hautevolee, wovon später die Neue Rechte bis heute zehrt (ebenda: 48 und 52). Neben dem Versuch, eine sinnstiftende Kontinuität unter Ausklammerung des Nationalsozialismus zu etablieren, wurde die Stunde Null selbst als Mythos bearbeitet. Insbesondere nach der Wiedervereinigung intensivierten sich die Bemühungen, die Stunde Null, verstanden als „nach Auschwitz“ umzudeuten und mit rechtsintellektueller Schützenhilfe der „selbstbewussten Nation“[80] das Jahr 1990 als „nach der Wiedervereinigung“ anstatt „nach Auschwitz“ sinngemäß zu einer Stunde Null deutscher Schuld zu erklären (Brauner-Orthen 2001: 24). Die neurechte selbsternannte „89er-Generation“, die sich auch die „Jungkonservativen“ nennt (ebenda) bediente sich hierbei der Narrative der von Winkler „posthume Adenauersche Linke“ genannten Denkschule (Winkler 2004). Diese im Zuge des Historikerstreits 1986 auf Habermas‘ Positionen aufbauende Argumentation begründete geschichtspolitisch wirkmächtig Westbindung und deutsche Teilung in den Verbrechen des Nationalsozialismus, womit die Mauer quasi Symbol eines Urteils der Geschichte wurde (ebenda; Junge Freiheit 2009), eine Sühneleistung für Auschwitz - nach Grass stand die „Mauer als Mahnung“ (Münkler und Hacke 2009: 27). Wenn aber - so die neurechte Weiterführung des Gedankens - die Mauer Symbol eines Urteils ist, muss deren Fall gleichsam Freispruch sein, womit die Wiedervereinigung die deutsche Schuld tilgt (Junge Freiheit 2009, vgl. Schwilk und Schacht 1994: 12).

[79] Der Begriff Metademos wird genutzt, um auf die transnationale Komponente sowohl der „Konservativen Revolution“ Mohlers wie der „Neuen Rechten“ hinzuweisen. Ansonsten könnte man auch *Hypodemos* sagen.

[80] „*1990 war nicht mehr das Jahr nach Auschwitz, sondern das Jahr nach der deutschen Einheit*“ (Bubik 1995: 185).

5.2 Auf dem Sonderweg gen Westen: Konstruktion einer Odyssee

„[...] Deutschtum, das ist Kultur, Seele, Freiheit, Kunst und nicht Zivilisation, Gesellschaft, Stimmrecht, Literatur."

- Thomas Mann[81]

In dem zwischen 1916 und 1918 verfassten Buch „Betrachtungen eines Unpolitischen" ist das in der Spätphase geschriebene Zitat Ausdruck Thomas Manns Bemühen, ein vom westlichen Parlamentarismus, Liberalismus, der westlichen Zivilisation an sich verschiedenes „deutsches Wesen" auszumachen. Abgesehen von kruden politischen Verschwörungstheorien[82] liest sich aus Manns fast sechshundert Seiten starkem Opus vor allem eine Absage an universalistische Demokratiekonzepte heraus[83]. Bemerkenswert daran im Kontext dieser Arbeit ist die mythopoetische Wirkkraft des Autors dieses (hier paradigmatisch herangezogenen) Werkes in Hinblick auf seine Rezeption durch neurechte Kreise. Der Mythos vom deutschen Sonderweg hatte sich bereits im 19. Jahrhundert im Zuge der deutschen Romantik und des deutschen Nationalismus herauskristallisiert und fand in Thomas Mann immerhin einen Literaten von derartigem Weltrang, dass ein Verweis auf ihn als Autor dieses Zitats dieses (und somit eine positive Konnotation des deutschen Sonderwegs) politisch unverdächtig erscheinen lassen muss oder zumindest exegetisch im Rahmen der Zeit und seines noch relativ jungen Alters vermittelbar wird - zumal er sich später explizit gegen den Nationalsozialismus gewandt hat. Grund genug in jedem Fall, den illustren Autor für dessen „mit der Feder geleisteten Kriegsdienst" (Glaser 2014) in Armin Mohlers Konservativer Revolution und damit in neurechter Denktradition zu verewigen (Ottmann 2010: 143). Folgerichtig bemerken neurechte Presseorgane dessen „erstaunlich aktuelle Zeit- und Krisendiagnose" (Glaser 2014) und verweisen unter anderen auf Mann, wenn die Westbindung Deutschlands und der europäische Einigungsprozess kritisch beleuchtet werden (Dirsch 2012). Mit Mann (u.a.) wird die

[81] Das Wort „nicht" ist im Original hervorgehoben (Mann 1974: 31).

[82] Etwa der von den „wahren" Kriegsschuldigen, dem „internationalen Illuminatentum" und der „Freimaurer-Weltloge", wobei er wenigstens selbst zugibt, sich seine „unumstößlichen Überzeugungen" nicht durch „irgendwelches Material" gebildet zu haben (Mann 1974: 32).

[83] *„[...] denn soviel ist sicher, daß bei einem Zusammenschluß der nationalen Demokratien zu einer europäischen, einer Weltdemokratie von deutschem Wesen nichts übrigbleiben würde: Die Weltdemokratie, das Imperium der Zivilisation, die ‚Gesellschaft der Menschheit' könnte einen mehr romanischen oder mehr angelsächsischen Charakter tragen, — der deutsche Geist würde aufgehen und verschwinden darin, er wäre ausgetilgt, es gäbe ihn nicht mehr."* (Mann 1974: 33).

kantianische Gegenüberstellung (westlicher) Zivilisation und (deutscher) Kultur[84] mythisch lesbar und somit der Mythos Sonderweg nach seiner Umdeutung durch die bundesrepublikanische Historiographie wieder im alten Subtext belegbar.

5.2.1 Am deutschen Wesen mag die Welt genesen: Mythos Sonderweg

„[...] *und es mag am deutschen Wesen einmal noch die Welt genesen!*"

- Franz Emanuel August Geibel[85]

Da durch den Gründungsmythos der Stunde Null die westdeutsche Geschichtswissenschaft nicht länger ihre mythischen Fühler legitimationssuchend in die Vergangenheit erstrecken konnte, kehrte sich die Richtung um. Anstatt die Gegenwart aus der fernen Vergangenheit heraus mythisch zu begründen, begründete in der alten Bundesrepublik die Gegenwart die Vergangenheit, wodurch ein ideologisches Handlungsregime mythisch begründet werden konnte. Salopp gesagt: Das Heilige Römische Reich als Beispiel verliert seine Legitimation wegen seiner zu Hitler führenden Sonderrolle in Europa. Es bezieht seine Delegitimation also aus der Gegenwart (respektive jüngsten Vergangenheit) und legitimiert so sein Gegenteil: die Integration Westdeutschlands in den Westen - die Abkehr von der Sonderrolle. Den vor dem Nationalsozialismus geflohenen Intellektuellen Deutschlands galt es nach 1945, die westdeutsche Demokratie zu stabilisieren (Bizeul 2013: 181), wozu es nötig wurde, der deutschen Geschichte einen neuen Dreh zu geben, ein Schriftsteller würde sagen: einen neuen Plot. Das im 19. Jahrhundert vor allem von deutschen Historikern mythisch entwickelte Nationalbewusstsein eines deutschen Volks entwickelte sich entlang des Narrativs der herausragenden Andersartigkeit des „Deutschtums", eines positiv konnotierten Sonderwegs der Deutschen im Fluss der Zeit, die zu Hohem berufen seien (Bizeul 2013: 180-181). Dem gegenüber setzten nach 1945 die exilierten Historiker - die Idee eines solchen Sonderwegs aufgreifend - auf eine negative Konnotation desselben, den sie mit dem historisch imperativen Metanoeite zur Meistererzählung mythisch aufluden, wenngleich es bis zu seiner hegemonialen Stellung im historiographischen Diskurs durch die kritische Geschichtswissenschaft ab 1968 noch eine Weile brauchte (ebenda: 183). Doch die Umdeutung des Sonderweges hatte Vorläufer, etwa die Diskussion über einen „Irrweg" der deutschen Geschichte der Jahre 1946-49,

---

[84] *„Denn die Idee der Moralität gehört noch zur Cultur; der Gebrauch dieser Idee aber, welcher nur auf das Sittenähnliche in der Ehrliebe und der äußeren Anständigkeit hinausläuft, macht blos die Civilisirung aus."* (Kant 1784b: 26).

[85] Im Gedicht „*Deutschlands Beruf*" von 1861 (Geibel 1918: 218-220).

das von Plessner bereits 1935 entwickelte Konzept der „verspäteten Nation", das 1959 eine Zuspitzung erfuhr sowie Stadelmanns Theorie des „Volks ohne Revolutionen“ nach dem Krieg (Schulze 2002: 229). Sie alle erklären aus dem einen oder anderen Ansatz heraus die Geschichte eines Sonderwegs, der in die Katastrophe führte, ein normatives Narrativ, das suggeriert, es gebe einen „richtigen“, rechtzeitigen“ Weg für Nationen oder eine Notwendigkeit bürgerlicher Revolutionen, eine Art „Ideallinie“, der Nationen folgen müssten, um einem Maßstab zu genügen und den der deutsche Kurs durch die Geschichte nicht erreichte, weil er auf Abwegen verlief. Die Kritik der Westintegration Adenauers in Bezug auf ihre Auswirkungen auf die Deutsche Frage insofern, als dass sie eine Wiedervereinigung auf vermeintlich unabsehbare Zeit unmöglich mache, benötigte aber eine solche historische Meistererzählung, um ihre Außenpolitik zu legitimieren: die Meistererzählung vom deutschen Sonderweg (Bizeul 2013: 185-186). Bizeul spricht hierbei von einem „legitimierenden Mythos“, was zunächst zu prüfen ist: Die Meistererzählung vom Sonderweg diente der Legitimation und Vergewisserung der Existenz des westdeutschen Teilstaats als Teil des „freien Westens“, wenngleich auf wenig emotionale Art, was der Natur einer negativen Meistererzählung geschuldet ist. Der Sonderweg dichtet Kontingenz hinweg, da die deutsche Geschichte geradezu schicksalhaft in diesen mündete durch seine geographische Lage und diese über das Kaiserreich und Weltkrieg in den Nationalsozialismus führte. Die Schlussfolgerung ist klar: Nationale Eigenbrötlerei führt zu Aggression, Hybris, Krieg - Westbindung tut not. Der Sonderweg stellt eine Kontinuität der Vergangenheit zur Gegenwart dar und wird so retrospektiv identitätsbildend für den westdeutschen Teilstaat, da die Hinnahme der Teilung der Preis ist für die prophezeiten Konsequenzen des Sonderwegs im Falle einer Wiedervereinigung, die angesichts der deutschen Erblast auch nicht zu begrüßen wäre (Bizeul 2013: 186).[86] Der Sonderweg reduziert die Komplexität der sozioökonomischen, politischen, soziokulturellen und militärischen Faktoren, die den Kurs des Deutschen Reichs im Inneren und Äußeren beeinflussten - notabene im Konzert der Mächte, deren Rolle dabei gänzlich ausgeklammert wird. Die Meistererzählung vom deutschen Sonderweg kann also durchaus als Mythos bezeichnet werden. Angesichts der Bedürfnisse der Nachkriegsgesellschaft war das eine griffige Geschichte, die zudem erlösend wirken musste, konnte man so doch die eigene Schuld mit historischen Zwangläufigkeiten abschwächen. Sontheimer warnte 1981 davor, dass es dem politischen Bewusstsein Deutschlands „das Rückgrat breche“, eliminiere man die „Sonderwegs-These“ (Schulze 2002: 229-230). Doch nicht die zunehmende Kri-

[86] Die Teilung selbst kann somit auch mythisch als Purgatorium für den vollkommenen Zivilisationsbruch unter dem Banner des Nationalsozialismus, den Sündenfall Deutschlands, das von der geächteten Frucht aß, lesen.

tik am Mythos Sonderweg stellte seine Apologeten vor die größten Schwierigkeiten, sondern die mit der Wiedervereinigung 1990 neu gewonnene Mittellage als geeinter Nationalstaat. Das prophetische Metanoeite erwies sich als nicht länger schlüssig, entwickelte sich doch Deutschland weder zum Vierten Reich, noch zum erneuten außenpolitischen Paria mit Revanche- und Expansionsgelüsten (Bizeul 2013: 186). Dennoch ist der Sonderweg ein nach wie vor gern genutztes politisches Schlagwort, wann immer die deutsche Außenpolitik (oder auch Innenpolitik, etwa beim Atomausstieg) von derjenigen der westlichen Verbündeten, etwa der USA, Großbritanniens oder Frankreichs, abweicht, wie zu beobachten war nach der Enthaltung Deutschlands im UN-Sicherheitsrat 2011 in Bezug auf die Errichtung einer Flugverbotszone über Libyen (Mahlzahn und Herzinger 2011; Joffe 2011).

5.2.2 Neurechte Umdeutung des Sonderwegs-Mythos

„Neue Paradigmen werfen nicht nur neue Themen für Gegenwart und Zukunft auf, sondern ordnen auch die Vergangenheit neu."

- Caspar von Schrenck-Notzing[87]

Die Neue Rechte, die sich mit dem *status quo* der Bundesrepublik nie zufrieden zeigte, weswegen die bundesrepublikanische Zeit in den zahlreichen neurechten Schriftreihen als *interregnum* bezeichnet wird[88], lehnte den Sonderweg-Mythos in seiner Nachkriegsausprägung ab und versuchte nach dem Historikerstreit der 1980er insbesondere in den 1990ern wieder verstärkt, einer Umdeutung das Wort zu reden (Schmidt 2001: 190). Dabei verband sie ein Krisennarrativ im Zuge der Umbrüche Anfang der 1990er Jahre mit der Umdeutung des Mythos Sonderweg, um das Ende der Bundesrepublik im Sinne einer „heilenden Normalisierung" der „nationsvergessenen" Vergangenheit zu postulieren (ebenda). Insbesondere die neurechte Zeitschrift Criticón sticht dabei hervor, wobei sie die bereits durch die vermittelst der Konservativen Revolution Mohlers vorformulierten Anknüpfpunkte an die deutschnationalen Denktraditionen der Zwischenkriegszeit logisch fortsetzte (vgl. Kapitel 4.2 und 5.1.2). Ein „trotzig" zu gehender Sonderweg wird hier nicht als negatives Beispiel herangezogen, sondern im Rahmen eines neuen Ausscherens aus der „westlichen Wertegemeinschaft" als unabdingbare Voraussetzung für den erneuten Aufstieg als Großmacht benannt (Schmidt 2001: 195). Mehr noch: Die politische

[87] (Schrenck-Notzing 1992: 207).

[88] So nannte sich Mohlers Kolumne in der „Jungen Freiheit" folgerichtig „Notizen aus dem Interregnum" (Weiß 2016).

Neuausrichtung nach dem Zweiten Weltkrieg (zuvor noch als notwendiges Übel abgetan), wird als „totalitäre Utopie“ bezeichnet, vermittelst welcher eine ideologische Indoktrinierung der Bevölkerung Deutschlands angestrebt worden sein soll (Wiegel 1997: 66). Die nationalstaatliche Geschichte Preußen-Deutschlands aber sei als Sonderweg ein Erfolg gewesen, der von deutscher Überlegenheit zeuge, womit der Rekurs auf die deutschnationale Geschichtsschreibung des 19. Jahrhundert vollzogen wird: Der industrielle und wirtschaftliche sowie militärische Aufstieg Preußens und Deutschlands im 19. Jahrhundert wird paradigmatisch mit diesem Sonderweg verbunden, der - so Criticón-Schreiber Schüßlburner - im japanischen Aufstieg von einem „halbkolonialen Entwicklungsland“ zu einem den westlichen Nationen ebenbürtigen und nur hierdurch nicht kolonialisierten modernen Industrieland von der Potenz des preußischen Entwicklungsmodells und des deutschen Sonderwegs zeuge (Schmidt 2001: 195-196). Da mit dem japanischen Sonderweg der deutsche als *sui generis ad absurdum* geführt wird, zeigt sich gleichermaßen die Ambivalenz des neurechten Sonderweg-Mythos. Gleichermaßen Kontingenz ignorierend, Komplexität reduzierend, Kontinuität konstruierend, simplifizierend und identitätsstiftend, bezieht der Mythos sich in diesem Diskurs auf das alte Mythenmodell des 19. Jahrhunderts, das von der Überlegenheit Deutschlands als autoritär-konstitutionellem Machtstaat gegenüber dem liberalen westeuropäischen Parlamentarismus erzählte (Bizeul 2013: 181). Dies stellt zugleich eine Abkehr von der bloßen Negation eines deutschen Sonderwegs dar, eines Deutschen Reichs, das sich nur wie andere Nationen verhalten und entwickelt hätte (Schmidt 2001: 198). Gerade die Bejahung der Existenz eines genuin deutschen Pfades durch die Geschichte als Symbol deutscher Exzellenz vor dem „westlichen“ Modell der liberalen parlamentarischen Demokratie soll mythisch wirken und verfängt tatsächlich zu einem gewissen Grad, stößt der neurechte Sonderweg-Mythos doch auf einen zunehmend stärkeren Normalisierungsdiskurs in Bezug auf die deutsche Geschichte in weiten Teilen der deutschen Öffentlichkeit (Schmidt 2001: 179-180). Dieser Diskurs versteht sich als Normalisierung insofern, als dass nicht länger jeder Teil deutscher Geschichte darauf abgeklopft werden sollte, ob und inwiefern er Teil beitrug zum Münden deutscher Geschichtlichkeit in der nationalsozialistischen Terrorherrschaft, sondern eine Wiederanknüpfung an „unbelastete“ Traditionen preußisch-deutscher Geschichte gewagt werden soll (Schmidt 2001: 180). Das Problem für die Neue Rechte war in dieser Zeit weniger die Akzeptanz ihrer ideologischen Narrative und Meistererzählungen, sondern die Schwierigkeit, eine hinreichendes Alleinstellungsmerkmal zu bewahren, drohten die eigenen Positionen in der Flut neonationalistischer Diskurse doch unterzugehen, was einzelne neurechte Intellektuelle allerdings nicht davon abhielt, sich zu profilieren (ebenda).

5.2.3 Erlösung durch Auflösung? Europa als Utopie und Dystopie

„Franzosen und Russen gehört das Land. Das Meer gehört den Briten. Wir aber besitzen im Luftreich des Traums die Herrschaft unbestritten."

- Heinrich Heine[89]

Wenn der Anschluss an die „lange Zeit" (Strauß 1993) einem Staatswesen seine Dignität verleiht, stand die - moralisch und spirituell ohnehin bankrotte - BRD 1949 mit der kathartischen Selbstausrichtung auf die Stunde Null mythisch quasi zeitlos da, was die mythische Dignität des neuen Staates ebenfalls bei null ansiedelte. Konnte die DDR noch mit dem Mythos vom Antifaschismus zumindest über „die linke Bande" den Anschluss an die marxistisch-sozialistische Geschichte suchen und Österreich als Opfer mehr und minder nahtlos an 1937 anknüpfen, blieben dem westdeutschen Teilstaat als Nachfolgestaat des Deutschen Reichs nichts als Schuld und Niederlage sowie ein zu Schuld und Niederlage führender Sonderweg. Durch die Westbindung der BRD indes, sowohl ökonomisch als auch politisch, zeigte sich eine Möglichkeit der Urbarmachung des deutschen Sonderwegs. Wie im Gleichnis vom verlorenen Sohn (NT, Lk 15, 11–32) erzählen Topoi von Abkehr, Schuld, Reue, Sühne, Wiederkehr emotionale Geschichten, die in unzähligen Variationen verbreitet und somit mythisch gut vermittelbar sind. Zwar war das Projekt Westbindung Staatsräson und keine vornehmliche Entscheidung, Geschichtspolitik zu betreiben (Münkler 2009: 456), doch hinter jeder politischen Entscheidung steht auch die Frage, wie man sie vermittelt. Im Falle der deutsch-französischen Aussöhnung und der ersten Konzepte einer europäischen Integration durch die Europäische Gemeinschaft für Kohle und Stahl (EGKS) genügte das Narrativ „Nie wieder Krieg", in dem sich über Kants Ideal vom „ewigen Frieden" zumindest ideengeschichtlich an deutsche Traditionen anschließen ließ. Jedoch bedingen Freundschaft und Frieden Kooperation, aber nicht zwangsläufig einen gemeinsamen europäischen Staat. Dieser verkörpert „die Hoffnung auf eine versöhnte Totalität" einer Europa-Utopie (Bizeul 2006: 17), in welcher nicht nur die deutsche Schuld vergemeinschaftet werden würde[90], sondern auch über die christlich-mediävale bis in die griechisch-homerische lange Zeit[91] Europas eine histori-

[89] (Heine 2011: 526 (Caput VII)).

[90] Eine Idee, die dem Wunsch nach Vergemeinschaftung von Schulden in manch südeuropäischem Land heutzutage nicht nur rhetorisch verblüffend ähnelt. Es scheint, dass die EU vor allem im Traum des Atlas lebt, die Last der Erde Herakles schultern zu lassen.

[91] Hier nämlich irrt Botho Strauß, wenn er linke „künftiges Weltreich"-Utopien trennt von rechten Phantasien vom „Wiederanschluss an die lange Zeit" (Strauß 1993). Auch diese Phantasien stellen als teleolo-

sche Dignität jenseits Hitlers wiederhergestellt werden könnte. Da sich in Westdeutschland die Legitimation des Staates vor allem aus dem Mythos des Wirtschaftswunders speiste (vgl. Kapitel 5.3.1), erklärt sich das bis heute andauernde Primat des Ökonomischen für die Selbstidentifikation des Demos auch in Europafragen (Decker et al. 2016: 218 und 221). Was lag also näher, als die Verflechtung der nationalen Wirtschaften zum Ausgangspunkt einer Verflechtung der Nationen zu nehmen? Der von Anfang an im Zeichen des Liberalismus stehende Unionsgedanke Europas nach dem Zweiten Weltkrieg eignete sich als Utopie eines auf ökonomischen Prämissen beruhenden politischen Mythos ideal. Da der EuGH bereits früh das sich aus der Marktfreizügigkeit speisende (Ausländer-)Diskriminierungsverbot zum Beschränkungsverbot formte, also den transnationalen Handel beschränkende Gesetze selbst dann verwarf, wenn sie In- und Ausländer gleichermaßen betreffen (Höpner 2010: 14), dominierten marktliberale, den Export begünstigende Auslegungen die europäische Idee. Anders formuliert: Über die primärrechtlich interpretierte Marktfreizügigkeit wurde eine immer engere Union angestrebt. Somit konnten die Gründungsmythen Deutschlands auf der europäischen Metaebene parallelisiert werden: Ganz Europa erlebte seine Stunde Null nach dem Weltkrieg und durch Marschallplan, Fleiß und Zusammenarbeit bauten die Europäer den (West-)Kontinent in den „*Trente Glorieuses*" bis 1975 (Fourastié 1979) wieder auf, kamen zu Reichtum und Wohlstand durch freien Handel und Marktwirtschaft. So wie Westberlin für Ostdeutschland ein Mikrospiegel des Westens wurde, war Ostdeutschland Westdeutschlands Mikrospiegel für Osteuropa - was also lag näher, als sich im Makrospiegel Westeuropas zu reflektieren? Westbindung und europäische Integration waren mehr als nur Staatsräson, denn sie wurden als Heimkehr, nicht als Zuflucht, narrativ gerahmt. Das Heilsversprechen, über Wirtschaftswachstum und Wohlstand eine Aussöhnung *qua* „Gottesurteil" zu erwirken (Guttandin 1998: 8-9), findet über die ökonomisch konnotierte Verschmelzung mit der europäischen Metaidentität ihre supranationale Entsprechung. Im internationalen Konzert bot sich hierin zudem die Möglichkeit, in und über Europa eine bedeutsame Stimme zu entfalten, die innerhalb der 1945 gegründeten Vereinten Nationen mittelfristig kaum möglich schien. Die europäische Integration muss also wie die Westbindung als realpolitisches Projekt betrachtet werden, das aber auch als Utopie mythische Qualitäten hat, ermöglicht es doch den indirekten „Wiederanschluss an die lange Zeit" (Strauß 1993). Zudem ermöglicht sich über Europa als teleologisches Ideal deutscher Außenpolitik die Erlösung deutscher Schuld durch Auflösung im großen Ganzen. Damit ist die eu-

gisches Ideal eine Utopie dar, da der „Wiederanschluss" in der Zukunft erfolgen soll. Deswegen ist die Utopie Europa sowohl von rechts wie von links belegbar.

ropäische Utopie letztlich ein Heilsversprechen, wie Bruno Latour es formulierte: „*L'Europe est seule, mais seule l'Europe peut nous sauver.*“ (Latour 2017: 326).

Die pluralistisch, egalistisch und liberal geprägte Europäische Union ist europaweit ein einigendes Feindbild der transnationalen Neuen Rechten, rechtextremistischer sowie rechtspopulistischer Parteien und Bewegungen, wenngleich das nicht immer so war, betrachtet man etwa die FPÖ der 1980er oder die frühere Lega Nord (Virchow 2017: 152-153). Die Utopie der einen ist die Dystopie der anderen. Wenn Europa als Einigungsidee seitens der Neuen Rechten, seitens Rechtsextremer oder Rechtspopulisten gedacht wird, dann als Kampf- und Schicksalsgemeinschaft, wahlweise ökonomisch gegen die USA und China oder kulturell gegen die USA und den Islam gerichtet (ebenda: 153). Der kämpferische Ursprung der christlich-konservativen Europa-Idee, basierend auf der Paneuropa-Union eines Coudenhove-Kalergi mit dem Schlachtruf „Europa den Europäern!“ und einem dezidiert gegen Russland und die USA sowie Großbritannien gerichteten Ansatz eines kontinentalen Machtblocks (Coudenhove-Kalergi 1924), erheischte vor allem von antiliberaler Seite Sympathien. Diese Paneuropa-Idee begründete sich aus einem „gemeinsamen Erbe der weißen Rasse“, des christlichen Abendlandes, in welchem sich „christlicher Sozialismus“ und „hellenischer Individualismus“ mit elitistisch-aristokratischen Ordnungsvorstellungen verschmelzen (Richter 1996: 796-797).[92] Der Ausschluss sowohl Großbritanniens als auch Russlands aus einem möglichen Paneuropa kommt hierbei zusätzlich deutschnationalen Europakonzeptionen eines Mitteleuropas entgegen (ebenda: 798). Dabei sind die der Neuen Rechten nahe stehenden Parteien und Organisationen in der Frage des europäischen Ursprungs teils geteilter Auffassung. Während in den wohlfahrtschauvinistisch-rechtspopulistischen Kreisen rund um AfD und Pegida der Anschluss an konservative Kreise gesucht wird und daher die Betonung des christlich(-jüdischen) Abendlandes mit islamophober Stoßrichtung betont wird, legen eher völkisch-nationalkonservative Vertreter im Umkreis von NPD und des rechten Flügels der AFD das Augenmerk auf germanisch-heidnische Europamythen mit antipluralistisch-antiliberaler Stoßrichtung (Virchow 2017: 151; Weiß 2017: 17-19). Die Neue Rech-

[92] Gleichwohl man die Begriffe und Ideen exegetisch betrachten muss, dürfte die Möglichkeit, einzelne Punkte hieraus mythopolitisch urbar zu machen, rechtskonservativen Apologeten mehr Möglichkeiten bieten als jenen aus dem linksliberalen Lager. Da Coudenhouve-Kalergis Anhänger zudem energisch von den Nationalsozialisten verfolgt wurden, umgibt die Paneuropa-Union bis heute ein Nimbus konservativer Unschuld. Gleichwohl erinnert die Paneuropa-Union auch vexillologisch mit dem roten Kreuz auf gelbem Grund an nordisch-christliche Flaggentraditionen, die symbolisch kompatibel sind mit dem Mythenarsenal der Neuen Rechten, wenngleich nicht unbedingt inhaltlich, betrachtet man Coudenhove-Kalergis Einlassung hierzu: "*Symbol der Bewegung sollte ein rotes Kreuz auf goldener Sonne sein: das Kreuz Christi auf der Sonne Apollos; übernationale Humanität verbunden mit dem strahlenden Geist der Aufklärung*“ (Coudenhove-Kalergi 1964: 28).

te als Stichwortgeber folgt in dieser Frage der französischen GRECE, die das jüdisch-christliche Erbe ablehnte und neopagane Gegenerzählungen entwickelte (Virchow 2017: 151). Von Mohler bis Kubitschek ist diese Linie auch in der Neuen Rechten die bevorzugte Meistererzählung (Leggewie 1987: 200; Kubitschek 2016), wenngleich die politische Macht der „christlichen Rechten" durchaus Würdigung erfährt (Höhne und Wensierski 2017; Schelkshorn 2017: 30-31).[93] Letztendlich wird das Christentum in der Neuen Rechten bejaht, wo es jenseits der Kirchen und eines universalen egalitären Pluralismus in einem mediäval-neokreuzzüglerischen Sinne konnotiert ist (Kubitschek 2016). In dieser mythischen Belegung der alternativen Europa-Utopie reichen die mythischen Wurzeln tief zurück, über die Belagerungen Wiens, die spanische *Reconquista* und die Seeschlacht von Lepanto sowie die Kreuzzüge bis ins Frühmittelalter (Tours und Poitier), behaupten sich weiter im römisch-persischen Antagonismus und im hellenistischen Erbe über Alexander den Großen bis hin zu den Perserkriegen. Im neurechten Diskurs wird das Europa-Konzept Coudenhove-Kalergis zumeist unter Ausklammerung des supranationalen Paneuropa-Gedankens bemüht und weiterentwickelt im Sinne der Charles de Gaulle 1962 zugeschriebenen, aber von seinem Premierminister Michel Debré bereits 1959 vor der *assemblée nationale* formulierten Parole *l'Europe des patries* (Lappenküper 2001: 1481; Virchow 2017: 154)[94]. Für die neurechte Adaption dieses Konzepts stand Mohlers Begeisterung für den Gaullismus Pate, als dessen Umsetzer in Deutschland er Franz-Joseph Strauß auserkoren hatte (Harwardt 2017: 137-138). Genau genommen, bleibt von Coudenhove-Kalergis paneuropäischer Idee im neurechten Diskurs nur der machtpolitische Aspekt eines Schicksalsbündnisses gegen West und Ost, wobei vor allem der Antiamerikanismus als kultureller Code wirksam ist (Virchow 2017: 155). Idealiter könne eine kontinentaleuropäische „Schicksalsgemeinschaft" (Coudenhove-Kalergi 1924) hier als Vehikel der Renaissance deutscher Großmacht im Rahmen eines erweiterten Mitteleuropa-Konzepts dienen (Schmidt 2001: 95-96; Virchow 2017: 154-155). Schon Naumann bezog in seiner Mitteleuropa-Großraumidee theoretisch auch Frankreich, Italien, Skandinavien, die Staaten des Balkans oder Griechenland ein (Naumann 1915: 1-2), was eher einem kontinentaleuropäischen Machtblock entspräche als einem mitteleuropäischen[95], womit sich vor allem Sombarts Idee eines gegen das „angelsächsi-

[93] Zumal sich der indogermanische Neopaganismus etwa eines von der GRECE beeinflussten Pierre Krebs im Rahmen seines an die Thule-Gesellschaft angelehnten Thule-Seminars als ideologischer Ladenhüter erwiesen hat, der Mythos vom christlichen Abendland dagegen einer breiten Akzeptanz erfreut (Junginger 2009: 285).

[94] De Gaulle bevorzugte den Terminus *l'europe des etats* (Lappenküper 2001: 1481).

[95] Naumann sieht Mitteleuropa hierin quasi als Keimzelle eines werdenden kontinentaleuropäischen Blocks, wobei indes vorerst die „Waffen sprechen" müssten (Naumann 1915: 1-2).

sche Händlertum" gerichteten „deutschen Heldentums" Bahn bricht (Sombart 1915: 64). Die neurechten Paneuropavisionen haben Traditionslinien auch zu den protofaschistischen und faschistischen Diskursen der Zwischenkriegszeit[96], die vor allem durch die *Nouvelle Droite* Alain de Benoists starken Widerhall auch im neurechten Diskurs in Deutschland fanden (Bar-on 2008: 330-331). Diese paneuropäischen Visionen der Zwischenkriegszeit wandten sich ähnlich zu Sombarts und Naumanns Konzepten (unter Ausschluss deutsch-hegemonialer Wunschvorstellungen) der Errichtung eines kontinentaleuropäischen Gegengewichts zu einerseits der „westlich-angloamerikanischen" Ideologie aus Säkularisierung, Liberalismus und Pluralismus, aber auch „östlich-sowjetbolschewistischer" Ideologie aus Atheismus, Sozialismus und Kollektivismus (ebenda). Beide Modelle waren Denkern wie Julius Evola auf ihre Art materialistisch und dekadent: Ihm schwebte ein antimodernistisches, sakrales Europa vor, er betonte Nationalismus und Elitismus (ebenda). Gerade ihn nutzt die Neue Rechte unter Anderen für die Europäisierung der Idee einer Konservativen Revolution im Sinne einer „vierten Front" „gegen Kapitalismus, Kommunismus, Nationalsozialismus" (Lehnert 2013).[97] Der Begriff einer vierten Front scheint angelehnt zu sein an die (oder ähnelt frappierend der) Idee italienischer Faschisten der 1920er und 30er Jahre vom Faschismus als viertem Weg gegen Konservativismus, Liberalismus und Kommunismus (Bar-On 2008: 332). Tatsächlich ist der auf den Werten des Humanismus, der Aufklärung und des pluralistischen Liberalismus basierende Europagedanke keineswegs der einzige Europagedanke, dem nur revisionistischer Nationalismus gegenübersteht. Die Neue Rechte ist nicht nur transnational vernetzt, sondern pflegt europäische Ideale, wenngleich auf den antiliberalen, protofaschistischen, neopaganen und autoritativen Wurzeln der Zwischenkriegszeit, teils auch auf nationalsozialistischen Europavisionen beruhend (Salzborn und Schiedel 2003: 1210; Bar-On 2008: 331-332). Einigend wirkt allen nationalen Partikularismen zum Trotz hierbei die Auffassung von der EU und ihrer teleologischen Ausrichtung als Dystopie (Virchow 2017: 153). Dabei ist vor allem das amerikanische Vorbild einer Utopie von den „Vereinigten Staaten von Europa" dystopisch wirksam (Salzborn und Schiedel 2008: 1213). Konzeptuell gibt es drei alternative Entwürfe: Das gaullistische Ideologem vom „Europa der Vaterländer", das an alternativ-ökologische Diskurse anschließende „Europa der Regionen" im Rahmen einer Ethno-Föderation mit pangermanischer Konnotation und die vage Utopie eines „Europäischen Reichs" als autoritärem Machtstaat und Weltmacht

[96] Etwa Julius Evola, Pierre Drieu la Rochelle oder Oswald Mosley (Virchow 2017: 153).
[97] Interessant ist die Verwendung ausgerechnet Breuers bei Lehnert, um die Konservative Revolution positiv einzuleiten.

auf rassischer Basis (ebenda: 1214-1216).[98] Letztere neurechte Utopie knüpft mythisch nach Jörg Haider an das Reich Karls des Großen an (ebenda: 1216), stellt aber auch klare Bezugspunkte zu nationalsozialistischen Europavisionen dar, die den deutschen Hegemonialanspruch als in Europa ohnehin natürlich folgend annahmen (Virchow 2017: 154).[99] Wermutstropfen der nationalsozialistischen „Europapolitik" war vor allem, dass selbst das SS-Hauptamt merken musste, dass die nationalsozialistische Rassenlehre „außenpolitisch kein Exportartikel" war (Grunert 2012: 203). Deswegen geht die Neue Rechte stärker von einem ethnopluralistischen und regional-föderativen Modell aus, das auch von der *Nouvelle Droite* favorisiert wird (Virchow 2017: 154). Das antimaterialistische Prinzip der „Volksgemeinschaft", verstanden als Amalgam nationaler und sozialistischer, aber nicht unbedingt rassistischer Prinzipien, einigte die faschistischen Europaideen im Kampf gegen Liberalismus, Demokratie und Marxismus, gegen die nach Carl Schmitt „raumfremden" Mächte Großbritannien, USA und UdSSR (Grunert 2012b: 442). Statt das Europabild sowohl der Faschisten, als auch der Konservativen Revolution, das sich seinen Weg über die Neue Rechte bis zur AfD in den Bundestag gebahnt hat, *per se* als „antieuropäisch" einzuschätzen, wie es im öffentlichen Diskurs oftmals der Fall ist (Grundert 2012: 11), muss man die europapolitischen Bemühungen einer Neuen Rechten als metapolitischen Versuch verstehen, eine europäische Gegenutopie zu etablieren, die transnational ebensolche metapolitische Wirkkraft entfaltet wie die metapolitische Erzählung alternativer nationaler Mythen im nationalen Raum. Dies erklärt auch die starke Kooperation der transnationalen Parteien und Organisationen in Europa, die der Neuen Rechten zuzuordnen sind, die rechtspopulistisch oder rechtsextrem einzustufen sind. Die Gefahr der europäischen Idee geht nicht von einem Gegner aus, der den sprichwörtlichen Zug Europa stoppen oder entgleisen lassen will. Der europäischen Idee, der EU wie sie aktuell existiert, droht die Gefahr, „gekapert" und in eine neue Richtung gelenkt zu werden. So wie die Nationalstaaten und Regionen metapolitisch und elektoral von rechts herausgefordert werden, wird auch die EU herausgefordert. Ihr drohendes Schicksal ist demzufolge nicht die Abschaffung, Auflösung oder Vernichtung. Ihr drohendes Schicksal ist die Metamorphose im neurechten Sinne. Insofern können Europawahlen aufgrund der geringeren Wahlbeteiligung durchaus als Indikatoren für nationale Entwicklungen dienen.

---

[98] Auf das vor allem von Alexander Dugin vertretene Eurasien-Konzept wird hier nicht eingegangen, da es sich eher um eine geopolitische Utopie Russlands handelt (Virchow 2017: 153-154).

[99] Etwa Wirtschaftsgroßraumplaner Werner Daitz 1940: *„Wir müssen grundsätzlich immer nur von Europa sprechen, denn die deutsche Führung ergibt sich ganz von selbst aus dem politischen, wirtschaftlichen, kulturellen, technischen Schwergewicht Deutschlands und seiner geografischen Lage"* (zitiert in Grunert 2012: 61).

5.3 Ökonomische Mythen als Anknüpfpunkte: Mythos Wirtschaftswunder

„Statistisch betrachtet ist der Mythos rechts. Dort ist sein eigentlicher Ort; wohlgenährt, strahlend, mitteilsam, geschwätzig, ständig erfinderisch.“

- Roland Barthes[100]

5.3.1 Das Wunder und sein Demiurg

Der Neuanfang der Stunde Null, der an Wiedergeburtsmythen anknüpft, eine neue Zeitrechnung zu markieren scheint, wird ökonomisch konnotiert, da der politischen Neugründung vom 23. Mai 1949 die ökonomische durch die Währungsreform vom 20. Juni 1948 vorangeht. Diese, nicht jene, markiert den Übergang von einer Zeit des Hungers und der Not in eine Zeit des gefühlten Überflusses, den Beginn des „Wirtschaftswunders“ (Gries 2005: 18). Es kristallisiert sich ein Narrativ heraus, das den sportlichen Erfolg des „Wunders von Bern“[101] von 1954 und den Wiederaufbau mythisch mit einbindet: „Wir sind wieder wer“ (Weltmeister), „weil wir etwas gemeinsam leisten“ (Wiederaufbau) „und weil wir uns etwas leisten können“ (Wirtschaftswunder) (ebenda). Die auf diesen Mythen und Narrativen aufbauende Ideologie ist das „einer für alle“ einer klassenkampflosen Gesellschaft, einer neu begründeten Schicksalsgemeinschaft, geeint durch eine Schuld, die gleichwohl klandestin bleibt - im Prinzip dem nationalsozialistischen Propagem der „Volksgemeinschaft“ nicht wesensfern.[102] Gleichzeitig liest sich so der Mythos vom Wirtschaftswunder auch als Schwanengesang deutscher Hybris. Dass ein kometenhafter wirtschaftlicher Erholungsprozess nach einem vernichtenden Krieg keineswegs Wunder sein muss, hat bereits John Stuart Mill mit seiner Rekonstruktionstheorie formuliert (Abelshauser 2004: 282). In den bundesrepublikanischen Mythopoesis des Wirtschaftswunders zumindest bis zu den durch Konsumsättigung und Ölschock ausgelösten Wirtschaftskrisen Ende der 1960er, Anfang der 1970er (Becker 2013: 116) spiegelt sich vor allem die Meistererzählung von Westbindung (Kapitalismus und Marschall-Plan) plus guter Wirtschaftspolitik (Währungsreform und soziale Marktwirtschaft) gleich Wirt-

[100] (Barthes 2016: 303).

[101] Die Nähe des Nachkriegs-Wunderbegriffs zum Religiösen in einer Phase christlicher Rückbesinnung einerseits und zu nationalsozialistischen Begriffen wie „Wunderwaffen“ oder des erwarteten neuen „Mirakels des Hauses Brandenburg“ durch den Tod Roosevelts, die ihrerseits einen Erlöser-Subtext in sich tragen, wäre ein Thema, das wert wäre, genauer beleuchtet zu werden.

[102] Propagem wird als sinnbildendes Kleinstteil von Propaganda, ein stets in ihr wiederkehrender Terminus verstanden; Propaganda selbst wird definiert als Verbreitung ideologischer Standpunkte zum Zwecke der Beeinflussung (Gries 2005b: 34).

schaftswunder (Münkler 2009: 457-458). Gleichzeitig entwickelte sich der Mythos im kommunikativen Gedächtnis der westdeutschen Gesellschaft zur Meistererzählung eigener Leistung (ebenda: 468). Unabdingbar zur Erzählung dieses Mythos ist der Mythos der Stunde Null, der suggeriert, ganz Deutschland hätte in Trümmern gelegen und man hätte wieder bei Null anfangen müssen. Doch die Wirtschaftskapazität und Infrastruktur Westdeutschlands waren weit weniger betroffen als die Wohngebiete der Zivilbevölkerung (Ptak 2004: 267). Auch die effiziente Kriegsindustrie, in der unter Todt und Speer amerikanische Fließbandmontagekonzepte und moderne Managementmethoden eingeflossen waren, trug weitgehend zu einer schnellen Rekonvaleszenz und späteren Überlegenheit der deutschen Industrie in Europa bei (ebenda). Zudem gab es trotz Krieg durch die Vertreibungen der Ostbevölkerung ein großes Reservoir an Arbeitskräften. Aber die Bundesrepublik musste sich mit der ökonomischen Konkurrenz eines wenige Monate später gegründeten sozialistischen Deutschlands auseinandersetzen, das vermittelst seines Antifaschismus-Mythos die Legitimität der BRD untergrub (Münkler 2009: 423). Da diesem auf politischer Ebene mit dem Mythos der Stunde Null nicht begegnet werden konnte, blieb nur der Umweg über den wirtschaftlichen Erfolg, der legitimitätsstiftend sein sollte, worin - eingedenk der protestantischen Wurzeln der sozialen Marktwirtschaft und Webers Theorie zum Geist des Kapitalismus in der protestantischen Ethik - auch ein wenig das calvinistische Ideal des Gottesurteils (Gnadenbeweises) aufgrund ökonomischen Erfolgs mitschwingt (Guttandin 1998: 8-9): *cum iustus sit deus*. Die BRD im *status nascendi* brauchte keinen Erfolg, sie brauchte ein Wunder, um eine wirkmächtige Meisterzählung etablieren zu können und wenn man ein Wunder nicht planen kann, so kann man den Erfolg zumindest Wunder nennen, indem man die erklärenden Faktoren des Erfolgs nivelliert, ja: ignoriert und das Feuer des Rätsels, wie das denn möglich gewesen sei, anfacht. Dergestalt transzendiert die Erzählung vom Wunder zum Mythos Wirtschaftswunder und wie jeder gute Mythos benötigt auch das Wirtschaftswunder einen Heros: Ludwig Erhard als „Vater des Wirtschaftswunders". Nicht umsonst deuten Wunder auf das *deus vult* einer schicksalhaften Fügung und bewirken so die Apotheose ihrer Wirker. Das Wunder will genauso wenig hinterfragt werden wie der Mythos: Beide ziehen ihre Wirkmacht aus dem Geheimnis, einer opaken Simplifizierung der Realität. Und der „Schöpfer" des Wirtschaftswunders gleicht dem platonischen Demiurg (*dēmiourgós, δημιουργός*) im buchstäblichen wie bildlichen Sinne sowohl als „das Volk betreffend (*dēmio-*,völkisch'?[103])" „Tätiger" (*-ourgós*) wie als mit göttlichem Nimbus ausgestattete Schöpferfigur, die Ordnung in das Chaos bringt (Platon 1991: 241 (Tim 30a)). Doch das

[103] Auch mit „öffentlich" übersetzt, Demiurg ist auch der Handwerker.

Wirtschaftswunder muss zu seinen mythischen „Vätern“ wie Erhard und dem in seinem Schatten stehenden Alfred Müller-Armack begriffsgeschichtlich auch ältere Verwandtschaft zählen: Adolf Hitler. Würde man den Beginn des deutschen Wirtschaftswunders tatsächlich auf 1948 datieren, so wäre es begriffsgeschichtlich das zweite binnen eines Vierteljahrhunderts, denn bereits der wirtschaftliche Erholungsprozess Deutschlands ab 1933 wurde im In- und Ausland deutsches Wirtschaftswunder tituliert.[104] So wie in der zeitgenössischen Deutung die Beseitigung der Massenarbeitslosigkeit und der wirtschaftliche Wiederaufstieg Deutschlands aus dem Chaos der Weltwirtschaftskrise als Wunder erschien, wirkte auch die wirtschaftliche Entwicklung Deutschlands aus den Trümmerwüsten nach dem Krieg als solches, ja: übertraf das Erhard zugeschriebene Wunder das Hitler zugeschriebene sogar noch an Wunderhaftigkeit. Das deutsche Wirtschaftswunder der 1950er Jahre ist also ein mythopoetischer Rückgriff auf das Wirtschaftswunder der 1930er Jahre, wodurch Hitlers „Erlösernimbus“ als Heros des Wirtschaftswunder-Mythos auf die Nachkriegsregierung übergehen sollte, je nach Lesart eine Art mythische „Zepterübergabe“ oder auch ein mythischer Entnazifizierungsprozess: das Wirtschaftswunder als Palimpsest der Leistung. „Hitlers Wirtschaftswunder“ dagegen wurde nach dem Krieg über Hjalmar Schachts Mefo-Wechsel-Geldschwemme zum Betrug umetikettiert und dekonstruiert (Bucerius 1947), eine Art mythische *damnatio memoriae*, indem der eine Demiurg ausgemeißelt und durch einen anderen ersetzt wird. Auch symbolisch findet diese Neubelegung des Mythos Wirtschaftswunder sein Pendant. Der VW Käfer als „rollendes Wirtschaftswunder“ ist einerseits die pazifizierte Version des Wehrmacht-Symbols Kübelwagen einerseits und die demokratisierte, das republikanische Wirtschaftswunder symbolisierende Version des KdF-Wagens als „NS-Symbol für Massenmobilität“ andererseits (Münkler 2009: 465-466). Das Wirtschaftswunder als „narzisstische Plombe“ und die Wirtschaft als „sekundärer Führer“ dienten der Bonner Republik der Nachkriegszeit als Stabilisator eines zerrütteten Demos (Decker et al. 2016: 218). Und auch der Archetypus Erhard eignet sich als hedonistischer Pygniker mit Wohlstandszigarre vorzüglich zur Verkörperung des mit dem Wirtschaftswunder einhergehenden Wohlstandsgewinns (Münkler 2009: 464). Aus dieser stabilisierenden Funktion des Wirtschaftswunders für das Selbstwertgefühl des westdeutschen Demos erklärt sich auch das bis heute andauernde Primat des Ökonomischen - wirtschaftlicher Erfolg und Wohl-

[104] Auch wenn teils behauptet wurde, der Begriff Wirtschaftswunder sei erst später geprägt worden in Bezug auf die Nachkriegszeit (Haffner 1978: 37), hat der Ökonom Priester bereits 1936 so getitelt, wenngleich in polemischer Absicht, sah er doch das Leitmotiv darin, das Kriegspotenzial zu steigern (Priester 1936: 243; vgl. Decker et al. 2016: 218). Auch Ulrich Herbert konstatiert das Aufkommen des Begriffs Wirtschaftswunder in den 30er Jahren, worauf die Popularität Hitlers und des Regimes zurückzuführen sei (Herbert 2013: 339).

stand als Heilsversprechen - für dessen Selbstidentifikation (Decker et al. 2016: 218 und 221). Dessen Bedrohung - ob gefühlt oder real - durch die Finanzkrise von 2008, ermöglichte es der AfD, mit populistischen, teils auch zu Beginn rechtspopulistischen, wohlstandschauvinistischen Inhalten an das konservative Milieu bis weit in die Mitte anzudocken, dem in Teilen ja schon der Phantomschmerz der verlorenen D-Mark als Symbol des deutschen Wirtschaftswunders zugesetzt hatte (Münkler 2009: 464). Die aus dem Mythos Wirtschaftswunder gezogene ökonomische Legitimierung der deutschen Demokratie ist an die soziale Akzeptanz des Marktes gekoppelt (Decker et al. 2016: 221). So gesehen stellt der Mythos Wirtschaftswunder sowohl den stabilisierenden Anker der deutschen Demokratie dar als auch ihre Achillesferse.

5.3.2 Das Wirtschaftswunder, in rechte Licht gerückt

In der sozialen Marktwirtschaft vereinten sich zwei Stränge, die in der Mohler-Denkschule auf Ablehnung stoßen mussten: Liberalismus und (protestantisches) Christentum.[105] Ein auf diesen Wurzeln beruhendes Wirtschaftswunder ist mythisch also ungeeignet im Rahmen neurechter Denktraditionen. Dabei ist der mythische Kern des Konzepts, das Wirtschaftswunder, unbestritten. Im Gegenteil, belegt der Mythos doch die auch im kollektiven Gedächtnis gespeicherte informelle Meistererzählung vom Wirtschaftwunder aus eigener Kraft durch Fleiß, Opferbereitschaft, Gemeinschaftssinn und Disziplin (Münkler 2009: 460 und 468). Es bedarf hier eines mythopoetischen Kniffs, um einerseits das Wirtschaftswunder „ins rechte Licht“[106] zu rücken, andererseits aber eine hinreichende Distanz zum Nationalsozialismus zu wahren. Wie schon in Mohlers Mythos von der nationalsozialistisch unberührten Konservativen Revolution, teilte er auch hier die Protagonisten des Dritten Reichs in zwei Seiten, respektive Generationen: eine „völkisch-theatralische“, ältere Generation, zuständig für „Sonntags-Folklore“ und Durchhaltereden und die zweite, jüngere Generation „kühler Technokraten“, die die eigentliche Arbeit, die Aufgaben, „die dieses Reich sich gestellt hatte“ - nach Mohler die Überwindung der Armut und Klassenschranken sowie „das Gewinnen des größten Krieges der Weltgeschichte“ - zu „meistern suchten“ (Mohler 1991, zitiert bei Schmidt 2001: 208). Und die Überlebenden genau dieser Schicht seien es gewesen, die nach dem Krieg „das deutsche Wirtschaftswunder schufen“ (ebenda). Die Vielschichtigkeit dieser Erzählung vom Mythos Wirtschaftwunder ist interessant: Einmal findet sich in der Gegenüberstellung von alter NS-Generation (völkisch-theatralisch) und junger NS-Generation (Men-

[105] Als „*Heide durch und durch*“ sah Mohler das Christentum als politischen Feind (Leggewie 1987: 200).
[106] Man verzeihe das Wortspiel, dessen Anziehungskraft sich der Autor nicht entziehen konnte.

schen der Tat) eine gewisse Analogie zur Selbstauffassung der Neuen Rechten gegenüber der reaktionären Alten Rechten, womit Mohler die Neue Rechte mit der „unpathetischen" (ideologisch demnach mehr oder weniger unbeeinträchtigten) jungen NS-Generation identifiziert, lies: einer Generation von Machern, kühl und ohne völkisches Lametta. Indem er diese in den Kontext des Nachkriegs-Wirtschaftswunders setzt, knüpft dieser Mythos stärker an den NS-Mythos vom 30er-Wirtschaftwunder an, lies: die Wirtschaftspolitik des Dritten Reichs und die Tatkraft ihrer Vertreter zeigte zweimal binnen eines Vierteljahrhunderts Wirkung. Dadurch setzt sich die Neue Rechte selbst in die Tradition des Wirtschaftswunders und ignoriert die Einflüsse von Marschallplan, Modernisierungsschub durch Demontagen und Wiederaufbau, Währungsreform, Schuldenerlass und aller anderen Faktoren des wirtschaftlichen Wiederaufstiegs (vgl. Benz 2005: 44-52). Es zeigt sich hierin auch das immer wieder auftauchende rhetorische Strategem der Neuen Rechten, dasjenige (nebst dazugehöriger Personen), was sich schlecht verkauft am Nationalsozialismus (etwa Holocaust, Rassenideologie), gleichsam des Prinzips einer *bad bank*, buchhalterisch sorgsam zu trennen von allem Nutzbaren (etwa Wirtschaftspolitik, Sozialpolitik, Volksgemeinschaft). So kann das eine kritisiert, das andere indes gelobt werden, (vermeintlich) ohne in Widersprüche zu geraten. Die Einbeziehung des Krieges neben die „Überwindung der Armut und der Klassenschranken" als große Aufgaben der zweiten Technokraten-Generation des Nationalsozialismus ist hierbei kein Zufall, erklärt Mohler doch die „erstaunlichen Leistungen der Deutschen zwischen 1939 und 1945" durch die Volksgemeinschaft als „Sozialisierung der Herzen" (Mohler 1991, zitiert bei Schmidt 2001: 208). Der Krieg also ist wie das Wirtschaftswunder eine Leistungsschau der deutschen „Front- und Schicksalsgemeinschaft" (ebenda) einerseits und der nüchternanpackenden Leistungsbereitschaft nationalsozialistisch erzogener „Quexe" andererseits. Die Darstellung des Wirtschaftwunders aus eigener Kraft, wie Mohler sie 1991 in der Criticón formulierte (Schmidt 2001: 208) wird auch in anderen rechtsintellektuellen Publikationen bemüht, wenn etwa in der Jungen Freiheit der Marschallplan und der Schuldenschnitt nicht geleugnet, aber deren Konsequenzen dem Aufbaufleiß der überlebenden Deutschen (und keiner Gastarbeiter), insbesondere der Vertriebenen untergeordnet werden (Rademacher 2013), lies: Alle Europäer profitierten von amerikanischen Geldern, viele davon mehr als Deutschland, aber Deutschland machte daraus ein Wirtschaftswunder und zahlte die Schulden als einziges Land zurück (ebenda). Die „Deutscher-Fleiß-Erzählung" des Mythos Wirtschaftswunders ist geeigneter, Meistererzählung zu werden als die (im Zuge der Eurorettung manchmal bemühte, ergo höchstens als europäischer

Mythos taugliche) „Schuldenschnitt-Erzählung“[107] oder gar das Gegenteil der „Deutscher-Fleiß-Erzählung“, die „War-gar-nicht-so-schlimm“-Erzählung[108], die wissenschaftlich stichhaltig, mythisch aber wertlos ist, da sie keine Geschichte erzählt.[109] Im Rahmen des weitgehend im Wirtschaftswunder-Mythos eingebetteten Wiederaufbau-Topos ist in den letzten Jahren eine zusätzliche Konfliktlinie aufgetaucht, die man grob als Trümmerfrauen-Gastarbeiter-Kontroverse bezeichnen könnte. In den 1980ern entwickelte sich im öffentlichen Diskurs der Trümmerfrauen-Mythos zum dominanten Erklärungsansatz des Wiederaufbaus (Treber 2014: 404). Zum 60. Jahrestag der Bundesrepublik 2009, dem nun in Ost wie West gedacht wurde, avancierte die Trümmerfrau zur Ikone einer gesamtdeutschen Meistererzählung als Bindeglied ost- wie westdeutscher Erinnerungskultur (Treber 2015: 28).[110] Dabei hätten die ursprünglichen medialen Inszenierungen der beiden neuen deutschen Staaten unterschiedlicher kaum sein können: Wurden die Trümmerfrauen in der DDR als Vorreiterinnen sozialistischer Gleichberechtigung gefeiert, beschränkte sich deren Heroisierung im Westen auf Berlin und den Wiederaufbau (ebenda: 31). In Hinblick auf die Konkurrenz zur DDR wurde in Westdeutschland der Begriff Trümmerfrau in den 1950ern eher negativ konnotiert, indem die Mühen der „armen Schwestern im Osten“ betont wurden, die dort „Männerarbeit“ zu verrichten hätten (ebenda: 31-32). Im Zuge der Rentendiskussion um das „Baby-Jahr“ 1986 verschob sich durch die Partei Graue Panther das Bild der „Berliner Trümmerfrau“ zur „deutschen Trümmerfrau“, ja einer ganzen „Generation Trümmerfrau“ (ebenda: 33-34). Die populär werdende Frauengeschichtsschreibung sorgte ihrerseits für eine wachsend positive Konnotation der Trümmerfrau auch im Westen als „Opfer des Krieges und Heldin des Wiederaufbaus“ (ebenda). Die Trümmerfrau transzendierte also rückwirkend zum *Protoheros* des Wirtschaftswunders, einem Heros des Wiederaufbaus und somit der bislang heroenlosen Stunde Null. Nun empört sich der Mensch über kaum etwas so sehr wie die Zerstörung seiner Helden. Die Dekonstruktion, allein die Infragestellung dieses Mythos sorgte für empörte Reaktionen (Spletter 2015), wie auch der Münchener Trümmer-

[107] Deutschlands Wiederaufstieg wurde demnach durch einen großen Schuldenerlass ermöglicht.

[108] Gemeint ist die Relativierung der Kriegszerstörungen im industriellen Sektor (Ptak 2004).

[109] Wer würde schon in einen Film gehen, der vom aus medizinischer Sicht logischen Genesungsprozess eines Mannes handelt, dessen Verletzungen schlimmer aussehen als sie es sind? Ein Mann dagegen, der schwer behindert zwischen Leben und Tod dämmert und es mit schier übermenschlicher Energie und Zuversicht schafft, das Krankenhaus schließlich als Leistungssportler zu verlassen - das wäre ein Film, für den man ins Kino gehen würde.

[110] Hier zeigt sich eine Parallele zur erinnerungspolitischen Überwindung von Bürgerkriegen, die erst dann als überwunden gelten können, wenn eine „Symmetrie der Erinnerung“ wieder hergestellt ist, beide Seiten also ihre opponierenden Perspektiven auf einer Metaebene vereinen können (Assmann 2007: 71; Fischer und Huhnholz 2010: 61).

frau-Denkmal-Streit belegt, in welchem die Verhüllung eines Trümmerfrau-Denkmals durch Grünen-Politiker als geradezu ikonoklastischer Angriff empfunden wurde (Hutter 2013). Insbesondere neurechte Autoren bedienten sich der Debatte, um sich zum Verteidiger nicht nur der Trümmerfrau, sondern einer Anerkennung der Mühen und Leiden einer ganzen Generation aufzuschwingen (Scheil 2017). Gleichzeitig ist im Zuge der Integrationsdebatte die Idee zur positiven geschichtspolitischen Einbindung der Deutschen mit Migrationshintergrund aufgekommen (Huneke 2013: 18).[111] Insbesondere die zumeist wissenschaftlich geprägten Versuche, den Wirtschaftswundermythos in Hinblick auf die Rolle der Gastarbeiter darin neu zu erzählen[112], gehen wenig sensibel mit dem wohl bedeutsamsten Gründungsmythos des (west)deutschen Demos um. Das Hauptproblem einer solchen Mythopoesis ist, dass ihre Autoren ignorieren, dass es sich bei dem Wirtschaftswunder-Mythos um einen nationalen Mythos handelt. Die Neuerzählung vom (nur) durch Hilfe der Gastarbeiter möglich gewordenen Wirtschaftswunder stiftet zwar den Migranten Legitimation, entzieht sie aber gleichermaßen den Deutschen, da sie ihre Leistung schmälert. Auch wenn Mythen Kompositionen sind, funktioniert nicht jede Komposition - sie muss dem Publikum etwas bieten und sie muss eine gute Geschichte erzählen (s. Kapitel 3.2.1). Und sie muss national lesbar sein, wenn sie einen nationalen Mythos darstellen soll. Eine Geschichte von Kooperation kann nationalmythisch nur funktionieren, wenn ein früheres Bindeglied zwischen Deutschen und Migranten gefunden würde, das deren Zusammenarbeit mythisch erklärt, um das Leistungsnullsummenproblem aufzuheben. Würde es sich zum Beispiel um Schweizer handeln, ließe sich die Geschichte (vielleicht) als „unsere Brüder längst vergangener Tage entdeckten ihre Bande neu“ nationalmythisch erzählen. Im Falle italienischer und griechischer Gastarbeiter müsste man schon sehr kreativ sein. Eine mythische Einbindung türkischer Gastarbeiter wäre nahezu unmöglich, von chronologischen Problemen ganz abgesehen, ist das Wirtschaftswunder doch mythologisch auf 1948, mit dem Trümmerfrau-Mythos sogar bis zur Stunde Null zurückdatiert. Entsprechend finden sich für die metapolitischen Ambitionen der Neuen Rechten hier Möglichkeiten, durch Kritik an der Dekonstruktion des Mythos von Wiederaufbau und Wirtschaftswunder geschichtspolitisch Boden und Sympathien tief in die Mitte der Gesellschaft bis hinein ins sozialdemokratische Milieu zu gewinnen. Dabei

[111] Die Sozialwissenschaftlerin Naika Foroutan schlug in einem Interview eine positive Einbindung der Gastarbeiter in „nationale Narrative“ vor: *„Wir könnten sagen: ‚Deutschland brauchte Hilfe, es gab nicht genügend Arbeitskräfte, wir haben es nicht allein geschafft. Es kamen Arbeiterinnen und Arbeiter aus anderen Ländern, um uns zu helfen. Als sie da waren, wurde alles besser, weil wir es zusammen geschafft haben. Deswegen haben wir in den 1960er-Jahren ein Wirtschaftswunder erlebt‘* [...]*“* (Huneke 2013: 18). Insbesondere diese Passage wird in neurechten Publikationen immer wieder und wenig freundlich zitiert.

[112] Mit teils steil formulierten Thesen wie: *„Das deutsche Wirtschaftswunder wäre ohne Gastarbeiter gar nicht möglich gewesen“* (Endres 2010), die auf entsprechend harschen Widerstand stießen.

wird mit Überspitzungen, Auslassungen und Fehleinordnungen operiert, etwa wenn AfD-Politiker Jörg Meuthen via Facebook Sigmar Gabriels Satz „*Sie* (Menschen mit türkischem Migrationshintergrund, Anm. d. Verf.) *haben das Land aufgebaut*“ so deutet, als habe dieser behauptet, Deutschland sei nach dem Krieg durch türkische Gastarbeiter wiederaufgebaut worden (Meuthen 2017). Oder wenn Paulwitz in der Jungen Freiheit dasselbe Zitat mit „*nach dem Krieg Deutschland wiederaufgebaut*“ verfälscht und so deutet, als sei die These eines türkischen Wiederaufbaus Deutschlands nach dem Krieg *common sense* in der Politik, wobei der Verteidigung der Trümmerfrau und deutscher Wirtschaftswunderleistung das Wort geredet wird (Paulwitz 2018). Indem AfD und Neue Rechte sich zum Verteidiger des Wirtschaftswunder- und Trümmerfrau-Mythos machen, können diese Mythen auch genutzt werden, um Glaubwürdigkeit auf anderen Feldern der Geschichtspolitik zu erzeugen. Die geschichtspolitische Deutungshoheit wiederum in politisches Kapital umzumünzen, ist der nächste Schritt, etwa wenn der Wiederaufbau aus eigener Kraft paradigmatisch herangezogen wird, um europäischen Krisenländern wie Griechenland die Solidarität zu verweigern, was wiederum Anknüpfpunkte zum liberalkonservativen Milieu in CDU/CSU und FDP generiert.

5.4 Im Westen nichts Neues? *Mental maps* und der Mythos vom Westen

„Wir wollen den Frieden und glauben an seine Möglichkeit. Wir alle glauben an die Freiheit und dass nur die Freiheit das Leben lebenswert macht.“

- Karl Popper[113]

Die Frage der geographischen Zuordnung eines Staates zu einem historischen Großraum im Sprachgebrauch, auf Karten, aber auch gedanklich, ist eine mythische Frage, eingebettet in das Metanarrativ der Herkunft, gehört doch die Zuordnung zu einem Raum zum Selbstverständnis des Demos wie Ethnos unabdingbar dazu. Im Falle Deutschlands ist dabei nicht die Westbindung oder Orientierung am Westen der Gründungsmythos, wie Münkler richtig bemerkt (Münkler 2009: 456). Man würde damit Staatsräson und gesellschaftliche Modernisierungsprozesse mit politischen Mythen verwechseln, schreibt Münkler (ebenda). Allerdings steckt in dieser Feststellung auch der Beweis für die mythische Qualität der Raumverordnung eines Staates oder seiner Angehörigen, indem Münkler die „lebensweltliche Orientierung am Westen“ als „gesellschaftliche Modernisierungsprozesse“ bezeichnet, denn mit der Idee der Modernisierung bricht sich das

[113] Das „Wir“ steht hier für den Westen respektive „uns Westler“ (Popper 1959: 466).

Metanarratem „Fortschritt" Bahn, dass im Westen verankert zu sein scheint. Unzweifelhaft verbindet sich der Westen mit Moderne und Fortschritt. Verortete Räume können symbolisch aufgeladen werden als Erinnerungsorte, Sehnsuchtsorte, Möglichkeitsräume. Und deswegen ist das Denken eines Großraumes wie des Westens auch Mythos, wie gezeigt werden soll. Das Denken eines Raumes, die *mental* oder *cognitive map*, vereinfacht und strukturiert die geographische Wirklichkeit und mit ihr die Geschichte, weist Räumen aber auch assoziative Eigenschaften zu (Kitchin 1994: 2). So ist der Unabhängigkeitskampf gegen die Goldenen Horde[114] einer der zentralen nationalen Mythen Russlands und zusammen mit der Zuordnung zur (orthodox) christlichen Welt hätte Russland (mythisch gegen Mongolen und den Islam positioniert) dem Westen zugeordnet werden müssen. Die heutige Raumsicht unterscheidet sich aber sehr von der vergangener Zeiten (Osterhammel 2011: 143). Galt in etwa petrinischer Zeit bis zum Wiener Kongress 1814/15 Russland noch als „mitternächtige" Nordmacht[115], verlagerte sich diese Verortung spätestens mit dem Krimkrieg 1953-56 und Russland rückte mental nach Osten (Tönsmeyer 2014: 2). Dort ist Russland in der Fremdwahrnehmung der letzten 150 Jahre vor allem als Osten im Sinne von: asiatisch, barbarisch, despotisch, vereinzelt auch tatarisch, mongolisch konnotiert, womit sich „Russland" wie „Osten" als Chiffren entwickelten für räumliche Weite (Chancen) und „Horden" (Gefahr), besonders in Deutschland (ebenda). Auch in der Eigenwahrnehmung kam es im Zuge der Eroberung und Besiedelung Nordasiens bis an den Pazifik zu beständigem Disput über die Frage, ob Russland eine westlich-europäische oder eine östlich-asiatische Macht sei.[116] Inzwischen dient der Begriff Eurasien als mentale Neukonzeption, die sich mythisch noch bewähren muss (Scherrer 2014: 23-24). Warum dieser Exkurs? Die mittelalterliche *mental map* der Christen Europas war religiös auf das „himmlische Jerusalem" im Osten, das dort verortete Paradies ausgerichtet, zugleich war das irdische Jerusalem Mittelpunkt der Welt (Schneider 2005). Das mit dem Mittelpunkt änderte sich mit der Erkenntnis der Erde als

[114] Mit der Schlüsselschlacht auf dem Kulikóvo póle (Schnepfenfeld) 1380 als „Geburtsstunde" der russischen Nation, die von Sergej Solowjew als Schlacht Europas gegen Asien mythisch mit der Schlacht Westroms gegen die Hunnen auf den Katalaunischen Feldern 451 verknüpft wurde (Parppei 2017: 130-131).

[115] Geibel benennt Russland noch 1861 in seinem Gedicht „*Deutschlands Beruf*" (Geibel 1918: 218-220) als „*Koloß im Norden*".

[116] Im Zuge einer kulturellen Diskussion: Die Zapadniki (За́падники), „Verwestlicher" standen den vom deutschen Idealismus Schellings beeinflussten Slawophilen gegenüber, die vor allem den „moralisch bankrotten westlichen Liberalismus" ablehnten und dem Ideal einer russisch-orthodoxen Volksgemeinschaft anhingen (The Editors of Encyclopædia Britannica 2013). Ein sich historisch wiederholendes Muster des Gleichsetzens des Westens mit Liberalismus und Dekadenz.

Kugel zwar, doch die mentale „Verostung“ der Region um den Fixpunkt Jerusalem[117] beeinflusste auch die anderen Achsen, weswegen folgerichtig in alten *mental maps* Frankreich mit Italien im Süden lag (und daher beide gleichermaßen nationalmythisch welsch, ja: römisch tituliert werden konnten) und Russland entsprechend im Norden (Tönsmeyer 2014: 2). Dadurch, dass nun Russland Mitte des 19. Jahrhunderts den Osten markierte, rückte es auch mental in die orientalistisch[118] geprägte Sicht auf das Osmanische Reich, was die negativen Konnotationen in Hinblick auf Despotie, Rückständigkeit und Barbarei bedingte (ebenda). Auch die anderen Achsen verschoben sich entsprechend: Den Norden markierte nun Skandinavien und Frankreich vereinte sich mit Großbritannien zum Westen (ebenda). Der Westen als „dominante Denkfigur“ entwickelte sich nach Osterhammel nicht vor den 1890er Jahren im Zuge eines „übergreifenden *transatlantischen* Zivilisationsmodells“, das auch die Gleichrangigkeit zwischen Europäern und Nordamerikanern voraussetzte (Osterhammel 2011: 143-144, Hervorh. im Original). Die Frage ist auch für die nationalen Mythen Deutschlands entscheidend gewesen und prägt politische Dispositionen bis heute, da sich im Zuge dieser skizzierten mentalen Kartierung für Preußen, die deutschen Staaten und Österreich der Begriff Mitteleuropa herauskristallisierte (Tönsmeyer 2014: 2). Demnach grenzte sich dieser Raum mental sowohl vom Westen als auch vom Osten ab, was den politischen Einzelgang geradezu prädestinierte. Heutige Narrative und Meistererzählungen dagegen wie „Deutschlands langer Weg in den Westen“, „das Ende des deutschen Sonderwegs“, „Deutschlands Ankunft im Westen“, „umgeben von Freunden im Herzen Europas“ spiegeln eine mentale Kartierung wieder, die mit der Wiedervereinigung einen versöhnlichen Schlusspunkt von fukuyamischer Finalität gefunden zu haben scheint - geradezu eschatologisch. Doch was ist der Westen genau? Welche Rolle spielt er in der mythischen Wahrschau der Bundesrepublik? Und inwiefern unterscheidet der Westen als mentale Projektion sich von der *mental map* des (jüdisch-)christlichen Abendlandes?

[117] Hier muss man zwischen dem geographischen und dem mentalen Osten unterscheiden, erkennbar an der Kirchenschiff-Ostung in ganz Europa und im Begriff des „Nahen Ostens“ (vgl. Südosteuropa, dem gegenüber „Naher Südosten“ geographisch sinnfälliger wäre). Der mentale Osten lag demnach im „Orient“ (Tönsmeyer 2014: 2).

[118] Orientalismus nach Said verstanden als eurozentrische, westliche Sicht auf den „Orient“ als *„Stil der Herrschaft, Umstrukturierung und des Autoritätsbesitzes“* (Said 1981: 10).

5.4.1 Der Westen als supranationales Mythem

„Es besteht für uns kein Zweifel, dass wir nach unserer Herkunft und nach unserer Gesinnung zur westeuropäischen Welt gehören."

- Konrad Adenauer[119]

Der Westen als metaphorischer Raum ist bloß eine Chiffre, hinter der sich ein Mythos symbolisch verbirgt. „Deutschlands langer Weg in den Westen" ist eine Meistererzählung, aber immer noch kein Mythos. Wenn aber Adenauer in seiner ersten Regierungserklärung Deutschland seiner Herkunft und Gesinnung nach der westeuropäischen Welt zurechnet (Adenauer 1949), ist dies sehr wohl Mythos, dichtet diese Legitimation und Selbstvergewisserung liefernde Zuordnung doch Kontingenz hinweg (Herkunft und Gesinnung müssen in den Westen münden, sie könnten nicht auch östlich sein oder etwas anderes). Das „Wir" (Deutschland) wird als homogenes Ganzes gesehen, dass eine Herkunft und eine Gesinnung hat. Der Mythos simplifiziert die komplexe Geschichte einer Verortung aufgrund einer Vielzahl von Faktoren und spendet zusammen mit dem Sonderweg-Mythos Kontinuität, ohne die Stunde Null als kathartischen Neubeginn und Zäsur in Frage zu stellen. Der Westen als leerer Signifikant lässt sich dabei auf viererlei Art belegen: als politische Gemeinschaft (die „freie Welt"), als moderne Zivilisation (die „zivilisierte Welt"), als rassische Kategorie (die „weiße Welt") und kulturelle Gemeinschaft (die „christliche Welt") (Trautsch 2017: 58).[120] Politisch deutet er auf eine Gemeinschaft demokratischer und liberaler Staaten, eine Wertegemeinschaft.[121] Als Chiffre der Moderne dagegen auf sozioökonomische und technologische Überlegenheit (ebenda: 61-62). War z.B. das Zarenreich Ende des 19. Jahrhunderts keinesfalls Teil des Westens im Sinne liberaler Werte, wurde es im Rahmen seiner zentralasiatischen Kolonialpolitik oder im russisch-japanischen Krieg durchaus als Teil des Westens gesehen.[122] Der Westen als rassische Kategorie und historisch aus dem Christentum gewachsene Kulturgemeinschaft wird stärker im Mythos vom Abendland transportiert (s. Kapitel 5.4.2). Während der

---

[119] In seiner ersten Regierungserklärung als Bundeskanzler am 20.09.1949 (Adenauer 1949).

[120] Die Termini in Klammern wurden durch den Autor dieser Arbeit hinzugefügt.

[121] Wenngleich diese teils flexibel gehandhabt wurde, waren die Diktaturen Portugals, Spaniens oder Griechenlands nach dem 2. Weltkrieg trotz ihrer illiberalen Regierungen Teil des antikommunistischen Westens, was nach Trautsch auf eine gemeinsame christliche Kultur zurückzuführen ist (Trautsch 2017: 64-65). Als wahrscheinlicher erachtet bei aller Bescheidenheit der Verfasser dieses Buches indes die sozioökonomische Gemeinsamkeit des Kapitalismus, was allerdings noch zu belegen wäre.

[122] 1881 schrieb Dostojewski, dies pointierend: *„In Europa waren wir Tataren, in Asien aber sind auch wir Europäer.*" (Dostojewski 1980: 591), wobei Europa hier ebenso Synonym für Westen ist wie Asien Synonym für Osten.

Westen im Zuge der Dekolonialisierung weniger mit der „zivilisierten Welt“ signifiziert wird, ist die Belegung des Westens mit liberaler Demokratie und Pluralismus seit den 1960er Jahren dominant (Trautsch 2017: 65). Die Auffassung eines liberalen Westens gegenüber einem illiberalen Osten entwickelte sich zwischen 1833 und 1856, fand aber seine Entfaltung erst durch die Weltkriege, wobei der Westen zudem transatlantisch erweitert wurde (ebenda: 60). Demnach fußt der Westen auch in der Meistererzählung des freien, westlichen Hellas (Europa) gegen das despotische, östliche Perserreich (Asien), dem nach dem Zweiten Weltkrieg der sozialistische Osten entsprach. Zu finden ist diese mythisch bedingte Entortung des Ostens aus dem eigentlichen, da freien Europa in zahlreichen Narrativen wie der Formel von der „Rückkehr nach Europa“, womit der EU-Beitritt von Ländern des ehemaligen Ostblocks narrativ gerahmt wurde (Chołuj 2006: 111). Wo waren sie zuvor? Offenbar ist der kulturelle Großraum Westen auch Europa, wo der Osten Asien ist, respektive ist der Westen Demokratie, wo der Osten Despotie ist. Anders ausgedrückt: Wer nicht Teil der westlichen Wertegemeinschaft - kurz: Westen – ist, ist auch kein Teil Europas. Als das Deutsche Kaiserreich sich als Nationalstaat mythisch zu finden suchte, stand auch die mentale Verortung geopolitisch im Raum. Hierzu entwickelte sich vor allem der Gedanke eines vom Westen wie Osten abgrenzenden Mitteleuropas (Naumann 1915: 1).[123] Dieser deutsche Mitteleuropa-Mythos einer Urheimat, die den Demos[124] raumhistorisch verwurzeln sollte, war mit dem Zusammenbruch des Dritten Reichs und seiner utopischen Großraumphantasien 1945 diskreditiert und aufgrund des negativ umgedeuteten Sonderweg-Mythos als eigenständiger historischer Großraum hinfällig (Lohmann 2010: 54 und 56; Chołuj 2006: 118). Die bipolare Nachkriegsordnung schluckte Mitteleuropa auch mental und hinterließ mit ihrem geopolitischen Schisma Europas einen in West und Ost geteilten Kontinent. Durch die Westbindung Deutschlands wurde die mythische Raumkonzeption Westdeutschlands auf ein neues Fundament gelegt, indem die Eigenständigkeit eines mitteleuropäischen – von West und Ost getrennten – Kulturraums als Resonanzraum deutschnationaler Hybris abgelehnt wurde (Chołuj 2006: 112 und 118). Westdeutschland verortete sich historisch neu und verknüpfte seine spatialmythischen Wurzeln mit Rhein-Mythen, was in der Bestimmung Bonns zur neuen Hauptstadt politischen Ausdruck fand (Münkler 2009: 392-393).[125]

---

[123] Naumanns populäres Buch von 1915 hat zahlreiche Vorläufer, auf die hier nicht näher eingegangen werden kann, stellt aber in seiner Form den Höhepunkt der Diskussion dar (Neubauer 2003: 5f.).

[124] Obgleich das Kaiserreich sich eher ethnisch nationalmythisch artikulierte, zielte der Mitteleuropa-Mythos durch seine Einbeziehung zumindest Österreich-Ungarns eher auf eine imperiale Lesart, weswegen hier vom Demos die Rede sein soll (Naumann 1915: 1-2).

[125] Dabei erfolgte die Wahl Bonns nicht aus mythischen Gründen, sondern eher aus symbolischen (Bescheidenheit, Vorläufigkeit) und funktionalen Gründen (Martensen 2005: 191-192). Adenauers Präferenz

Adenauers Politik fand also mythisch vielfache Legitimation: Einmal war mit dem Ende Mitteleuropas der deutsche Sonderweg an sein Ende gelangt und Westdeutschland hatte schon semantisch kaum eine Wahl, als sich dem Westen anzuschließen. Durch die Annahme des Westens als neuem deutschen Möglichkeitsraum fügte sich Deutschland in das mythische Rhizom von Aufklärung, französischer Revolution und angelsächsischem Liberalismus (Trautsch 2017: 60), lies: ohne Westbindung keine Demokratie. Durch die Verlagerung des politischen Zentrums an den Rhein symbolisierte sich zudem eine Abkehr vom preußischen Militarismus (Münkler 2009: 392; Adenauer 1919; Tüngel 1946). Am Wichtigsten für die Annahme des Westens als neue mentale Selbstverortung der Deutschen, dürfte aber der Mythos „Berliner Luftbrücke" sein. Mit der Berliner Luftbrücke entwickelte sich ein die Westbindung unterstützender Mythos[126] - symbolisiert durch den „Rosinenbomber". Einerseits wird damit ein Propagem des Stalingrad-Mythos aufgegriffen, als Göring vollmundig versprach, die eingeschlossene 6. Armee in der Stadt über die Luft versorgen zu können (Münkler 2009: 103), was misslang und 1948/49 – unter neuem Vorzeichen an der Seite der USA gelang. Damit sind die Westberliner die von den Sowjets eingeschlossene 6. Armee, die diesmal aber befreit werden kann und somit triumphiert – ein quasimilitärisches Erfolgserlebnis, dass dem Bedürfnis nach Revanche Rechenschaft zollt (Schivelbusch 2003: 35-36). Dadurch, dass man mit dem alten Feind gegen einen Dritten „kämpft", ist die Versöhnung *fait accompli* (ebenda: 38). Anderseits wird durch den Rosinenbomber ein Antinarratem zum „Terrorbomber" aus dem Luftkriegsmythos entwickelt. Die einst todbringende Waffe des Feindes bringt nun Leben, der Feind von einst ist nun Verbündeter, was die kathartische Hoffnung der Stunde Null ebenso in sich trägt wie das Heilsversprechen der sozialen Marktwirtschaft: Wir werden gerettet, weil wir es verdienen.[127] Die Feind-Freund-Wandlung der USA in Berlin

für das Rheinländische in Opposition zum Preußischen zeigte sich indes bereits 1919, als er als Kölner Oberbürgermeister die Lösung des Rheinlandes von preußischer „Hegemonie" verlangte (Adenauer 1919) und 1946, als er Berlin als Hauptstadt mit den Worten ablehnte: „*Wer Berlin zur neuen Hauptstadt macht, schafft geistig ein neues Preußen*", garniert mit der dezidiert antipreußischen Kernaussage: "*Wir im Westen lehnen vieles, was gemeinhin ‚preußischer Geist' genannt wird, ab. Ich glaube, daß die deutsche Hauptstadt eher im Südwesten liegen soll als im weit östlich gelegenen Berlin. In der Gegend des Mains, dort, wo die Fenster Deutschlands auch nach dem Westen hin weit geöffnet sind, sollte die neue Hauptstadt liegen.*" (Tüngel 1946).

[126] Er verringert Komplexität (ignoriert verklärend die Eigeninteressen der USA), stilisiert die Luftbrücke zur Notwendigkeit (als Kampf auf Leben und Tod der Stadt und damit auch Deutschlands) und stiftet Berlin und Deutschland ein kollektives Zusammengehörigkeitsgefühl, auch im Westverbund.

[127] Und verdient sei die Rettung aus demselben Grund wie das Überleben im Bombenkrieg, weil man unbeugsam durchgehalten habe - etwa in Hamburg als prägendstem westdeutschen Luftkriegsmythos (Thießen 2006: 113-114) - das Metanarratem des ewig triumphierenden Durchhaltewillens, der sich aus unzähligen Belagerungsmythen speist, von Berlin 1948/49 über Wien 1529 bis hin zur Belagerung der Marienburg durch Polen-Litauen nach der Niederlage bei Tannenberg 1410, oder auch die Belagerung

steht also analog zum DDR-Mythos der Feind-Freund-Wandlung der UdSSR nach Stalingrad, nur dass jene plausibler (zumal anschaulicher), attraktiver (Kaugummis statt Kriegsgefangenenlager) und überlebensfähiger war (Berlin blieb unmittelbar erfahrbar geteilt) (Münkler und Hacke 2009: 23). So konnte die Westbindung der BRD als logische Folge der Stunde Null, des Neubeginns erzählt werden: Dem Ende einer schrecklichen Odyssee durch die Geschichte.

4.2 Gegenmythen: Mitteleuropa und das Abendland

Der von Mohler der Konservativen Revolution zugeordnete Friedrich Naumann skizzierte Mitteleuropa als jenen Raum, der weder dem „englisch-französischen Westbunde“ noch dem „Russischen Reiche“ entspricht, also vor allem das Deutsche Reich und Österreich-Ungarn als engeren Kern umfasst (Naumann 1915: 1). Diesem deutsch dominierten Raum waren bestimmte Werte zugeordnet, wovon elterliche Ermahnungen, sich wie ein „kultivierter Mitteleuropäer“, zu benehmen, teils heute noch zeugen. Daher war „deutsch“ von „westlich“ scharf abzugrenzen, standen sich „die Ideen von 1789“ und die „Ideen von 1914“ konfrontativ gegenüber, was sich in der räumlichen Selbstverortung in Mitteleuropa manifestierte (Conze 2005: 5). In dieser Denktradition kombiniert sich ein positiv besetzter deutscher Sonderweg mit einer mentalen Ablehnung vermeintlich westlicher Werte, insbesondere des Liberalismus, dem ein ökonomischer und politischer Antagonismus logisch folgt. Mitteleuropa verortet Deutschland als Kern einer Region, die weder „westlicher Dekadenz“, noch „östlicher Barbarei“ angehört und ist damit in der deutschnationalen Denktradition als mentale Kartierung Ausdruck des deutschen Sonderwegs und einer deutschen Sonderrolle in der Welt. Als Zentrum zwischen zwei Extremen deutet die Mitte auf Vollendung, was eine kollektive Selbstwahrnehmung als herausragende *sui generis* befeuern kann (Wessel 1988: 326). Zugleich definiert sich eine Mitte stets über die mentale Projektion der Einkreisung - ob im Positiven wie in der Berliner Republik („inmitten von Freunden“ und „im Herzen Europas“), oder im Negativen wie im Preußen Friedrichs II., umgeben von einem „Meer an Feinden“. Der Einkreisungsgedanke bestimmte über den Nibelungen-Mythos vor allem im späten 19. Jahrhundert sowohl mythisch wie geopolitisch die deutsche Politik (Münkler 2009: 77-78), der sich in historischen Meistererzählungen fortpflanzte, etwa der Einkreisung Preußens im Siebenjährigen Krieg oder den kollektiven Erinnerungen an den Dreißigjährigen Krieg.[128]

von Syrakus durch die Athener 415-413 v. Chr. Das erfolgreiche Halten einer Stadt wird oft als Gotteszeichen und Wunder erlebt.

[128] Die „Nibelungentreue“ zu Österreich-Ungarn und der sogenannte Burgfrieden 1914, aber auch etwa der Untergangs-Befehl an die 6. Armee vor Stalingrad oder Hitlers Entschluss 1945, in Berlin zu bleiben,

Dazu gehört auch das Narrativ des „einsamen Helden“, einmal symbolisch repräsentiert durch Siegfried beim Kampf gegen den Drachen (der zum Erbfeind Frankreich umgedeutet wurde) und einmal durch Hagen (neben Volker) beim Endkampf der Burgunder in Etzels Halle.[129] Mythisch konsequent endete die nibelungenhaft mitbegründete Einkreisung des deutschen Mitteleuropas 1945 in einem Bunker in Berlin. Im Kalten Krieg teilte sich der mitteleuropäische Großraum in Ost und West, bis ihn Milan Kundera 1983 zurück in die Debatte brachte, indem er vom Westen und Osten jenen europäischen Raum trennte, der „geographisch im Zentrum, kulturell im Westen und politisch im Osten liegt“ (Kundera 1984: 44), womit er relativ präzise die heutige Visegrád-Gruppe umriss.[130] Dieser andere Mitteleuropa-Begriff hat - schon aufgrund des fehlenden Hegemonialanspruchs - so gut wie nichts mit dem deutschnationalen Mitteleuropa-Begriff zu tun, wenngleich das fast schon metanarrative Propagem des „Dritten Wegs" zwischen Ost und West eine Parallele darstellt.[131] Für Kundera gilt Europa als „geistiger Wert“ im Sinne des Okzidents als Westen (Kundera 1984: 44). Durch die nach der Wiedervereinigung fortgeführte Westbindung Deutschlands ist der politische Mentalitäts-Riss[132] entlang der Oder-Neiße-Grenze zu erklären, der insbesondere die Visegrád-Gruppe vom Westen trennt, als bilde sich der neue mentale und somit auch politische Raum Mitteleuropa unter Ausschluss Deutschlands und Österreichs. Dagegen wendet sich die Neue Rechte, die unter Ausschluss des Westens Deutschland (und Österreich) mental wieder in Mitteleu-

---

lassen sich über den Nibelungen-Mythos und die sich daran anknüpfenden historischen Meistererzählungen mythisch erzählen (Münkler 2009: 80-81, 104 und 107).

[129] Während Siegfried vor allem schillernder „Rebellen-Heros“ des Deutschen Reichs nach 1871 war, verkam er in nationalrevolutionären Kreisen der Weimarer Zeit zum „*miles gloriosus*“, wohingegen Hagen das düstere Ideal des Frontsoldaten verkörpert, der Todeserotik und Schicksalsgläubigkeit in sich vereint (Schivelbusch 2003: 252-253; Münkler 2009: 79). Dass mal Hagens Speerstoß gegen Siegfried ihn zum Archetyp des Verräters, mal Hagens Endkampf in Etzels Halle ihn zum Archetyp des glorreichen Helden macht, zeigt, dass es bei der politischen Neu- und Umschreibung von Mythen nicht darum geht, einen logisch konsequenten erzählerischen Faden zu entwickeln, sondern der Mythos aus Submythen besteht, einzelnen modellierbaren Plots mit klaren Chiffren wie Triumph, Verrat, Untergang (Münkler 2009: 86 und 88-89). Man kann sich dies analog zur Erzählung der Geschichte Jesu anhand von Kirchengemälden vorstellen, die auch in einer Abfolge einzelner Plots die Geschichte erzählen: Letztes Abendmahl etwa, Verrat, Prozess, Kreuzigung, Wiederauferstehung, um nur einige zu nennen. Die „Arbeit am Mythos“ (Blumenberg 2001) ist dann die Betonung des einen oder anderen Aspekts, die Umdeutung einzelner Punkte, etwa wenn Judas Jesu aus Liebe verrät, da er ihn zwingen will, dass Gott sich durch ihn offenbart, um ihn vor dem Kreuz zu bewahren.

[130] Auch andere traten hierbei hervor, etwa Györgi Konrád oder Danilo Kis (Le Rider 2008: 157).

[131] Der dritte Weg Kunderas propagiert eine Synthese aus Sozialismus und Demokratie, der deutschnationale und von der Neuen Rechten rezipierte dritte Weg stellt einen Sonderweg neben westlichem Liberalismus und östlichem Bolschewismus dar. Interessanterweise ist auch die soziale Marktwirtschaft als dritter Weg zwischen Marktwirtschaft und Sozialismus konzipiert worden.

[132] Darunter verstehen sich die teils sehr unterschiedlichen Auffassungen von der Rolle und Bedeutung demokratischer Institutionen, Minderheitenrechte, Presse- und Meinungsfreiheit und ähnliche Kontroversen.

ropa verorten will, was die Affinität der Neuen Rechten für die alternative Politik der Visegrád-Staaten, etwa das Ungarn eines Victor Orbán noch verständlicher macht. Der Mitteleuropa-Begriff der Neuen Rechten ist ein Ansatzpunkt, nach der Wiedervereinigung an deutsche Großmachtpolitik anzuknüpfen und die alte Hegemonialstellung im Zentrum Europas jenseits von West und Ost wiederherzustellen (Schmidt 2001: 88-89). Damit knüpft der neurechte Mitteleuropa-Begriff[133] nahezu nahtlos an denjenigen vor 1945 an, was in der Criticón auch bejaht wird, wenn dort ein „Zurück zur Konstellation der dreißiger Jahre" beschworen wird (ebenda: 87). Die *mental map* Mitteleuropa knüpft entsprechend an die alten Bedrohungs-Szenarien an, in welchen Deutschland Gefahren von allen Seiten droht, wie Anfang der 1990er immer wieder betont wird (ebenda: 90-91).[134] Insofern ist Mitteleuropa als Abgrenzung zum Westen eine deutsch-nationale Chiffre, hinter der sich ein Mythos symbolisch verbirgt, quasi ein Mythem, durch welches geopolitische Diskurse transportiert und legitimiert werden können - im Gegensatz zum Abendland, das als alternatives supranationales Mythem anstelle des Westens auch paneuropäisch genutzt werden kann und vor allem Kulturkampf-Narrative[135] transportiert und legitimiert.

Das Abendland taucht in Luthers Morgenland auf und geht bei Spengler unter - verschwindet aber bis heute nicht aus dem öffentlichen Diskurs. Der Begriff hat als Antonym seinen Ursprung bei Luther, der in seiner Bibelübersetzung 1522 den Herkunftsort der drei Weisen - im Griechischen *anatolḗ* (ἀνατολή), zu Deutsch: Sonnenaufgang oder Ort, von wo die Sonne kommt, ergo Osten wie im lateinischen Orient (*oriens*, Osten) - in seinem Bemühen um einen poetischen Ausdruck mit Morgenland übersetzt hat (Schlenke 2010: 10). Kaspar Hedio übersetzte analog 1529 in seiner Chronica *occident* mit „Abendlender", wodurch der Begriff Eingang in die deutsche Sprache fand (ebenda). Bereits früh im Sinne der *romanitas* mit dem lateinischen, sprich römisch-katholischen Europa gleichgesetzt, grenzte sich das Abendland bis zum Ende des kalten Krieges sowohl zur islamischen Welt Asiens und Nordafrikas ab wie zum orthodoxen (oder sozialistischen) Osten und Südosten Europas (gewissermaßen als *barbaritas*). In der deutschnationalen Historiographie des 19. Jahrhunderts durchlebte der rein christlich konnotierte Begriff eine ethnische Ausprägung mit Einbezug auf die europäischen Wurzeln der Antike,

---

[133] Insbesondere Karl-Heinz Weißmann, Mitbegründer von Götz Kubitscheks Institut für Staatspolitik (IfS), Autor diverser neurechter Publikationen wie Criticón, Junge Freiheit, Sezession, u.a., tat sich bei der Re-Etablierung eines deutschen Großmacht-Diskurses hervor (Schmidt 2001: 91-92).

[134] Einschließlich des düsteren Diktums Carl Schmitts vom „unweigerlichen Untergangs schwacher Völker" (Schmidt 2001: 91).

[135] Innerhalb der Neuen Rechten wird hierzu gerne Samuel Huntingtons „Clash of Civilizations" herangezogen (Schmidt 2001: 85).

etwa bei Leopold von Ranke, der im christlichen Abendland eine Kultursynthese aus „Antike, lateinisch-westlichem Christentum und Germanentum“ sah (Schlenke 2010: 10-11). Damit verortet sich Abendland als Mythem hinreichend im Bereich politischer oder sogar nationaler Mythen und liefert zudem eine Kette sinnstiftender symbolgeladener Erinnerungsorte von Salamis (480 v.Chr.) bis Lepanto (1571 n.Chr.) und vom Lechfeld (955 n.Chr.) bis Wien (1683 n.Chr.). Das Abendland ist mythisch daher ein dezidiert defensiv konnotierter Begriff, ähnlich dem Begriff der Heimat, und somit insbesondere im Nachkriegsdeutschland der Bundesrepublik im Gegensatz zum Großraumgedanken Mitteleuropas anschlussfähig. Als *translatio imperii* der *roma aeterna* zur *europa aeterna* schwingt in der *romanitas* des Abendlandes mit der *barbaritas* stets ein spezifisches, invasives Feindbild mit (Newald 2011: 181), das während des Kalten Krieges der sowjetische Osten im Sinne „eurasischer Horden“ war und mittlerweile wieder zu seinen „morgenländischen Wurzeln“ zurückgekehrt ist. Dabei stellt sich im neurechten Diskurs eine latente Kontroverse ein. Zwar spielt das Abendland als Propagem überall im neurechten Sprachgebrauch eine Rolle[136], doch die Stoßrichtung ist variabel. Während im rechtspopulistischen Diskurs, etwa seitens Pegida oder in weiten Teilen der AfD[137], entlang der quasimythopoetischen Streitschrift „Deutschland schafft sich ab“ von Thilo Sarrazin als „neurechtem Volkshelden“ eine dezidiert antiislamische Abendland-Konnotation bevorzugt wird, liegt das Hauptaugenmerk der intellektuellen Avantgarde der Neuen Rechten in der Abgrenzung des Abendlandes zum als dekadent und korrumpiert empfundenen westlichen Liberalismus (Weiß 2017: 10 und 18-19 und 156-157). Im christlichen Abendland drückt sich eine romantische novalische Sehnsucht nach einer verloren gegangenen spirituellen und weniger komplexen Heimat aus (Groppe 2004: 480, Huber 2002: 61), die sowohl als Mythos wie als Utopie formuliert werden kann (Fischer 2004: 8).[138] Die bereits bei Novalis anklingende Anklage gegen Aufklärung, französische Revolution und Rationalisierung (Groppe 2004: 480-481) wird politisch nach dem ersten Weltkrieg aufgegriffen, als in der Weimarer Zwischenkriegszeit katholische Intellektuelle das Abendland-Mythem gegen sowohl westlichen Liberalismus als auch „asiatischen“ Bolschewismus in Stellung brachten (Bauerkämper 2009: 181). Besonders das katholische Rheinland, das seine Landschaften als „Kernlande des Abendlandes“ verstand,

[136] gleich ob mit christlicher oder christlich-jüdischer Sättigungsbeilage.
[137] Im völkischen Flügel rund um Höcke werden germano-pagane Bezüge bevorzugt (Weiß 2017: 157).
[138] Friedrich von Hardenberg alias Novalis schrieb in seinem Essay „Die Christenheit oder Europa“ 1799: *„Es waren schöne glänzende Zeiten, wo Europa ein christliches Land war, wo eine Christenheit diesen menschlich gestalteten Weltteil bewohnte. Ein großes gemeinschaftliches Interesse verband die entlegensten Provinzen dieses weiten geistlichen Reiches.“* (zitiert nach Huber 2002: 61).

nahm hierbei einen zentralen Platz ein, was die Renaissance des Abendland-Gedankens nach 1945 mit erklärt (Conze 2005: 39 und 111). Die Weimarer Abendländer-Bewegung trat hierbei zwar für die Aussöhnung mit Frankreich im Geiste Locarnos ein (ebenda: 39), aber dennoch in der Tradition des mittelalterlichen Reichsbegriff dezidiert antimodernistisch und antiliberal auf und Vordenker Emil Franzel verknüpfte den Gedanken der Abendländischen Revolution nicht zufällig mit dem der Konservativen Revolution (ebenda: 76). Nach 1945 rückte Franzel in der Zeitschrift „Neues Abendland“ deutlich an den rechten Rand und näherte sich mit dem Abendland-Gedanken auch wieder dem Mitteleuropa-Gedanken, ein Beleg für deren mentale Nähe im rechtskonservativen Milieu (ebenda: 128). Obgleich die Abendländer-Bewegung Adenauers Westbindung befürwortete aufgrund der größeren Opposition zum sozialistischen Osten, waren die antiliberalen Gedanken noch präsent, so dass West wie Ost als unchristlich abgelehnt wurden, wenngleich der Westen als das kleinere Übel galt (ebenda: 137). Nach seiner Nachkriegsblüte bis Ende der 1950er wurde der Abendland-Begriff zunehmend verdrängt und verlagerte in kleineren Zirkeln den Themenschwerpunkt auf die Paneuropa-Bewegung. Abendland ist in paneuropäischer Belegung im Gegensatz zum Begriff des Westens stärker christlich konnotiert, da der Westen eher mit säkularen, modernen Werten wie der Aufklärung in Verbindung gebracht wird (Trautsch 2017: 64). Somit nützt das Abendland-Topos mythisch zur Konstruktion eines z.B. antiislamischen Subtexts, sei es in völkischer Konnotation (das Abendland als rassische Kategorie, lies: die „weißen Länder“) oder in imperialer Konnotation (das Abendland als kulturelle Kategorie, lies: die „christlichen Länder“). Dies erklärt, warum der Begriff des Abendlandes gerade im Kontext der Migration aus islamischen und afrikanischen Regionen eine Renaissance als politischer Kampfruf im öffentlichen Raum erlebt, zumal beim abendlichen Spaziergang.[139]

[139] Dagegen wird aus islamisch-fundamentalistischer Perspektive als Feindbild der Westen bemüht, nicht aber das Abendland, was in dieser sprachpolitischen Konstruktion die antiliberale Stoßrichtung des politisch-fundamentalistischen Islams betont, und nicht etwa eine antichristliche oder anti-imperialistische (etwa gegen ein mutmaßlich „weißes Europa“, das die „nicht-weißen (muslimischen) Erdteile“; die *al-Umma al-islāmīya* (الأمة الإسلامية) zu unterjochen trachtet). Sage mir, wie du deinen Feind nennst und ich sage dir, wovor du Angst hast: Der Kampf gegen den Westen ist heute ein Kampf gegen den pluralistischen Liberalismus.

5.5 Traumland-Mythen: Die moralisch-juristische *levée en masse*[140]

„Man höre doch auf, vom Ende der deutschen Geschichte zu reden! Deutschland ist nicht identisch mit der kurzen und finsteren geschichtlichen Episode, die Hitlers Namen trägt."

- Thomas Mann[141]

„Hitler und die Nationalsozialisten sind nur ein Vogelschiss in 1000 Jahren erfolgreicher deutscher Geschichte"

-Alexander Gauland[142]

Nach einem Krieg ändert sich das Nebeneinander kämpfender Feinde zu einer hierarchischen Beziehung zwischen Sieger und Besiegtem. Wie Schivelbuschs Analyse des Umgangs politischer Gemeinschaften mit Niederlagen ergab, ist dabei nicht allein der Sieger derjenige, der in Freudentaumel verfällt, sondern paradoxerweise auch der Verlierer nach einer nur kurzen „Verliererdepression" (Schivelbusch 2003: 21). Grund hierfür ist der quasirevolutionäre Moment des Zusammenbruchs der alten Ordnung und Regierung, die dann durch die neue Regierung als Sündenbock für die Niederlage genutzt wird (ebenda). Der Sieger gilt in diesem von Ernst Troeltsch 1918/19 „Traumland" bezeichneten Zustand nicht länger als Feind, sondern Verbündeter, der die alten Machthaber und „Tyrannen" hinwegfegen half, weswegen die Besiegten nach Abschluss dieser „Befreiungsmission" auch bald den Abgang des Siegers erwarten und die ehrenvolle Wiederherstellung des *status quo ante bellum* (ebenda: 22 und 24). Dem folgt die Phase des „Erwachens", sobald den Besiegten gewahr wird, dass der Sieger kaum als Befreier kam und nicht so schnell zu gehen bereit ist; den Verlierer auch nicht als schuldloses Opfer der Verführung durch seine alten Eliten zu sehen gewillt ist, sondern als „verantwortliches und haftpflichtiges Subjekt" (ebenda: 25). Dies ist der Moment der aktiven Vertreter der alten Eliten, einerseits die Niederlagen-Schuldfrage umzudrehen - etwa im Sinne einer Dolchstoßlegende - und andererseits dem gerade noch zum Befreier erklärten Kriegsgegner wortbrüchiges, unlauteres oder unfaires Verhalten vorzuwerfen, um so den geistigen Boden für einen neuerlichen Umsturz zu bereiten (ebenda: 26-27). Das westdeutsche Traumland nach dem zweiten Weltkrieg dagegen war ausgesprochen stabil - weswegen? Grund war die bipolare Nachkriegssituation, die eine Distanzierung von den westlichen Siegermächten unmöglich machte. In dieser historisch besonderen Situation wollten die

---

[140] (Schivelbusch 2001: 21 und 30).
[141] Brief von Thomas Mann an Walter von Molo vom 7. September 1945 (Mann 1963: 446).
[142] Beim Bundeskongress der Jungen Alternative am 02.06.2018 (Deutsche Welle 2018).

Besiegten nicht, dass vor allem die US-Amerikaner abrücken, da viele einen Einmarsch der Sowjetkräfte fürchteten ohne den Schutz der Westmächte. Außerdem konnten die neue Regierung und deren potenzielle Opposition aus den alten Eliten für den in der Erwachen-Phase oft beklagten „Betrug des Siegers" (etwa die fortgesetzte Teilung Deutschlands, die Vertreibungen der Deutschen aus den Ostgebieten, Reparations-Demontagen u.a.) die Sowjetunion verantwortlich machen.[143] Den Apologeten der Konservativen Revolution galt der sowjetische Bolschewismus als größeres Übel als der amerikanische Liberalismus, was eine Art Nachkriegs-Burgfrieden bewirkte, zumal die Gräben zum Adenauerschen Konservativismus so tief nicht waren.[144] Gleichwohl Mohler-Epigonen wie Caspar von Schrenck-Notzing die alliierten *reeducation*-Programme als „Gehirnwäsche" bezeichnete und so Mohlers politische Entourage der US-amerikanisch geführten Suprematie kaum diesselbe Anerkennung zukommen ließ, wie von Seiten der Adenauerschen Konservativen (Benz und Scholz 2009: 120). Dennoch waren sowohl deutsche Schuld als auch deutsche Niederlage so frisch und so tief, dass an schnellen Revisionismus kaum zu denken war. Dies mag auch Mohler dazu bewogen habe, die Konservative Revolution unter Ausklammerung des Nationalsozialismus an sich mythopoetisch zu begründen. Somit blieb das Befreier-Traumland relativ stabil trotz der von Schivelbusch festgehaltenen „moralischen und juristischen *levée en masse*" (ebenda: 30), die sich auch nach 1945 festhalten lässt: Die These vom unlauteren Sieg (ebenda: 27-28), Unschuldsbeteuerung und Schuldrelativierung (ebenda: 30) sowie eine an die Nietzscheanische Sklavenmoral erinnernde Umdeutung verlorener Macht zu gewonnenem Geist durch die Betonung kultureller und moralischer Überlegenheit (ebenda: 31; vgl. Pippin 2004: 47). Aufgrund der kaum zu leugnenden Schwere der Schuld durch Holocaust, Angriffs- und Vernichtungskrieg musste dabei im Einzelnen kreativ vorgegangen werden. Die eben zitierte „moralisch-juristische *levée en masse*" Westdeutschlands fußte auf drei Säulen: Auf dem Mythos einer „sauberen Wehrmacht", der noch in der Kapitulation seitens der letzten nationalsozialistischen Regierung posthum mit auf den Weg gegeben wurde[145], dem Herauskehren der eigenen Opferrolle und der Anklage einer „alliierten Siegerjustiz", der sich Deutschland zu entziehen habe.

---

[143] Ebenso wie die Regierung im Osten die Westmächte für jeden Vorwurf verantwortlich machen konnte, wenngleich mit weniger Erfolg, wie der 17. Juni 1953 beweist.

[144] Insbesondere die Amnestiegesetze sorgten durchaus für ideologische Schnittmengen in den revisionistischen Kreisen der Nachkriegszeit.

[145] *„Seit Mitternacht schweigen nun an allen Fronten die Waffen. Auf Befehl des Großadmirals hat die Wehrmacht den aussichtslos gewordenen Kampf eingestellt. Damit ist das fast sechsjährige heldenhafte Ringen zu Ende. Es hat uns große Siege, aber auch schwere Niederlagen gebracht. Die deutsche Wehr-*

5.5.1 Opfer-Mythos I: „Saubere Wehrmacht" und Siegerjustiz

„Daß ein Volk sein Sittengesetz gegen andere behaupten will und dafür bereit ist, Blutopfer zu bringen, das verstehen wir nicht mehr und halten es in unserer liberal-libertären Selbstbezogenheit für falsch und verwerflich."

- Botho Strauß[146]

Dies schrieb Botho Strauß 1993 in seinem Essay „Anschwellender Bocksgesang" wortgewaltig und mit rechtem Hautgout. Chiffren wie Volk, Sitte, Blutopfer sowie die implizite Allegorie eines organischen Volkes, das handelt als eine Person, ein Wesen. Daneben das ironisch-distanzierende „wir", das seltsam kalt neben all den Machtworten klebt. Gerade die Dekonstruktion des Opfermythos der „sauberen Wehrmacht", der neben Stunde Null und Wirtschaftswunder gründungsmythisch so bedeutsam war wie kaum ein anderer, erregte in den 1980ern und 1990ern, vermittelst der Wehrmachtsaustellungen über das Millennium hinaus, die Gemüter in Deutschland und mobilisierte wie kaum ein anderes Thema bis dato breite Teile der Deutschen hinter den Bannern rechtsextremer und neurechter Ideologen. Der Mythos „saubere Wehrmacht" selbst scheint hier ein deutsches „Sittengesetz" gewesen zu sein. Neben dem Normalisierungsdiskurs nach der Wiedervereinigung bot die Wehrmachts-Kontroverse derzeit neurechten Strategen die beste Gelegenheit, sich metapolitisch in Szene zu setzen, öffentliche Räume zu besetzen, konservative Positionen bis weit in die Mitte zu belegen und zu instrumentalisieren. Galten die 1918 heimkehrenden Soldaten als „im Felde unbesiegt", ließ sich dies über die Soldaten der Wehrmacht nach 1945 schwerlich behaupten, so total und allgegenwärtig war die Niederlage. Doch bereits im letzten Wehrmachtsbericht vom 9. Mai 1945 tauchten die wesentlichen Elemente des Mythos einer „sauberen" (im Bericht: „ehrenvoll") und „heldenhaften" Wehrmacht auf, sekundiert auch nach der Kapitulation von Großadmiral Dönitz selbst, der den Soldaten attestierte: "*Wir stehen ohne Flecken an unserer Ehre als Soldaten da und können mit Recht voller Stolz und Würde auftreten*" (Padfield 1984: 498). Hinzu kamen die mit Gründung der Bundesrepublik verabschiedeten Amnestiegesetze[147] auch für Kriegsverbrecher, die zuvor gefällte Urteile der Alliierten delegitimier-

---

macht ist am Ende einer gewaltigen Übermacht ehrenvoll unterlegen. [...]" (Auszug aus dem letzten Wehrmachtsbericht über den Reichssender Flensburg am 09. Mai 1945, zitiert nach Paul 2005: 6).

146 (Strauß 1993).

147 Das erste bereits Dezember 1949. Adenauer quittierte die Amnestien mit den Worten "*Wir haben so verwirrte Zeitverhältnisse hinter uns, dass es sich empfiehlt, generell Tabula rasa zu machen.*" (Bönisch 2006).

ten und so den Mythos einer „sauberen", politisch unbelasteten Wehrmacht stützten (Frei 2009: 49). Desweiteren wiederholte Adenauer offiziell in der Ehrenerklärung vom 03. Dezember 1952 die Ansicht der Wehrmacht hinsichtlich ihrer normativen Beurteilung.[148] Im Großen und Ganzen liest sich dieser Mythos analog zur Konservativen Revolution Mohlers, denn die Kernaussage ist, dass die Wehrmacht keinerlei Verstrickungen mit dem Nationalsozialismus und seinen Verbrechen hatte. So wie ideologisch „die Deutschen" sich von „den Nationalsozialisten" lösten, Deutschland sich politisch von Preußen löste, respektive gelöst wurde (s. Kapitel 5.5.4), löste sich die Wehrmacht militärisch von SS und Gestapo und so verflüchtigten sich auch auf diesem Gebiet die Schuldigen auf wundersame Weise (Bönisch 2006). Mehr noch: Die Schuldfrage wurde nach dem Krieg in Westdeutschland fast unisono umgedreht, indem aus einer „Täterarmee" eine „Opferarmee" wurde. Zum einen wurde die Wehrmacht seitens hoher Offiziere dargestellt als Opfer eines verbrecherischen Regimes, das sie seinen verbrecherischen Befehlen unterwarf und in sinnlosen Schlachten verheizte (Wette 2002: 227), symbolisch verortet in Stalingrad. Zum anderen wurde die Wehrmacht stilisiert zum Opfer auch durch den Feind, der dem seinerseits vorgeblich „ritterlich" kämpfenden deutschen Gegner nicht „denselben Respekt"[149] entgegengebracht haben soll, symbolisch verkörpert durch Nürnberg und die dortigen Prozesse gegen NS-Kriegsverbrecher. Schließlich soll die Wehrmacht - und mit ihr in einer Schicksalsgemeinschaft verbunden: die Heimatfront - Opfer eines vorgeblich unlauteren, hinterhältigen Krieges gewesen sein, der nicht durch soldatischen Mut, sondern mittels wirtschaftlicher Überlegenheit, industrieller Dominanz und der Lufthoheit gewonnen worden sein soll, wovon vor allem die Bombenangriffe auf die deutschen Städte in der kollektiven Erinnerung die Selbsteinschätzung als Opfer prägten (Schivelbusch 2003: 27-28). Da die nationalsozialistische Meistererzählung von „Deutschlands selbstaufopfernder Rettung" des europäischen Abendlandes gegen die „bolschewistischen Horden Asiens" noch immer präsent war im kommunikativen Gedächtnis[150], tritt auch das Opfernarrativ hinzu, falsch verstanden worden zu sein, zumal

[148] „*Wir möchten heute vor diesem Hohen Haus im Namen der Regierungen erklären, daß wir alle Waffenträger unseres Volkes, die im Rahmen der hohen soldatischen Überlieferungen ehrenhaft zu Lande, zu Wasser und in der Luft gekämpft haben, anerkennen. Wir sind überzeugt, daß der gute Ruf und die große Leistung des deutschen Soldaten trotz aller Schmähungen während der vergangenen Jahre in unserem Volk noch lebendig geblieben sind und auch bleiben werden. Es muß auch gemeinsame Aufgabe sein, und ich bin sicher, wir werden sie lösen, die sittlichen Werte des deutschen Soldatentums mit der Demokratie zu verschmelzen.*" (zitiert nach Rink 2015: 34).

[149] Vor allem diese Meistererzählung zeugt von mythenwürdiger Komplexitätsreduktion, betrachtet man Wehrmachtsbefehle wie den „Kommissar-Befehl" oder den menschenverachtenden Umgang mit sowjetischen Kriegsgefangenen.

[150] Gottfried Benn etwa schrieb noch 1949, dass der Nationalsozialismus „*ein echter und tiefangelegter Versuch*" gewesen sei, „*das wankende Abendland zu retten. Daß dann ungeeignete und kriminelle Ele-*

man einem sowjetischen Angriff ja nur zuvorkommen hätte wollen, wie die Meistererzählung fortsetzt (Wegner 2001: 206-207).[151] Die Wehrmacht war mehr als nur die Armee des Dritten Reiches, sie war auch das Symbol des deutschen Volkes selbst, da zum einen so gut wie jede Familie Angehörige hatte, die der Wehrmacht angehört hatten und zum anderen das Heer längst zum Massensymbol der Deutschen geworden war, dem „marschierenden Wald" (Canetti 2003: 202).[152] Somit muss eine Generalanklage gegen die Wehrmacht eine deutsche Kollektivschuld bedingen, zu der kurz nach dem Weltkrieg die Opposition Legion war.[153] An Elias Canetti angelehnt, möchte man sagen: Der Wald war gezähmt, das Heer stand still und starr. Nun ging es darum, den Wald vor der moralischen Rodung zu bewahren. Der allgemeine Tenor war, man habe genug gelitten durch Krieg und Niederlage, Vertreibung, Ausbombung und die Schuld am Holocaust. Wenn nun aber vom Opfer-Mythos der Wehrmacht und damit des deutschen Volkes gesprochen wird, der unmittelbar mit Kriegsende einsetzte, so muss man zunächst einen Blick auf die Quellen des Opfermythos werfen. Der Opfermythos ist in der deutschnationalen Lesart eng verzahnt mit dem Heldenmythos durch die Nibelungensage einerseits und deren *translatio* auf eine genuin deutsche „Volkscharaktereigenschaft" andererseits. In dem 1915 von Werner Sombart[154] erschienenen Buch „Händler und Helden" (Sombart 1915) unterscheidet er den von Profitgier und Eigeninteresse getriebenen Händler als Archetypus einer Volkseigenschaft (namentlich England im Sinne des Propagems vom „perfiden Albion") vom sich hingebenden und aufopfernden Helden, der sich in Deutschland widerspiegeln soll (Münkler 2009: 92-93). Das Selbstopfer des Heldens als *sacrificium* für die Gemeinschaft, das Vaterland, aber auch höhere Ziele ist ein Metanarrativ, dessen rituelle Qualität besonders in den soldatischen Motiven des 20. Jahrhunderts zum Vorschein trat (Fischer und Münkler 2000: 344-345). Daneben steht das „Verbrechensopfer", das passive und „ohnmächtige Erleiden fremder Gewalt" als *victima* (ebenda: 345-

mente das Übergewicht bekamen, ist nicht meine Schuld und war nicht ohne weiteres vorauszusehen." (zitiert nach Lethen 2006: 235).

[151] Bereits während des Krieges wurde diese These lanciert, etwa von Göring 1943 (Krüger 1991: 175-177). Erneut ins Gespräch gebracht wurde diese den Historikerstreit der 1980er sekundierende und anfachende These 1985 von Ernst Topitsch und Victor Suvorov (Pseudonym), die beide „fachwissenschaftlich indiskutabel" arbeiteten, aber dennoch große Resonanz genossen und durch neurechte Publikationen mithilfe revisionistischer Rechtsintellektueller auch lange rezipiert werden (Wegner 2002: 207; Post 2001).

[152] Den Charakter als Volksarmee betont Wette, wenn er die Zahl der Wehrmachtsangehörigen zwischen 1935 und 1945 mit 18 Millionen Menschen beziffert (Wette 2002: 201).

[153] Gleichwohl „Kollektivschuld" selbst als revisionistisches Propagem betrachtet werden muss, da es diese Anklage so von alliierter und assoziierter Seite als politische Handlungsmaxime nicht gegeben hat (Salzborn 2003b: 22).

[154] Dessen genanntes Werk Mohler innerhalb seiner Konservativen Revolution zu den „Ideen von 1914" zählt, womit Sombart ebenso zur Konservativen Revolution gerechnet wird (Mohler 1989: 313).

346). Im zweiten Weltkrieg (wie zuvor) galt das Sterben und Leiden der Soldaten als *sacrificium*, das Sterben und Leiden der Zivilbevölkerung etwa durch Bombenangriffe, Vergewaltigungen oder Vertreibungen als *victima*. Wie Koselleck feststellte, durchlebte die Wahrnehmung des soldatischen Opfers als *sacrificium* seit den 1950er Jahren einen Wandel, indem es zur *victima* umgedeutet wurde, dem passiven Erleiden von Gewalt durch den Nationalsozialismus, womit gleichzeitig die aktive Partizipation an dessen Gewalt weggedeutet wurde (Koselleck und Jeismann 1994: 215; Fischer und Münkler 2000: 346). Dabei enthält dieser Viktimisierungsdiskurs ein doppelt passives Vorzeichen, indem Wehrmacht und Volk schuldlose Opfer Hitlers sind, dieser aber selbst als Produkt der Versailler Nachkriegsordnung und des Chaos der Weimarer Zeit das Ergebnis einer kollektiven „schlechten Kindheit" Deutschlands ist (Fischer und Münkler 2000: 347). Um aber zum schuldlosen Opfer werden zu können, muss eine psychologisch wirksame Opfergabe dargebracht werden (ebenda: 345), eine *hostia*, deren rituelle Funktion analog zur christlichen Hostie als Symbol in der Externalisierung der Sünde liegt[155], dem sprichwörtlichen Sündenbock als „Reinigungsopfer" (Münkler 2009: 221). Dieses Reinigungsopfer läuft auf mehreren Ebenen ab. So wie für das Volk der abstrakt gehandhabte Nationalsozialismus „geopfert" wurde, stellvertretend vermittelst einiger exponierter Köpfe des Dritten Reichs, wurde als Reinigungsopfer der Wehrmacht als militärischem Teil des Volkes der militärische Teil des Nationalsozialismus, also unter anderem die SS geopfert, die stellvertretend die Schuld aller Soldaten auf sich nahm und somit die Wehrmacht rituell von Schuld befreite (ebenda). Für Deutschland als Staat übernahm Preußen die Funktion des „Reinigungsopfers" (s. Kapitel 5.5.4). Damit blieb die Wehrmacht „sauber", wie bereits zu Kriegsende die Botschaft lautete und wie sie durch die „*Historical Division*" unter Generaloberst Halder auch Eingang in die angebliche „Siegergeschichtsschreibung" fand (Wette 2002: 227).[156] So war im Sinne der „*Historical Division*" die Wehrmacht - und besonders deren Heeresleitung - nicht nur *victima* Hitlers, sondern dessen Gegner, gebunden einzig an den heiligen Eid, den aber zu brechen man sich am 20. Juli 1944 genötigt gesehen hätte, so dass in diesem Bild die *victima* Wehr-

---

[155] Da die Hostie im christlichen Glauben das Fleisch Christi ist, welches er am Kreuz opferte, um die Sünden der Menschheit auf sich zu nehmen, ist die Hostie auch Symbol der Befreiung von Schuld.

[156] Einer der seltenen Momente, in denen der Verlierer eines Krieges in der Tat sowohl während des Kriegs als auch nach dem Krieg aus der Kriegsgefangenschaft heraus und danach seine Geschichte niederschreibt, um sie dem Sieger als „offizielle Geschichte" zu präsentieren. Dadurch präsentierten Hunderte deutsche Offiziere im Dienste der Alliierten sich und die Wehrmacht im hochprofessionellen Licht einer einzigartigen Militärmaschinerie, deren derart kolportierte Effizienz auch unter „westlichen" Militärs und darüber hinaus allgemein für Bewunderung sorgte; eine Art kollegialen Respekt, der es leichter machte, Wehrmacht und Nationalsozialismus voneinander zu trennen (Wette 2002: 225-229). So konnte die Wehrmacht selbst ihre mythopoetische „Laudatio" verfassen.

macht/Heeresleitung wieder zum *sacrificium* wird, dem heldenhaften Opfer des Widerstands aus den Reihen anständiger Wehrmachtsoffiziere (Wette 2002: 227). In der Geschichtswissenschaft wird das Anzweifeln dieses Geschichtsbildes, das in großen Teilen 50 Jahre hielt, als altes Tabu betrachtet, nicht das durch die Neue Rechte formulierte „Tabu", man dürfe die deutschen Opfer nicht thematisieren, man dürfe die „positiven Seiten" der Wehrmacht (Mut, Effizienz, Soldatentum) nicht erwähnen (ebenda: 261; Salzborn 2003b: 28-29). Über weite Strecken deutscher Nachkriegsgeschichte, waren somit der offizielle und der neurechte Diskurs dahingehend deckungsgleich. Erst die kritische Geschichtswissenschaft, der Historikerstreit, vor allem aber Weizsäckers Befreiungsnarrativ[157] (Weizsäcker 1985) und die Wehrmachtskontroverse vor allem der 1990er entzweiten die Neue Rechte vom bundesrepublikanischen Konsens (Wette 2002: 262). Auch in Bezug auf das Thema „Siegerjustiz" gab es nach dem Krieg in Deutschland kaum eine Opposition zu der Auffassung, dass es „mit der Aufarbeitung" gut sei und die alliierte „Säuberungspolitik" im Zuge der Entnazifizierung zu stoppen und rückgängig zu machen sei (Frei 1999: 13). Das als ein mythisches Zentrum Deutschlands und des Nationalsozialismus zählende Nürnberg (Münkler 2009: 370 und 375) war Schauplatz der Nürnberger Prozesse, um den Beginn der Entnazifizierung Deutschlands anzugehen. Dabei sollte entgegen Stalins Vorstellungen die individuelle Schuld der Angeklagten bewertet werden, von „Kollektivschuld" kann also kaum gesprochen werden (ebenda: 382). Auch nicht Wehrmachts-Generalstab oder das Oberkommando der Wehrmacht wurden kollektiv zu „verbrecherischen Organisationen" erklärt (Wette 2002: 209). Dennoch lief die moralisch-juristische *levée en masse* bereits Ende der 1940er an, um in einem „Triumph" der Stille - der Amnestie und der Amnesie - Kriegsverbrecher, NS-Täter und Mitläufer zu reintegrieren (Frei 1999: 15-16). Soweit das „ruhige" Konterkarieren alliierter Maßnahmen durch die Regierung Adenauer und den Großteil der Bevölkerung, die der Meinung war, es sei Zeit, einen „Schlussstrich" unter die „Siegerjustiz" zu ziehen (Benz

[157] Die vielleicht erfolgreichste Arbeit am Mythos der Nachkriegszeit. Weizsäcker schaffte es damit, die Deutschen quasi an den historischen Siegertisch zu setzen, ohne die deutsche Schuld zu nivellieren. Gleichzeitig deutet sich in dieser Mythopoesis die Hoffnung auf eine europäische Metaidentität an (deren Vorfahren die transnational „Anständigen" und Leidenden der Weltkriegszeit sind). Gleichwohl dieses Narrativ in vielerlei Hinsicht als Mythos anerkannt werden muss, ist durch die Wiedervereinigung die allgemeine Anerkennung der darin verborgenen Meistererzählung gesunken, vor allem von Seiten der Neuen Rechten, die das Befreiungsnarrativ vehement ablehnt. Ebenso wie das fast in Vergessenheit geratene Narratem vom „Verfassungspatriotismus" (Einem von Dolf Sternberger eingeführten und von Habermas fortgeführten Konzept (Müller 2010: 111)) sind diejenigen westdeutschen mythopoetischen Versuche, einen Demos ohne ethnonationales „Gschmäckle" zu komponieren, im Kielwasser des Normalisierungsdiskurses nach 1989/90 nur in bestimmten sozialen Milieus noch mehrheitsfähig oder dominant. Gleichwohl soll hier die mythopoetische Qualität der Weizsäcker-Rede gewürdigt werden, die unter Umständen auf europäischer Ebene wieder politisch belegbar werden könnte.

und Scholz 2009: 120).[158] Ungeachtet dessen wurde von Mohlers Vertrautem Schrenck-Notzing eine deutlich aggressivere Form des Widerstands gegen alliierte Entnazifizierung und *reeducation* formuliert, die das Vorgehen der Besatzungsmächte unter anderem als „Gehirnwäsche" bezeichnete und als Versuch, Deutschland über eine vorgebliche „Kollektivschuld" quasi in eine ewige Knechtschaft zu treiben (Benz und Scholz 2009: 120). Die These einer „Kollektivschuld" aller Deutschen verfängt dabei am intensivsten und hält sich lange (ebenda: 121). Ungeachtet des schärferen Tons, sind aber auch innerhalb des Mythennexus aus Siegerjustiz, Kollektivschuld, Aufarbeitung des Nationalsozialismus, Tabu und Wiedergutmachung wie im Falle der „sauberen Wehrmacht" die Positionen der Wegbereiter der Neuen Rechten nahezu identisch mit denen der übrigen Menschen in Deutschland (Frei 1999: 15-16). Auch hier kommt es zum inkrementellen Bruch erst mit der allmählichen Dekonstruktion der Adenauerschen Meisterzählungen und Mythen ab Mitte der 1960er, im Kern erst ab den 1980ern mit der Konstruktion der Weizsäckerischen Meistererzählungen und Mythen. Ab da entfernen sich die geschichtspolitischen Diskurse der Neuen Rechten von den offiziellen. Im Zuge der Adenauerschen Geschichtspolitik waren ihre Nutznießer nicht die Opfer des Nationalsozialismus, sondern die „Opfer seiner Bewältigung" (ebenda: 14). Allgemein setzte die Mythenbildung um deutsche Opfer sowohl des Nationalsozialismus als auch der Alliierten und Assoziierten direkt nach dem Krieg an, wobei die Unterschiede in Ost- und Westdeutschland bis heute nachwirken und deren Neuerzählung über die Jahrzehnte wichtig zum Verständnis neurechter Mythen ist.

---

[158] Letztlich ist der „Schlussstrich" die Utopie eines in der Ideologie des Revisionismus verharrenden Mythems deutscher „Vergangenheitsbewältigung". Der Schlussstrich hat dabei das gleiche Schicksal wie die Leitkultur: oft angeführt - nie zu Ende gedacht. Bereits 1945 waren viele Deutsche der Meinung, man müsse jetzt einen Schlussstrich ziehen, es sei genug gelitten (Benz und Scholz 2009: 120). Ein endgültiger Schlussstrich sollten schon die Straffreiheits-Gesetze von 1949 und 1954 sein (Shaw 1997: 111). Der Schlussstrich-Diskurs erneuerte sich mit der nationalkonservativen Abwehr der kritischen Geschichtswissenschaft in den 1960ern, die sich an der Fischer-Kontroverse entzündete , fand Einlass in die Diskurse der 1968er, schwebte im Hintergrund der sozialliberalen 1970er und Brandts Ostpolitik, wurde im Rahmen des Historikerstreits in den 1980ern erneut bemüht, im Normalisierungsdiskurs vor allem der 1990er Jahre nach der Wiedervereinigung angeführt, verlängerte sich im ersten postmillenarischen Jahrzehnt vor allem während der Patriotismus-Debatte anlässlich des WM-Sommermärchens 2006 und soll - mit der AfD gesprochen - dennoch auch heute noch in weiter Ferne, gleichwohl notwendig wie nie sein.

5.5.2 Opfer-Mythos II: Stalingrad und Dresden als lieux des mémoires

„Der Mythos sucht die Menschen auf die Katastrophe vorzubereiten, aber nicht in der Weise, daß sie sie als leidende Wesen ertragen, sondern so, daß sie sie als kämpfende herbeiführen."

- Hans Barth[159]

Die beiden Erinnerungsorte Stalingrad und Dresden werden hier paradigmatisch angeführt, um die zwei Dimensionen des deutschen Opfermythos anhand ihrer symbolträchtigsten Meistererzählungen darzustellen: Die Wehrmacht als militärischer Teil des Volkes als *victima* in einem militärisch sinnlosen Abwehrkampf im Kessel von Stalingrad und daneben das Leid Dresdens als „wehr- und schutzlose Stadt", als zivile *victima* in einem militärisch wertlosen Bombenhagel. Das bereits über Verdun verbreitete Bild des sinnlosen Verheizens von Soldaten und das über die kollektiven Erinnerungen an den Fall Magdeburgs 1631 mythisch bekannte Motiv der geschändeten Unschuld (Wedgwood 1967: 250, 252 und 254). Vor allem über den Nachkriegsfokus auf das Leid der Zivilisten[160] entstand der Opferdiskurs in der breiten Öffentlichkeit, der sich - auch im militärischen - erstaunlich lange hielt und hält. Dabei griffen die Autoren der Nachkriegs-Mythen in weiten Teilen auf nationalsozialistisch vorerzählte Mythopoesis zurück, die den neuen Bedürfnissen nur angepasst werden mussten, wie besonders am Beispiel des Stalingrad-Mythos ersichtlich wird.

Stalingrad: Mythos des Heldenopfers und antifaschistischer Gründungsmythos

In der Mitteilung des Oberkommandos der Wehrmacht vom 3. Februar 1943 über die Kapitulation der 6. deutschen Armee sticht als Quintessenz ein Satz hervor: „*Sie starben, damit Deutschland lebe*" (Kumpfmüller 1995: 49). Urheber der Zeile war Propagandaminister Joseph Goebbels, der hierfür eine bekannte Gedichtzeile aus „Soldatenabschied" von Heinrich Lersch aus dem ersten Weltkrieg abwandelte: „*Deutschland muss leben, und wenn wir sterben müssen*" (Lersch 1916: 14; Wette 2013). Das passiv fatalistische „*und wenn*" erfährt durch das aktive „*damit*" mythopoetisch Sinn und somit eine Aufladung des Mythos Stalingrad als *sacrificium*. Das verzweifelt oder entschlossen hoffende „*muss*" entfällt, um dem Sinn (Deutschlands Leben) über das „*damit*" Gewissheit zu verleihen. Bereits vor der Kapitulation der 6. Armee nutzte Goebbels propagandistisch die

---

[159] (Barth 1959: 96).

[160] Durch Vergewaltigung, Flucht und Vertreibung, Bombenkrieg, Einzeldramen wie den Untergang der Wilhelm Gustloff und viele andere Ereignisse, die eine deutsche Opfererzählung zum Thema haben.

absehbare Niederlage zur Schöpfung einer wirkmächtigen Mythopoesis, der Umdeutung des „Heldenkampfes“ zum „Heldenopfer“ (Kumpfmüller 1995: 45-46 und 53). Die Ursachen der Niederlage lassen sich unter Rückgriff auf den Endkampf Hagens und Volkers in Etzels Halle im Nibelungenlied sowie der Schlacht von Leonidas und seiner 300 Spartiaten bei den Thermopylen mit Verweis auf erdrückende Übermacht des Feindes - des Motivs der schieren „asiatischen“ Masse gegen „heroisches Soldatentum“ - und widrige Umstände erklären (ebenda: 45 und 48). Zwei nicht nur thematisch gut gewählte Mythen, da über das Nibelungenlied das germanisch-heidnische Mythenrepertoire, über den Thermopylen-Mythos sein hellenisch-abendländisches Pendant Anwendung findet, so dass sich der Mythos sowohl für das Reichspublikum als auch für den kontinentaleuropäischen Rezipienten erschließt. In der Niederlage steckt neben der nationalsozialistischen Mythopoesis aber auch eine zweite Opfererzählung, die sich aus der Natur der Niederlage selbst erklärt. Der Charakter des Kampfes verändert sich in seiner Rezeption, indem der Moment der tropé (τροπή, Wende, Flucht) als Punkt der Niederlage in Raum und Zeit eines Schlachtfelds die Spannung des Konflikts auflöst und die Gefahr nicht länger als „Herausforderung des Mutes, sondern wie das Erleiden einer harten Züchtigung“ erscheinen lässt (Clausewitz 1993: 256; Schivelbusch 2003: 17). Aus dem kämpfenden Soldaten wird nicht nur das mythopoetisch gewollte *sacrificium*, sondern zwangsläufig auch eine *victima*. Eine Doppelbedeutung des Opfers, das in der Neuerzählung des Mythos in der Nachkriegszeit von Bedeutung sein wird.[161] In der DDR, wo der Stalingrad-Mythos von Anfang an zum Kernbestand der nationalen Identität wurde (Kumpfmüller 1995: 170), ist nicht nur die Schlacht als Sieg des Sozialismus über den Faschismus, als „Triumph des gerechten Krieges“ gründungsmythisch bedeutsam (ebenda: 175), sondern vielmehr die Gründung des Nationalkomitees „Freies Deutschland“ und des Bunds deutscher Offiziere unter den rund 90.000 deutschen Kriegsgefangenen aus Stalingrad, die teils in der Gefangenschaft mit Hitler brachen (Wette 2013b; Kumpfmüller 1995: 184). Dem DDR-Mythos nach war dies der ideelle Nukleus der DDR: Die in den Köpfen dieser Männer entstandene Idee eines neuen antifaschistischen Deutschlands (Wette 2013b). Hier ist das Volk, verstanden quasi als „der kleine Mann“, „der einfache Landser“, der

[161] Der heroische Mythos, dessen Menetekel vom Untergang durch die Verwendung des Nibelungenlieds und des Thermopylen-Mythos einen düsteren Subtext liefert, dient nach Hans Barth dem Sinn, „*die Menschen auf die Katastrophe vorzubereiten, aber nicht in der Weise, dass sie sie als leidende Wesen ertragen, sondern so, dass sie sie als Kämpfende herbeiführen.*“ (Barth 1959: 96). Die Gewolltheit dieser mythischen Doppelbödigkeit im Rahmen einer Inszenierung des Untergangs durch die nationalsozialistische Führung (Wette 2002: 190) ist zu diesem Zeitpunkt (1943) vielleicht noch zu spekulativ, gleichwohl das Einschwören des Volks auf einen Endkampf im „totalen Krieg“ darauf hinausläuft (vgl. Kumpfmüller 1995: 59-60).

Arbeiter als *victima* einer imperialistischen Irreführung durch „die Mächtigen", also Großindustrielle, Adel, „Bonzen" (Kumpfmüller 1995: 179-180). In der Mythenschau gleicht die Kriegsgefangenschaft einem Purgatorium, dessen Katharsis in der wundersamen Enthüllung[162] der Wahrheit liegt, dass nämlich die Führer von einst Irreführer, die Feinde von einst indes die wahren Freunde sind (ebenda: 181). *Adora quod incendisti, incende quod adorasti*![163] In der bundesrepublikanischen Rezeption des Stalingrad-Mythos dominiert die Fassung der Mythopoesis als Tragödie, wobei die Ursachen der Niederlage nun nicht auf Feindesmasse und widrige Umstände, sondern Schuld und Versagen der Führung zurückgeführt werden (ebenda: 200). Diese Lesart viktimisiert das Schicksal der 6. Armee (zumal in Form der Tragödie) und führt so die Schuld nicht auf die Wehrmacht zurück, sondern auf Hitler *in persona* als dämonisierte Unvernunft (ebenda). Die Tragödie Stalingrads liegt indes nicht im Leid der Stadt und ihrer Einwohner, der Zivilisten oder der verteidigenden Soldaten der Roten Armee, noch nicht einmal hauptsächlich im Elend der deutschen Soldaten, sondern im Elend der Niederlage (ebenda 200-201). Der vertane Sieg Juli 1942, die vertane Chancen eines Ausbruchs Ende November und um den 20. Dezember 1942 waren die Kernpunkte der Stalingrad-Meistererzählung in der Nachkriegszeit (ebenda: 201). Damit wurde die Erzählung entmythisiert, denn durch die Beliebigkeit der Niederlage, wird die Geschichte kontingent. Gleichzeitig versteckt sich in dieser Meistererzählung *cum grano salis* und stellvertretend für den ganzen Krieg ein Stück „im Felde unbesiegt", denn durch die Schuld der Niederlage durch eigene Fehler der Führung, ist die Leistung des Gegners irrelevant, er ist bloß lachender Dritter, nicht Verursacher, sondern Vollstrecker der Niederlage (ebenda: 204). Im Zuge der Darstellung der Wehrmacht nicht nur als „sauber", sondern auch „überragend" hinsichtlich ihrer kämpferischen Qualität, dient diese neue Stalingrad-Meistererzählung also zwei Zielen: Der Stalingrad-Kämpfer als Verkörperung der Wehrmacht im Zenit des Krieges wird sowohl von Schuld an der Niederlage freigesprochen, als auch von moralischer Schuld als *victima* verbrecherischer oder dilettantischer Befehle. Im alt- wie neurechten Diskurs bestand dabei zu Anfang kaum Dissens mit der bundesrepublikanischen Meistererzählung sowohl Stalingrads als auch des damit verbundenen Wehrmacht-Bildes; zu eng verzahnt waren noch Volk und Armee im Rahmen ihrer „Volksgemeinschaft" *in bello*. Im Gegenteil: Die Lösung der Schuld von den Deutschen und ihrer Wehrmacht durch den Fokus auf Nationalsozialismus und SS liest sich quasi

[162] Die Apokalypse - sowohl metaphorisch als auch semantisch perfekt geeignet.

[163] Die laut Gregor von Tours bei der Taufe Chlodwigs I. ausgesprochenen Worte des Bischofs Remigius von Reims: „Bete an, was du verbrannt hast; verbrenne, was du angebetet hast" (zitiert nach Speyer 1999: 114).

analog zum Mythos der Konservativen Revolution. Der Gegenmythos entstammt diesmal der geschichtspolitischen Revision durch die kritische Geschichtswissenschaft in den 1960ern und kulminierte im Historikerstreit und im Rahmen der Wehrmachtsaustellungen 1995-1999. Im Zuge der veränderten, die Schuld der Wehrmacht an den Verbrechen des Nationalsozialismus akzeptierenden, schließlich aktuell auch zur Neueinschätzung des Wehrmachtsbildes in der Bundeswehr führenden Diskursen, steht die Neue Rechte damit ähnlich wie im Falle des Trümmerfrauen-Mythos als Verteidiger dekonstruierter Mythen und Meistererzählungen, stehen ihre Vordenker als „Wahrer alter Werte" da. Dies verschafft den Protagonisten und Aktivisten der Neuen Rechten eine propagandistisch vorteilhafte Situation: Zum einen kann sich der Verteidiger, zumal in der Minderheit, fast automatisch viktimisieren und erfährt so Sympathien. Zweitens erlaubt die Verteidigung „alter Gewissheiten" eine Solidarisierung mit Teilen der Öffentlichkeit, die ansonsten kaum mit der neurechten, rechtspopulistischen und rechtsextremen Szene in Berührung gekommen wären, etwa ältere konservative Stammwähler bürgerlicher Parteien. Drittens versetzt es die Verteidiger der dekonstruierten Mythen und Meistererzählungen in die Lage, innerhalb derer die Diskurshoheit zu erringen, da sie deren einzigen Apologeten geblieben sind. Viertens wehrt sich der Mythos respektive seine Anhängerschaft gegen jede Zergliederung seiner Wahrheit (Cassirer 1990: 123), was es seinen Verteidigern leicht macht, seinen Dekonstrukteuren Geschichtsfälschung vorzuwerfen. Ähnlich so im Falle Dresdens.

Dresden: Die geschändete Schönheit als Paradigma des Luftkriegsmythos

Im Falle Dresdens zeigt sich der Opfermythos noch deutlicher als in Stalingrad, was naturgemäß bei zivilen Opfern leichter zu erzählen ist als bei militärischen. Dass die Zerstörung Dresdens zum Ende des Krieges im Februar 1945 einen besonders hohen Stellenwert in der kollektiven Erinnerung spielt, fußt auf vier Elementen: Erstens ist die mit dem hübschen Beinamen „Elbflorenz" geschmückte Barockstadt ein Symbol für urbane Schönheit (Müller und Steinberg 2016: 13). Zweitens ist die mit Flüchtlingen vollgestopfte Stadt Symbol der Unschuld und der Schwäche (Piecken 2016: 17). Drittens ist der Zeitpunkt der Zerstörung kurz vor Kriegsende Symbol der Sinnlosigkeit (Vorländer 2016: 22-23). Viertens sind die massive und großflächige Zerstörung sowie die hohe Zahl der Opfer Symbol der Gewalt und der Brutalität des Krieges (Münkler 2009: 382 und 385). Nimmt man die vier Symbole zusammen, liest sich die Bombardierung Dresdens als sinnlose Gewalt gegen die unschuldige und schwache Schönheit. Der sächsisch-preußische Antagonismus zwischen kultureller Prachtentfaltung des Dresdeners Hofs und militärischer Machtentfaltung seines borussischen Konkurrenten (Münkler 2009: 372-

373) begründet die urbane Unschuld Dresdens historisch mit - ein Kampf, den man verkürzt als einen zwischen der Macht des Porzellans und der Macht des Bleis benennen könnte und bei dem die sächsische Macht spätestens mit den Teilungen Polens im selben Maße verfiel wie die preußische wuchs. Dresden entwickelte sich dergestalt kulturell zu einem Symbol der deutschen Romantik (Münkler 2009: 374), die mythisch gleichsam im Bombenhagel zerstört wurde, als gölte der Angriff nicht einer Stadt oder ihrer Einwohner, sondern dem deutschen Wesen, seiner Kultur an sich. So wie die DDR-Führung Dresdens zerstörte Kulisse nutzte, um einen angloamerikanischen Zivilisationsbruch anzuprangern (Plato 2007: 123), setzte sich der Opfermythos des Bombenangriffs auf Dresden nach der Wiedervereinigung fort. Gerade die Ansicht vieler Dresdener, aufgrund der Exzeptionalität ihrer Stadt ein wenig DDR-resistent gewesen zu sein (Vorländer 2016: 25), was sich in den Montagsdemonstrationen der 1980er Jahre zu bestätigen scheint, als vor allem von Dresden aus die Systemkritik ausging (Müller und Steinberg 2016: 13), wich nach der Wiedervereinigung einer Enttäuschung. Das traditionsbewusste Milieu der Altdresdener konnte sich mythisch nicht mit der westdeutschen Erinnerungskultur anfreunden, da ein Gefühl einer teilweisen „kulturellen Enteignung“ durch die aus Westdeutschland zugezogene neue Elite in Politik, Verwaltung, Wissenschaft und Kultur entstand (Vorländer 2016: 26). Für ein „Befreiungsnarrativ“ fehlten hier die Grundlagen. Umgekehrt konnte die Neue Rechte sich schnell den Dresden-Mythos zu eigen machen und so ist auch die tiefere Verwurzelung des neurechten Milieus besonders in Sachsen mit zu erklären. Der Dresden-Mythos wuchs zum Deutschen Mythos wie der Trümmerfrauen-Mythos, Dresden wurde Chiffre deutscher Kultur, Chiffre „deutschen Opfertums“. Die Neue Rechte verteidigt den Ekpyrosis-Mythos und schuf sich einen Ruf als Verteidiger Dresdens, auch beim Hochwasser 2013, als sich etwa Pegida vermittelst des neuerlichen Untergangs Dresdens - nun im Kataklysmos - Sympathien erwarb. Ihr Vorsitzender Lutz Bachmann etwa hat sich beim Elbehochwasser 2013 als Organisator eines umfassenden Fluthilfenetzwerkes im Stadion von Dynamo Dresden hervorgetan und erhielt für sein Engagement den Sächsischen Fluthilfeorden (Vorländer 2016: 27). Manch Dresdener kämpft um den identitätsstiftenden Dresden-Mythos, als drohe Dresden als Stadt vergessen zu werden, wenn „das rote Leuchten“ (Neutzner 2005) von 1945 mythisch verglimmt. Die „Abendspaziergänge“ der Pegida sind zum gemeinschaftstiftenden Ritual geworden und ersetzen gefühlt verlorene Identität und Tradition als sinnstiftender „Stammtisch der Straße“ (Vorländer 2016: 28). Die Mahnkulisse der Frauenkirche wurde repariert, doch die symbolträchtige Ruine verschwand nicht aus dem Mythos der zerstörten Unschuld, sondern ergänzte diesen als neues erinnerungspolitisches Symbol der Versöhnung und des Friedens (Plato 2007: 123; Müller und Steinberg 2016: 13). Wie andere

Kriegsmythen, ist die Mythopoesis Dresdens vom „Mord an einer wehrlosen Stadt“ der NS-Propaganda Goebbels zuzuschreiben, angefangen von den Opferzahlen in Hunderttausenden[164] und weitergehend mit den Erzählungen über Tieffliegerangriffe auf die flüchtende Zivilbevölkerung auf den Elbwiesen und im Großen Garten (Piecken 2016: 18). Dresden als Chiffre einer Anklage gegen den alliierten Luftkrieg[165] konnte aufgrund dieser zur kollektiven Erzählung verstetigten NS-Propaganda zum Mythos transzendieren, erst für die Dresdener selbst, später als Symbol eines gesamtdeutschen Opfermythos (Neutzner 2005: 110). Die von der DDR fortgeführte Nutzung des Dresden-Mythos trug zur weiteren Festigung der NS-Propaganda entscheidend bei (Plato 2007: 128). Obgleich eine Historikerkommission 2010 insbesondere in Bezug auf Opferzahlen und Tieffliegerangriffe klar Stellung bezogen hat (Neutzner et al. 2010: 67 und 80), bleiben die übertriebenen Darstellungen der NS-Propaganda nicht nur im neurechten und rechtsextremen, sondern auch kollektiven Gedächtnis vieler Deutscher und insbesondere der Dresdener selbst erhalten, wodurch der Kommissionsbericht teils als „Angriff auf die Dresdener Identität“ betrachtet wird (Piecken 2016: 19). Dresden ist ein Maßstab für urbane Zerstörung, mehr noch als Hiroshima, Köln oder Minsk, ersichtlich an Äußerungen internationaler Kriegsreporter über zerstörte Städte, sie würden aussehen wie „Dresden `45“ (Piecken 2016: 19; Honnigfort 2015). Dresden steht als Chiffre für Zerstörung in sowohl pazifistischen, rechtsextremen, in bürgerlich-konservativen wie sozialistischen Diskursen (Neutzner 2009). Zerstörung wird an Dresden gemessen. Dresden selbst indes wird nach wie vor gemessen am Zustand vor 1945 und die Sehnsucht nach einem verlorenen Paradies schwebt über den Wassern der Elbe in Form eines „Canaletto-Syndroms“, wie es der Dresdner Soziologe Karl-Siegbert Rehberg nannte (Honnigfort 2015). Es scheint, als könne man Dresden als *victima* nicht den Mythos nehmen, da in dieser Sicht von der sinnlos zerstörten unschuldigen Schönheit ein Sinn liegt, der die Grenze zwischen Profanem und Sakralem überschreitet (Voigt 1989: 10) und Dekonstruktionen machtlos lässt (Thießen: 122). Dabei scheinen alle Faktoren wichtig zu sein: Die Rolle Dresdens als wehrlos und unschuldig kann nicht angezweifelt werden, weil so der Angriff einen Sinn bekäme, wodurch der Mythos den seinen verlöre. Die Dimensionen des Angriffs dürfen nicht minimiert werden, weil die Exzeptionalität des Ereignisses um ihren dramatischen Horizont gebracht würde. Eine Relativierung der Schönheit Dresdens schließlich wäre beinahe ein Sakrileg in der kollektiven Selbstwahrnehmung der Dresdener und der deut-

---

[164] In ihrem im März 2010 präsentierten Abschlussbericht ging die Dresdener Historikerkommission von maximal 25.000 Toten aus (Neutzner et al. 2010: 67).

[165] Die NPD verstieg sich zu dem Begriff des „Bombenholocausts“ im sächsischen Landtag (Piecken 2016: 19).

schen Öffentlichkeit, weswegen diese mythische Überhöhung wahrscheinlich bislang unwidersprochen blieb. Während im Westen Deutschlands der Nachkriegszeit stärker der Hamburg-Mythos rezipiert wurde im Flechtwerk der Topoi Heldenmut, Unbeugsamkeit, Wiederaufbau und „Volksgemeinschaft" (Thießen: 112-116)[166], ist mit der Wiedervereinigung Dresden in den nun gesamtdeutschen Vordergrund gerückt. Aufgrund des Angriffs in der Schlussphase des Krieges konnten Durchhaltewillen und Heldenmut nicht im gleichen Maße mythisch eingewoben werden wie in Hamburg. Dafür traten die Topoi von Unschuld, Schönheit und Sinnlosigkeit in den Vordergrund, die den Grundstein legten auch für ein pazifistisches Metanoeite. Während in Hamburg, stellvertretend für den gesamten Luftkriegs-Mythos, sich mit Weizsäckers Rede von 1985 ein Befreiungsnarrativ entwickelte (Thießen: 117-118; Weizsäcker 1985), verschob sich die Gegenerzählung zu dieser Neuinterpretation in Richtung eines Tabu-Mythos, demzufolge die „deutschen Opfer" nivelliert würden und nur die Erzählungen der aus Widerstand und Verfolgung quasi „sakrosankten" Zeitzeugen im öffentlichen Diskurs zulässig seien (Thießen 119-120). Die Neue Rechte trat und tritt also auch hier nicht mit einem Gegenmythos auf, sondern übernimmt nur den im offiziellen Diskurs fallengelassenen, im kollektiven Gedächtnis indes noch hochaktiven alten Mythos und verschafft ihm eine schärferen Zuschliff im eigenen Sinne, indem die Opferrolle Deutschlands und die Täterrolle der Alliierten zugespitzt wird. Gleichzeitig macht sie sich so zum Verteidiger von Millionen vermeintlich „mundtot" gemachter Opfer, deren Erinnerungen angeblich aus Gründen der Staatsräson aus den Geschichtsbüchern getilgt werden sollen (Schumacher 2007[167]).[168] So nutzten ab 2000 schon rechtsextreme Aktivisten mit beachtlichem Erfolg[169] beim jährlichen „Trauermarsch" die Möglichkeit aus, das angebliche Tabu dazu zu verwenden, selbst das Ritual des Gedenkens („Ehre den Toten des Bombenterrors") zu besetzen, wie es bereits im Falle der Wehrmachtsaustellungen der späten 1990er Jahre instrumentali-

[166] Hamburg hat in seiner mythischen Rezeption Ekpyrosis (Operation Gomorrha 1943) wie Kataklysmus (Die Sturmflut 1962) überstanden, was etwa Helmut Schmidt so auch thematisierte (Thießen: 119).

[167] Björn Schumacher veröffentlichte sein Buch „*Der Luftkrieg als Tribunal. Das alliierte Morale Bombing 1942–1945*" im neurechten Ares-Verlag und fand so Einlass in die von Caspar von Schrenck-Notzings „Förderstiftung konservative Bildung und Forschung" (FKBF) getragene „Bibliothek des Konservatismus" (BdK), die unter dem Vorsitz von Dieter Stein, dem Chefredakteur von „Junge Freiheit", steht. Auch die AfD nutzt dieses Netzwerk. Dies veranschaulicht die enge Vernetzung der diversen neurechten Organisationen, Verlagen, Denkfabriken, rechtspopulistischen Politikern und rechtsintellektuellen Vordenkern, um Einflussmöglichkeiten auf den öffentlichen Diskurs wahrzunehmen (Becker und Krause 2017: Salzborn 2015: 59-60).

[168] Auch im Falle der Vergewaltigung durch Rotarmisten und Alliierte wird von angeblichen Tabus geredet und sowohl die Rolle eines „Anwalts der Opfer" übernommen, wie auch eines Volkshelden, der „mutig ausspricht, was sich sonst niemand traut" (Neujahr 2001).

[169] 6.500 Teilnehmer 2005, die bis dato größte Ansammlung von rechtsextremen Demonstranten der Nachkriegszeit (Piecken 2016: 19).

siert wurde (Piecken 2016: 19). Auftrieb erhielt der neurechte Luftkriegsmythos durch die Wiedervereinigung, denn der westdeutsche Luftkriegsmythos stand im scharfen Kontrast zum ostdeutschen, der in der DDR der 1950er Jahre nahtlos an die nationalsozialistische Meistererzählung anknüpfte, indem teils einem „Akt der Ausrottung des deutschen Volkes" das Wort geredet wurde, einem folglich erbarmungslosen und gnadenlosen Vernichtungskrieg aus der Luft, einer „kriminellen" Luftkriegsführung „alliierter Kriegstreiber" (Winter 2015: 199-200). Der auf Stalingrad beruhende Gründungsmythos der DDR vom antifaschistischen Widerstand konnte aufgrund der Frontferne keine allzu große Integrationskraft zwischen Regierung und Regierten entfalten - dazu waren die Erlebnisse der Kriegsgefangenen und Frontsoldaten nicht unmittelbar genug (Kumpfmüller 1995: 179-180; Winter 2015: 199). Zudem hakte es an der Plausibilität, dass an einem der wohl schrecklichsten Orte der Welt, zwei Jahre vor Kriegsende Deutsche in Sowjets den wahren Freund entdecken sollten (Münkler und Hacke 2009: 23). Genauer: Es fehlt der Feind, der übermächtige zusammenschweißende Schurke, den gemeinsam zu überwinden als Leistungsschau mythisch erzählt werden kann. Der Luftkriegsmythos war in der Lage, solch einen Feind zu liefern: gesichtslos, übermächtig, gnadenlos - und der Mythos von Dresdens geschändeter Unschuld lieferte eine perfekt erzählbare Geschichte auch im sozialistischen Kontext: Arbeiter, Frauen, Kinder sowie deren Produktionsmittel werden vom angloamerikanischen Großkapital ausradiert, weil sie schon wissen, dass hier bald der Sozialismus regiert und diesem die Existenzgrundlage entzogen werden soll (Winter 2015: 200; Münkler 2009: 385). Aber das Proletariat erhebt sich[170] und errichtet alles wieder - ungebrochenen Mutes (Winter 2015: 200-201). Mit den impliziten oder expliziten Narratemen alliierter Erbarmungs- oder Gnadenlosigkeit werden auch Ideen von soldatischer „Ritterlichkeit", etwa den Gegner nicht zu schlagen, wenn er am Boden liegt, mythisch verwoben. Diesem Denken nach hat sich die Intensität eines Angriffs zu richten nach der Möglichkeit des Gegners, sich zu wehren, will er legitim sein. Da der Zusammenbruch Februar 1945 bereits bevorstand, sei demnach ein Angriff solcher Härte nicht zu legitimieren. Gleichzeitig stellt Erbarmungs- oder Gnadenlosigkeit auch den christlich-moralischen Charakter des Gegners in Abrede, wobei Erbarmen mehr die innerliche Einsicht aus Mitgefühl akzentuiert und Gnade den Aspekt machtpolitischer Vernunft. Dies griff die neurechte Interpretation auf und führte sie logisch fort. Schon der gewonnene Krieg selbst - stellvertretend etwa in Stalingrad - sei in dieser Logik nicht „soldatisch ehrenvoll" auf dem Schlachtfeld errungen, sondern durch die Fehler Hitlers ermög-

[170] Wie die Nationalhymne der DDR es bereits umreißt: „Auferstanden aus Ruinen/ und der Zukunft zugewandt").

licht oder mit industrieller, finanzieller und schierer Masse erzwungen worden (Schivelbusch 2003: 27-28; Kumpfmüller 1995: 204). Die totale Überlegenheit der Alliierten vor allem in der Luft ermöglicht es, diese Meistererzählung zu perfektionieren: Der über David triumphierende Goliath betont das Helden- und Opfernarrativ als *sacrificium* und *victima* an Front und Heimatfront. Ein übermächtiger und zudem gnadenloser und erbarmungsloser Feind aber kann – so die implizite Logik – moralisch nicht über seinem Gegner stehen, welche Verbrechen dieser auch beging. Der nächste Gedankenschritt stolpert sich dann von ganz alleine: das Verbrechen aus Verzweiflung. Deutschland musste demnach etwa die Sowjetunion überfallen, um einem sowjetischen Angriff zuvorzukommen (Wegner 2002: 206-207). Aus kriegsbedingten Notsituationen lässt sich letztlich jede Tat rechtfertigen, eine Art retrospektives TINA-Argument[171]: Was hätte man denn tun sollen? Die Taten der Deutschen werden so mit den Taten ihrer Feinde relativiert und teilweise legitimiert: Holocaust wird gegen „Bombenterror" aufgerechnet, Guernica gegen Dresden, großdeutsche Weltmachtansprüche gegen Morgenthau-Plan[172], Kommissarbefehl gegen Massenvergewaltigungen, Genozid in Europa gegen Flucht und Vertreibung der Deutschen.

5.5.3 Widerstands-Mythos: Nessushemd und Wirmer-Flagge

Die junge Bundesrepublik hatte im Gegensatz zu Österreich, das sich mythisch ganz auf seine Rolle als „Hitlers erstes Opfer" konzentrierte, und Ostdeutschland, das sich mit dem Mythos Stalingrad einen antifaschistischen Gründungsmythos verschuf, nur die Katharsis des Neuanfangs und das Heilsversprechen ökonomischen Erfolgs anzubieten. Wie dargelegt wurde, entwickelten sich teils im, teils nach dem Krieg Opfer-Mythen von Soldaten und Zivilisten als *victimae* Hitlers einerseits und der Kriegsführung von Alliierten oder Russen andererseits. Um aber als Kollektiv glaubwürdig *victima* sein zu können,

---

[171] „*There is no alternative*", ein in Bezug vor allem auf Thatcher geprägtes Strategem der politischen Kommunikation (Séville 2017: 91).

[172] Die nie ernsthaft in Erwägung gezogene Denkschrift des US-amerikanischen Finanzministers Henry Morgenthau, Deutschland in drei Teile zu zergliedern (mit Österreich vier), die agrarisch strukturiert und demilitarisiert werden sollten, wurde Sommer 1944 bekannt und von der nationalsozialistischen Presse ausgenutzt, um zum einen Morgenthaus jüdische Herkunft zum Anlass zu nehmen, antisemitische Verschwörungstheorien über den Plan des „Weltjudentums", Deutschland zu vernichten, zu verbreiten und zum anderen den Kampfeswillen dadurch anzufachen (Heil 2005: 131-132). Bis heute ist Morgenthau-Plan eine Chiffre für Vernichtung und Zerstückelung, Unterdrückung und (vor allem zionistischer) Verschwörung, die sowohl von der Neuen Rechten genutzt wird, um effektheischerische Thesen zu verbreiten, als auch Einzug in die Alltagssprache fand, wo er in der Presse oder von Demonstranten genutzt wird, um etwa das Unrecht eines vermeintlichen *divide et impera* anzuklagen (ebenda). So nahm etwa Kardinal Lehmann 2005 darauf Bezug, als er sagte: „*Es geisterten ja immer noch Ideen durch die Siegerländer, Deutschland in mehrere Länder mit vorwiegend land- und weidewirtschaftlichem Charakter zu zerstückeln*" (Lehmann 2005).

bedarf es eines Widerstands, der plausibel und erzählerisch attraktiv ist. Drei Großerzählungen boten sich an: Die Geschwister Scholl, Georg Elser und Graf Stauffenberg als Heros der Verschwörer vom 20. Juli. Ergo der studentische Widerstand (beziehungsweise der jugendliche als „neues Deutschland"), der proletarische Widerstand und der militärische Widerstand. Der studentische Widerstand ist genau genommen kein Mythos an sich, da weder Komplexität im nennenswerten Umfang reduziert noch Kontingenz negiert wird. Identitäts- und sinnstiftend entwickelt sich der Widerstand der Weißen Rose vor allem im studentischen Milieu, in der 68er-Bewegung, aber auch in der DDR bis Anfang der 1950er, ehe die christliche Konnotation dieses Wiederstands eine Verschiebung in Richtung sozialistischer „Märtyrer" wie Thälmann oder „Widerstandskämpfer" wie Ulbricht oder Pieck bedingte (Reuter und Hansel 1997: 372-373). Es blieben auf nationaler Ebene also Elser und Stauffenberg.[173] Der renitente Eigenbrötler gegen den patriotischen Renegaten. Wieso hat man sich für Stauffenberg als Widerstands-Heros entschieden und nicht etwa für Georg Elser? Letzterer wäre als Volksheld mit Zivilcourage oder Widerstands-Märtyrer wesentlich glaubwürdiger. Hier steht ein Held der Eliten gegen einen Helden des Volkes oder besser: aus dem *plebs*. Doch es geht tiefer: Stauffenberg verkörpert stärker als Elser die Rolle der Deutschen im Nationalsozialismus. Während dieser Oppositioneller von Anfang an war, zeigte jener sich lange Jahre als williger Vollstrecker Hitlers, ja war selbst gleichsam verzaubert im Banne des gefallenen Tyrannen. Die *vita* Stauffenbergs liest sich analog zur deutschen Geschichte im Zeichen von Begeisterung, Läuterung und Reue, vermischt mit soldatischem Ethos und der Anschlag liest sich zudem positiv für die „Volksgemeinschaft"[174], die den Nationalsozialismus als Idee überlebt hat, lies: Der 20. Juli sollte der Welt zeigen, dass es auch „Gerechte" in Deutschland

[173] Dieses Kapitel will nicht den Eindruck erwecken, es hätte nach dem Krieg ein aktives *casting* möglicher Widerstandsmythen gegeben. Auch fand sich kaum eine Gruppe zusammen, die solche Gedanken anstellte. Basierend auf dem kommunikativen Gedächtnis wurden aus vielerlei Mündern vielerlei Geschichten erzählt, die sich in schriftlicher Form (in Zeitungen, Büchern) durchsetzten oder nicht. Daraus entwickelten sich Meistererzählungen, die den Weg in den offiziellen Diskurs fanden (Politiker-Reden, Ansprachen, öffentliche Denkmäler) und so mythisch kanonisiert wurden. Die hier gewählte Darstellung dient der simplifizierten Darstellung dieses komplexen Prozesses.

[174] Ein Begriff, der selbst als Mythos angesehen werden kann, da er kaum verwirklicht wurde - wenngleich es bei einer solchen Betrachtung darauf ankommt, ob der Begriff anhand der gesellschaftlichen Realität oder als Utopie beziehungsweise Ideologie aufgefasst wird (Mühlenfeld 2013: 827-829). Als Teil zweier Glieder, Volk und Gemeinschaft, schon vor 1933 in Deutschland „beherrschende Deutungsformel" (Thamer 1998: 367) ist „Volksgemeinschaft" doppelt negativ definiert: Im Volk als Definierung eines Ethnos in Ablehnung eines Demos und in der Gemeinschaft als Reaktion auf eine als schlecht empfundene Gegenwart und in Ablehnung des liberalen Konzepts der Gesellschaft (Raulet 1993: 73; Retterath 2016: 64).

gebe (Steinbach 2017: 115).[175] Obwohl die Verschwörer keineswegs vorhatten, ihr Leben hinzugeben für die Tat, formulieren sie sich automythopoetisch als *sacrificium*; sie ignorieren ihre eigene Verstrickung in den Nationalsozialismus retrospektiv (Komplexitätsreduktion) und ignorieren Kontingenz[176], wobei die Tat sinnstiftend für ein „anderes Deutschland" sein soll, das durch die Tat legitimiert werden könnte: ein gezielt lancierter Mythos, der rasch nach dem Krieg fruchtete, gleichwohl es seitens der Alten Rechten noch viele gab, die in der Tat den Verrat sahen, anstelle der Pflicht (DIE ZEIT 1946). Bereits früh zeigt sich ebenso in den Verweisen auf das „heimliche Deutschland" und das „geheime Deutschland" der Fokus auf Stauffenberg als Vertreter des George-Kreises (Münkler 2009: 292), der wiederum in sich die männerbündische „Fleischwerdung" des Kyffhäuser-Mythos, des im Untergrund harrenden „Neuen Reichs" symbolisiert, womit der 20. Juli selbst in Kyffhäuser-Mythemen in Form eines letzten Heroenaufgebots rezipiert wurde (DIE ZEIT 1946).[177] Schließlich wurde der militärische Widerstand auch retrospektiv verlängert, also als immer wieder notwendigerweise verschobene Tat erzählt, um nicht von einem Widerstand „auf den letzten Drücker", die sichere Niederlage vor Augen, erzählen zu müssen (ebenda).[178] Dies war notwendig, um den Mythos Stauffenberg auch als Gründungsmythos der Bundeswehr - analog zum antifaschistischen DDR- und NVA-Mythos des „Bundes Deutscher Offiziere" und des „Nationalkomitees Freies Deutschland" nach Stalingrad (s. Kapitel 5.5.2) etablieren zu können (Münkler 2009: 292). Elser dagegen steht als trotziger Einzelkämpfer jenseits der jubelnden Massen, jenseits der vorgeblichen nationalsozialistischen „Volksgemeinschaft" und so kann seine Tat auch nicht als Tat aller vereinnahmt werden, da seine *vita* im kollektiven Meer wahlweise

[175] Mit dieser Anspielung auf Gottes Angebot, Sodom zu verschonen, wenn Abraham zehn Gerechte in der Stadt fände, transzendierte Henning von Tresckow den Widerstand zu einer heilsgeschichtlichen Rettung Deutschlands vor der göttlichen Vernichtung: „*Wenn Gott einst Abraham verheißen hat, er werde Sodom nicht verderben, wenn auch nur zehn Gerechte darin seien, so hoffe ich, daß Gott auch Deutschland um unseretwillen nicht vernichten wird. Niemand von uns kann über seinen Tod Klage führen. Wer in unsern Kreis getreten ist, hat damit das Nessushemd angezogen. Der sittliche Wert eines Menschen beginnt erst dort, wo er bereit ist, für seine Überzeugung sein Leben hinzugeben.*" (Steinbach 2017: 115 und ebenda Fußnote 1). Die automythopoetische Deutung des Widerstands als Kontingenz negierendes *sacrificium* ist hier im Symbol des „Nessushemds" klar ersichtlich.

[176] Die Tat als notwendiger Schritt, um Hitler als „Feind der Menschheit" zu töten und Deutschland vor der Vernichtung zu bewahren (Steinbach 2017: 115 und ebenda Fußnote 1), vgl. vorige Fußnote.

[177] „*So hat das deutsche Volk nie erfahren, daß sich in jener Bewegung noch einmal die besten Männer aller Bevölkerungsschichten, die letzten positiven Kräfte eines völlig ausgebluteten Landes zusammengefunden hatten. Die Not der Stunde, die Verzweiflung über das Ausmaß an Verbrechen, Schuld und Unheil die der Nationalsozialismus über Deutschland gebracht und weit hinaus in die Welt getragen hatte, führten diese Männer zu einer letzten großen Kraftanstrengung zusammen*" (DIE ZEIT 1946).

[178] „*Jahrelang hatte man systematisch an den Plänen der politischen und kulturellen Reorganisation eines befreiten Deutschlands gearbeitet und jahrelang* die *Vorbereitung für den Umsturz und das Attentat immer wieder hinausschieben und alle Pläne entsprechend der jeweils neuen Situation immer wieder verändern müssen.*" (DIE ZEIT 1946).

der „willigen Vollstrecker“ (Goldhagen 1996) oder Mitläufer nicht übertragbar ist (Hoch 1969: 396-397). Hinzu trat, dass seine Tat in bewusste Vergessenheit geriet, sei es, weil - wie Martin Niemöller, dessen Wort von Gewicht war - viele behaupteten, Elser sei nur ein Handlanger der SS gewesen und der Anschlag vorgetäuscht, um Hitlers Nimbus als „von Gottes Fügung bewahrt“ zu erhöhen (ebenda: 383-384; Tuchel 2015)[179], oder sei es, weil sein kommunistischer Hintergrund eine Heroisierung Elsers in Westdeutschland unmöglich machte (Hoch 1969: 396). Mit Stauffenberg ließen sich die Generalität und die Wehrmacht rehabilitieren, mit Elser höchstens „der kleine Mann“. Man entschied sich für den aristokratischen Kriegshelden, da Elser als Kommunist und Eigenbrötler weniger Strahlkraft zu entfalten in der Lage war. Für Westdeutschland wirft das wenig Fragen auf, zumal Elser noch posthum, etwa durch Pastor Martin Niemöller, als Handlanger der SS desavouiert wurde. Aber dass Elser auch in der DDR keine mythopoetische Würdigung fand, ist angesichts dessen Rotfrontkämpferbund-Vergangenheit verblüffend und nur zu erklären, wenn man die Abneigung der DDR-Führung für individualistische Grenzgänger einbezieht (Steinbach und Tuchel 2009). Noch Gerhard Schröder machte aus den Verschwörern des 20. Juli Vordenker eines geeinten Europas (Münkler und Hacke 2009: 27), was den mythischen Bogen vielleicht etwas überspannte. Inzwischen wird die Rolle der Männer des 20. Juli ambivalenter gesehen, womit der Mythos aus dem offiziellen Gedenken zugunsten mehrerer paralleler Erzählungen - von Elser über die Geschwister Scholl bis hin zu den kommunistischen Ikonen wie Pieck, Ulbricht und von Seydlitz - zurücktrat (Jarausch und Sabrow 2011: 10; Heinemann und Krüger-Charlé 1997: 475).[180] Dass die bundesrepublikanische Vereinnahmung des Hitler-Attentats vom 20. Juli 1944 ihren Rang als nationale Meistererzählung verloren hat (Jarausch und Sabrow 2011: 10), lässt die Bemühungen der Vordenker der Neuen Rechten intensivieren, diese Vereinnahmung zu übernehmen, denn der Mythos Stauffenberg wird gerade dort hingebungsvoll zelebriert (Kubitschek 2004; Brodkorb 2009). Zum einen lässt sich über Stauffenberg und das Geheime Deutschland eine Verbindung zur Konservativen Revolution ziehen und somit dient der Stauffenberg-Widerstandsmythos auch der Legitimierung des Widerstands-Mythos der Konservativen Revolution und legitimiert so den

---

[179] Die Nationalsozialisten wiederum hielten Elser für einen englischen Agenten (Hoch 1969: 383). Es wollte wohl keiner glauben, dass ein einzelner, autonom agierender Mann in der Lage war, so einen Anschlag zu planen und durchzuführen.

[180] Parallel zu den Kontroversen im Zuge der Wehrmachtsausstellung und des anbrechenden Normalisierungsdiskurses Anfang der 1990er, traf die Gedenkstätte Deutscher Widerstand 1994 nicht den Geschmack aller. Zu diesem Zeitpunkt sorgte die formelle Gleichstellung eines Stauffenbergs, eines Elsers und eines Ulbrichts im Sinne einer Widerstands-Dokumentation auf erhebliche Kritik (Heinemann und Krüger-Charlé 1997: 475).

neurechten Metademos, der sich darauf bezieht (Kubitschek 2004). Zum anderen ist mit dem 20. Juli Preußen und insbesondere die militär-aristokratische Tradition Preußens als antinazistisch interpretierbar, was dem neurechten Preußen-Mythos Legitimation verleiht (Venohr 2001; Kubitschek 2007; s. Kapitel 5.5.4). Der dritte Punkt, warum der Stauffenberg-Mythos von der Neuen Rechten bearbeitet wird, verlangt einen vexillologischen Exkurs zur Wirmer-Flagge. Nach erfolgreichem Staatsstreich wollten die Verschwörer Deutschland reorganisieren, aber nicht liberalisieren oder demokratisieren. Besonders Stauffenberg sprach mit dem Begriff der „Gleichheitslüge" einem klassisch hierarchisch-ständischen Gesellschaftsmodell das Wort, was die Neue Rechte von Anfang an fasziniert hat (Gafke 2016). Als Symbol des Neuanfangs (weder monarchisch, noch nationalsozialistisch, noch demokratisch) wurde eine neue Flagge entworfen: die Wirmer-Flagge. Sie ist ein schwarz-goldenes Philippuskreuz (skandinavische Form) auf rotem Grund. Damit wird ein sowohl christlich-nordisches Erbe betont, als auch mit dem roten Grund als alter Reichsfarbe historische Kontinuität hergestellt, die schließlich im Zusammenspiel mit Schwarz und Gold auch die deutschnationale Farbpalette des 19. Jahrhunderts bedient (Schlürmann 2015: 337). Symbolische Aufladung erhielt die Flagge durch den gescheiterten Widerstand selbst, wodurch sie 1947/48 als neue deutsche Nationalflagge im Gespräch war und zwischen 1953 und 1962 im Parteisymbol der CDU eingeflochten wurde, wodurch die Flagge eine christlich-konservative Konnotation bekam, die nach 1962 in Vergessenheit geriet (ebenda: 332). Doch Symbole verschwinden nicht so schnell aus dem kommunikativen Gedächtnis und so tauchte das Symbol des Widerstands gegen ein Unrechtsregime, das Symbol des christlichen Konservatismus, in den Händen von Pegida-Spaziergängern wieder auf, fand unter neurechten und neonazistischen Gruppen Verbreitung (ebenda: 332 und 341-342). Mit der in Vergessenheit geratenen Wirmer-Flagge wurde auch der Mythos des 20. Juli, der Mythos Stauffenberg angeeignet, oder soll zumindest angeeignet werden, um den Widerstandskampf der Neuen Rechten gegen die Bundesrepublik in eine Traditionslinie zu setzen mit dem Widerstand gegen Hitler. Somit hat die Neue Rechte sich innerhalb weniger Jahre ein wirkmächtiges Symbol angeeignet und übernimmt zusehends die Arbeit am Mythos Stauffenberg in ihrem Sinne. Ziel ist ein Selbststilisierung als Retter und Widerstandskämpfer einerseits, die Delegitimierung vor allem der Bundesregierung als Unrechtsregime und die Autoviktimisierung andererseits, wobei das *sacrificium* der Attentäter als Vorbild genommen wird. Die Idee des 20. Juli im neurechten Diskurs steht ihrer preußischen Idee dabei sehr nahe.

5.5.4 Schuld und Sühne: Preußens „Opfergang" für Deutschland

„Es ist ein langes Suchen und Wandern: Wir mögen es zurückverfolgen bis ins fahle Zwielicht der Höhle, des barbarischen Tempels. Das blutige Zeremoniell der Darbringung geht weiter in unseren Träumen; in unserem Unterbewußtsein widerhallen die Schreie vom primitiven Altar, und die Flamme, die das Opfer verzehrt, sendet noch immer ihre flackernden Lichter."

- Klaus Mann[181]

Zum sowjetischen Narrativ vom Faschismus als Etappe des Kapitalismus, aus dem scheinbar mühelos der Nationalsozialismus in einem entwickelten Industrieland Europas erklärt werden konnte, mussten die westlichen Besatzungsmächte ein Gegennarrativ entwickeln, das die eigene Ideologie nicht delegitimierte (Münkler 2009: 221). Auch die westdeutsche Republik benötigte einen Schuldigen, konnte aber anfangs kaum die Besatzungsmächte selbst aufgrund der Bestimmungen des Versailler Vertrags zu Mitschuldigen Hitlers machen (ebenda). Eine Lösung war das Ersatzopfer Preußens, das - *de facto* ohnehin bereits nicht existent - mit seiner militaristischen, zentralistischen sowie macht- und ordnungsstaatlichen Traditionen ein idealer Kandidat für das deutsche „Reinigungsopfer" war (ebenda). 1947 wurde Preußen offiziell aufgelöst, womit Deutschland (als politischem Leib des Nationalsozialismus) das symbolische Haupt abgeschlagen wurde, da aufgrund Hitlers Selbstmord 1945 das Haupt der Exekutive der Exekution nicht mehr zur Verfügung stand. All diejenigen Eigenschaften[182], die Deutschland zugeschrieben wurden und als Wege in den Nationalsozialismus benannt wurden, konnten in das Ersatzopfer Preußen eingearbeitet werden und durch dessen Vernichtung rituell mit ausgelöscht werden, so dass der „Rückkehr" eines „geläuterten Westdeutschlands" in den Kreis der „zivilisierten Nationen" nichts im Wege stand (ebenda: 221). Die Kriegsschuld wurde somit implizit „einem kleineren Drittkollektiv" (Preußen) zugeschrieben, um eine „Amnestierung der besiegten Großgruppe" (Deutschland als borussifizierter Machtstaat) zur „friedenssichernden Anerkennung der Kriegsparteien als fortan formal Gleiche" zu ermöglichen, wobei diese Amnestierung und Anerkennung *de facto* keineswegs gesichert war (Fischer und Huhnholz 2010: 60). Damit wurde einer Umdeutung der Niederlage in ein Befreiungsnarrativ Vorschub geleistet (ebenda), wenngleich es offiziell erst durch

[181] (Mann 1989: 9).

[182] Etwa Fixierung auf den Staat, mangelnde Orientierung an der Zivilgesellschaft, Unfähigkeit bürgerlicher Revolutionen (Münkler 2009: 222-223), Disziplin, Gehorsam, Militarismus, Junkertum (u.a.).

Bundespräsident Richard von Weizsäckers Rede vom 8. Mai 1985 etabliert wurde (Weizsäcker 1985). Im Gegensatz zu den Gebietsabtretungen nach dem ersten Weltkrieg fand der weit umfangreichere Verlust von Territorium in der bundesrepublikanischen Nachkriegszeit keine mythische Rezeption auf nationaler Ebene.[183] Wurden in der Weimarer Republik die derzeit jenseits deutscher Grenzen lebenden Deutschen als dem „Volkskörper" entrissene Teile der Nation empfunden, die eine „offene, blutende Wunde", besonders im Osten, eine „blutende Grenze" bildeten (Münz 2009: 375; Haubold-Stolle 2006: 281), bildete sich stattdessen nach dem zweiten Weltkrieg ein Opfer-Mythos heraus, der „Flucht und Vertreibung" von je nach *gusto* zwischen fünf (Lehmann 2005) und zwanzig Millionen Deutschen mit zwischen knapp 500.000 und fünf Millionen Toten zur deutschen, ja europäischen Katastrophe erzählt (Hahn und Hahn 2006: 167-170). Der Verlust Preußens und des deutschen Ostens aber blieb im offiziellen Diskurs seltsam unbeklagt, wohl auch aufgrund Adenauers Abneigung gegen das Preußische (Tüngel 1946), wahrscheinlich auch aufgrund der Auffassung der Abtrennung der nach dem Krieg zu Polen und der UdSSR gehörenden Teile des Deutschen Reichs als Provisorium unter zeitweiliger polnischer, beziehungsweise sowjetischer Verwaltung (Mitscherlich und Mitscherlich 1970: 14; Hackmann 2015: 179). Außerdem konnte die Preußenfrage in der BRD auch unter Verweis auf die DDR als „rot-preußischem" Osten externalisiert werden (Münkler 2009: 215). Zwar wurde der Verlust der Gebiete östlich der Oder-Neiße-Grenze als Unrecht klassifiziert, aber im Vordergrund der geschichtspolitischen Bestrebungen stand das mythopoetische Konvolut millionenfacher Flucht- und Vertreibungsschicksale, die zwischen 1951 und 1961 im Rahmen des Großforschungsprojekt „Dokumentation der Vertreibung der Deutschen aus Ost-Mitteleuropa" dokumentiert wurden, wobei der geschichtspolitische „Kampf gegen Potsdam" durchaus mit seinem Pendant gegen Versailles nach dem ersten Weltkrieg zu vergleichen ist (Beer 1998: 386). Die westdeutsche Republik scheint wie die Erfüllung einer alten Adenauerschen Prophezeiung zu sein[184], wenngleich er 1919 noch etwas anderes im Sinn hatte, als er von einer Teilung Preußens

[183] Marion Gräfin Dönhoff beschrieb diesen Zustand der retrospektiven Auslöschung Preußens in ihrem Buch „Namen, die keiner mehr nennt" (Hackmann 2015: 171). Zwar gab es das kollektive Phantasma einer *restitutio ad integrum* im Falle eines Friedensvertrages, der deutsche Rechtsansprüche zur Geltung bringen würde, aber ansonsten wurde die Abtrennung hingenommen (Mitscherlich und Mitscherlich 1970: 14-15).

[184] *„Würde Preußen geteilt werden, die westlichen Teile Deutschlands zu einem Bundesstaate der „Westdeutschen Republik" zusammengeschlossen, so würde dadurch die Beherrschung Deutschlands durch ein vom Geiste des Ostens, vom Militarismus beherrschtes Preußen unmöglich gemacht, der beherrschende Einfluss derjenigen Kreise, die bis zur Revolution Preußen und damit Deutschland beherrscht haben, wäre endgültig, auch für den Fall, dass sie sich von der Revolution wieder erholten, ausgeschaltet.*" (Adenauer 1919).

sprach (Adenauer 1919), doch der von ihm 1919 angedeutete Alpdruck Preußens auf der deutschen Brust war 1947 endgültig fort und zumindest in dieser Lesart ist die Amputation des Ostens keine „blutende Wunde“ (Münz und Ohliger 2009: 375), sondern eine der Heilung dienende Operation, einem Chiasmus gleich: Preußens Sein war Deutschlands Ende, Preußens Ende Deutschlands Sein. Dieses preußische *sacrificium* ahmte das nationalsozialistische Propagem des Stalingrad-Mythos implizit nach: Preußen starb, damit Deutschland lebe.

Ganz anders dagegen hier der Diskurs unter den Vordenkern der Neuen Rechten und derer Apologeten. Die Erinnerung an den Mythos Preußen als das eigentliche und bessere Deutschland, als „Polis der Neuzeit“ blieb lebendig und wurde als Gegenentwurf zum westdeutschen Staat sowohl temporalmythisch „goldene Vergangenheit“ als auch raummythischer Bezugspunkt und - in beiderlei Sinn (Gut-Ort wie Nicht-Ort) Utopie (vgl. Kubitschek 2007)[185]. Der Verlust Preußens als Idee und Raum wird hier als Katastrophe gesehen (Venohr 2001; Kubitschek 2007). Besonders die durch Krieg mythisch und symbolisch belegte Landschaft Ostpreußens als Erinnerungsort mit dem 1945 zerstörten Tannenberg-Nationaldenkmal als Hindenburg-Heroon, bietet einen nationalen Mythenschatz, der nicht aufgegeben werden konnte (Hackmann 2015: 175).[186] Bereits Dönhoff versuchte auch, ein anderes Preußenbild, als das von Vertriebenenverbänden geprägte zu etablieren, etwa in Verbindung Ostpreußens in *figurae* Heinrich Graf von Lehndorffs und dessen Gut Steinort mit dem Widerstands-Mythos des 20. Julis (ebenda: 179), ein Bild, dass nur zu gerne von neurechts übernommen wurde, um mit Preußen auch eine wirkmächtige Alternativerzählung seines „Wesens“, des genuin „Preußischen“ aufweisen zu können (Venohr 2001).[187] Preußen ist in dieser Logik ebenso wie die Konservative Revo-

[185] „Polis der Neuzeit“ ist eine laut Kubitschek von Hans-Dietrich Sander stammende Bezeichnung (Kubitschek 2007). Sander selbst war ein Weggefährte Mohlers, Hochschulprofessor und Scharnier zwischen konservativen, neurechten und rechtsextremen Kreisen (Brauner-Orthen 2001: 29), der in seinen Ideen „*zur Wiederherstellung Deutschlands*“ unter anderem die Weckung des „*entschlummerten Furor teutonicus*“ forderte, um „*den Deutschen ihren bewährten Kampfgeist und ihren berechtigten Stolz zurückzugeben, die sie beim Bau eines neuen Reiches brauchen*“ (Armin Pfahl-Traughber 1998: 186).

[186] Besonders die Region Grunwald/Tannenberg wurde hierbei rund um die historischen Referenzpunkte 1410 und 1914 zu polnischen und deutsch-preußischen Nationalheiligtümern. Das Tannenberg-Nationaldenkmal symbolisierte somit den deutsch-preußischen Besitzanspruch wie es das polnische Grunwald-Denkmal ab 1960 tat, anstelle des 1939/40 von den Deutschen zerstörte Grunwald-Denkmals bei Krakau.

[187] Wolfgang Venohr - der bereits in der Criticón suchte, etwa Ludendorff zu rehabilitieren (Schmidt 2001: 242) - äußerte sich hierzu in der Jungen Freiheit: „*Ich glaube, wir müssen ausgehen von dem albernen alliierten Auflösungsbeschluß vom 25. Februar 1947, in dem Preußen – das längst tot war – vorgeworfen wurde, ein Hort des Militarismus und der Reaktion gewesen zu sein. Diese Stereotype ist ja sattsam bekannt.* [...] *Es ist doch bezeichnend, daß von den etwa 160 bis 180 aktiven Verschwörern des 20. Juli ungefähr die Hälfte Angehörige alter preußischer Adelsgeschlechter waren! Übrigens hieß es nach*

lution „loszulösen“ vom Nationalsozialismus, ja durch den 20. Juli sein dezidierter Gegner und im Gegenteil Hort der Humanität und der Synthese aus „Ordnung“ und „Freiheit“ (Venohr 2001). Damit setzt sich die Neue Rechte mythisch in die Tradition eines alternativen - nicht rheinischen, sondern preußischen - Deutschlands, mit dem vor allem die Renaissance preußischer Ideale Anfang der 1990er gepflegt wurde (Schmidt 2001: 238). Ohne Preußen sei in Deutschland kein Staat zu machen, lautet nach Criticón-Schreiber Weißmann die Parole (ebenda). Zucht und Disziplin des sich im hageren *Fridericus Rex* symbolisierenden preußischen Ideals stehen in augenfälligem Kontrast zum sich in Erhards Pygnikergestalt manifestierenden Wohlstandsideal der Bonner Republik: Soldatenrock und schwarzer Adler statt Zigarre und „silberner Adler“ D-Mark (Münkler 2009: 214). Ein symbolischer Rückgriff auch im Sinne eines Gegenkonzepts zu einer angemahnten Dekadenz Deutschlands in der Beschwörung preußischer Tugenden (s. Kapitel 5.7.1). Dabei spricht kaum ein Denker der Neuen Rechten (offen) einer *restitutio* Preußens als Staat oder Teil Deutschlands das Wort[188], sondern einer *restitutio* Preußens als Idee Deutschlands, quasi als geistiges Prinzip einer *renovatio imperii germanorum* (Lehnert 2010). Gleichzeitig ist Preußen die Chance der Neuen Rechten, den eigenen Metademos identitätsstiftend weiter auszubauen, indem das Prinzip des „Wahlpreußens“ das Ideal des neurechten Deutschen verkörpert, um den Staat zu unterwandern und von seinen „abträglichen“ Institutionen zu „befreien“ (Kubitschek 2007b). Preußen dient hier also als geistiges Sanktuarium und einigendes Glied einer heterogenen, sich als verfemte Minderheit darstellenden sozialen Bewegung, die sich als nationalrevolutionäre Avantgarde geriert. Über Preußen kann sich der rechtsextreme Militarist ebenso identifizieren wie der rechtsintellektuelle Asket, der konservative Kulturpessimist oder der neoliberale Sozialdarwinist. Mit der Wirmer-Flagge hat der neurechte Demos seine Nationalflagge, mit dem Wahlpreußentum sogar einen aus der Idee geborenen eigenen Ethnos[189] - oder vielmehr die Möglichkeit eines solchen, sofern man in der Lage sein wird, diesen retrospektiv primordial zu legitimieren. Aber dies mag die Geschichte eines anderen Mythos sein und mag ein anderes Mal erzählt werden.

---

dem 20. Juli im Schwarzen Korps, der Zeitschrift der SS, der wahre Feind Hitlerdeutschlands sei – Preußen.“ (Venohr 2001).

[188] Etwa Kubitschek: „*Preußen ist nicht mehr und kann nie wieder sein*“ (Kubitschek 2007) oder Weißmann: „*Preußen ist vorbei, ein Bundesland dieses Namens wäre nichts als eine aparte Idee*“ (zitiert nach Schmidt 2001: 238, Fußnote 234). Venohr: „*Das Preußentum ist endgültig zerschlagen – in den Nerv getroffen worden –, als ihm die Ostgebiete entrissen und seine Kernlande vernichtet wurden. Preußen ging unter – ein Verlust nicht nur für Deutschland, sondern für ganz Europa*“ (Venohr2001).

[189] Jeder Ethnos resultiert mythisch aus einem Demos, der seinen Gründungsmythos historisch verlängert und verstetigt

5.5.5 Kult und Bühne: „Schuld-Kult“ und „Denkmal der Schande“

„Die Betonierung des Zentrums der Hauptstadt mit einem fußballfeldgroßen Alptraum. Die Monumentalisierung der Schande.“

- Martin Walser[190]

„Wir Deutschen sind das einzige Volk der Welt, das sich ein Denkmal der Schande in das Herz seiner Hauptstadt gepflanzt hat.“

- Björn Höcke[191]

Auschwitz wird zwar teils als negativer Mythos der Deutschen Geschichte angesehen[192] (Schmid 2005), hier aber dennoch als solcher abgelehnt, da zum einen Auschwitz in der Gründungszeit der Bundesrepublik wenig Rezeption fand - allenfalls als Kollektivschuld-Mythos im Sinne der Alten und Neuen Rechten (Frei 1999: 399 und 404-405; Wette 2002: 269-270). Er stiftete als negativ einender Mythos (wir sind, wer wir sind, weil wir Kinder und Enkel der Täter sind) erst spät an hinreichender Bedeutung im Sinne etwa des kategorischen Imperativs Adornos („nie wieder Auschwitz“) und der Studentenbewegung der 1960er (Adorno 1970: 356; Frei 1999: 406). Nicht sprechen kann man in Bezug auf Auschwitz von einer Reduktion an Komplexität – im Gegenteil: Kaum etwas ist besser und sachlicher in den deutschen Geschichts- und Sozialwissenschaften erforscht als der Holocaust. Eine Negation der Kontingenz kann auch nur eingeschränkt festgestellt werden. Es gab zwar Meinungen, die den deutschen Sonderweg in den Holocaust münden sahen, einen historischen Determinismus[193], aber die Einzigartigkeit des Nationalsozialismus und die Einzigartigkeit des Holocausts, ihre Rezeption als *sui generis* der Geschichte, schließt eine schicksalhafte „Notwendigkeit“ aus. Das Einzigartige kann nicht notwendig entstehen, es ist stets *deus ex machina*; auch wenn es Ursachen hat, ist es weniger evolutionär als revolutionär - als Bruch - zu denken. Wenn Dolf Sternberger sagte, wer Auschwitz verstehen wollte, müsse darüber den Verstand verlieren (Peters 1998: 4), so ist damit auch die Unmöglichkeit des Inkontingenten inhärent, oder anders gesagt:

---

[190] In seiner Dankesrede zur Verleihung des Friedenspreises des Deutschen Buchhandels in der Frankfurter Paulskirche am 11.Oktober 1998 (Walser 1998).

[191] Am 17.01.2017 auf einer Veranstaltung der AfD-Jugendorganisation „Junge Alternative“ in Dresden (Polke-Majewski 2017).

[192] Als negativer Gründungsmythos nicht nur der Bundesrepublik, sondern im Sinne des kategorischen Imperativ Adornos („Nie wieder Auschwitz“) auch ein sinnstiftender Negativmythos der Europäischen Union (Schmid 2005; Adorno 1970: 356).

[193] Etwa Otto Köhler, der davon sprach, dass Auschwitz in den Tischreden Martin Luthers wurzele (Kailitz 2001: 259).

Auschwitz hätte verhindert werden können. Von „links", indem beispielsweise Hitler nicht gewählt worden wäre und von „rechts", wenn etwa die Versailler Friedensbestimmungen nicht so hart gewesen wären. Auschwitz mag in gewissem Maße einen negativen Sinn stiften, da ein Mythos aber bevorzugt als Leistungsschau einer Gemeinschaft erzählt wird, ist das hinsichtlich des Holocausts wenig überzeugend. Das für die Deutschen tatsächlich mythisch Lesbare im Holocaust und seiner Chiffre Auschwitz ist die Opfererzählung nicht der Juden[194], sondern der Deutschen. Gemäß der Annahme einer „Kollektivschuld", eines „Stigmas" des Holocausts, das vorgeblich jedem Deutschen nach 1945 anhaften soll[195], lässt sich ein deutscher Opfermythos über die Chiffre Auschwitz erzählen, der eine identitätsstiftende Funktion hat, indem er wie im Falle anderer Opfererzählungen die Opfer nicht des Nationalsozialismus, sondern seiner Aufarbeitung und mahnenden Erinnerung thematisiert. Dieser Opfermythos lässt sich im Rahmen alt- wie neurechter Diskurse nachweisen, zum Beispiel anhand der Diskussionen um das Holocaust-Mahnmal in Berlin oder des „Schuld-Kult"-Propagems.

Im Rahmen des Normalisierungsdiskurses der wiedervereinigten Republik hielt Martin Walser am 11. Oktober seine Dankesrede, innerhalb derer er das Maß der geschichtspolitischen Thematisierung deutscher Schuld kritisierte (Walser 1998).[196] Walser, nach eigenen Angaben „vor Kühnheit zitternd" (ebenda) bei diesen Worten, wurde dafür stark kritisiert. Hier tauchte auch der Prototyp des fast zwanzig Jahre später von dem AfD-Politiker Björn Höcke aufgegriffenen Propagems eines „Denkmals der Schande" (Polke-Majewski 2017) auf: das Holocaust-Mahnmal in Berlin als „Monumentalisierung der Schande" (Walser 1998). Schon die Wahl des in beiden Zitaten vorkommenden Wortes „Schande" impliziert einen moralischen Makel, ein historisches Stigma, das Scham nach sich ziehen muss, wo das Wort „Schuld" stärker die Aspekte Verantwortung oder Sühne betont hätte. Im neurechten Normalisierungsdiskurs, dem Walser 1998 zumindest das Wort sprach, geht es aber weniger um Verantwortung, Schuld oder Sühne, sondern den Makel, die Schande, die durch eine „linke Meinungsdominanz" der „68er" am Leben gehalten würden, um einen vermeintlichen „Selbsthass der Deutschen" zu nähren (Schmidt 2001: 181). Wie weit fortgeschritten der Normalisierungsdiskurs im konservativen politi-

---

194 Da wo dies der Fall ist, ist Auschwitz negativer Gründungsmythos - in Israel.

195 Etwa bei Walser 1998: „*Unsere gemeinsame geschichtliche Last*" Auschwitz (Walser 1998). Der Diskurs eines negativen Auschwitz-Mythos, im Prinzip, dass es einen solchen gibt, ist selbst Mythos der Neuen Rechten, wie sich im Falle des Sieferle-Buches „Finis Germania" zuletzt gut zeigt, in dem eben ein solcher „Auschwitz-Mythos" letztlich Schuld am Ende Deutschlands tragen soll (Soboczynski 2017).

196 „*Auschwitz eignet sich nicht, dafür Drohroutine zu werden, jederzeit einsetzbares Einschüchterungsmittel oder Moralkeule oder auch nur Pflichtübung*" (Walser 1998). Oft dem Sinn nach falsch wiedergegeben mit „*Auschwitz dürfe nicht zur „Drohroutine" werden* [...]", etwa des Öfteren in der Zeit (Joffe 2018).

schen Lager war, zeigt auch der Beitrag des damaligen CDU-Politikers Martin Hohmann zum Holocaust-Mahnmal 1999. In der Bundestagsdebatte zur Errichtung des Holocaust-Mahnmals nannte er dieses den „*monumentalen Ausdruck der Unfähigkeit, uns selbst zu verzeihen*" (Deutscher Bundestag 1999: 4122). Neben Sätzen wie „*Mehr als zwei Generationen nach diesem riesigen Verbrechen fühlen wir uns sozusagen resozialisiert*"[197] und „*Ganz überwiegend wird das Holocaust-Mahnmal abgelehnt* [...] *Nicht wenige empfinden das geplante Mahnmal als ein Kainsmal, als Ausdruck der Selbstächtung*" (ebenda), zeigten sich hier Muster einer bestimmten Sicht auf deutsche Holocaust-Erinnerungspolitik, die kaum zu unterscheiden ist von dem „geschichtsgerichtlichen Revisionsverfahren" neurechter Autoren (Schwilk und Schacht 1994: 12). Mehr noch, es zeigen sich auch vertraute populistische Muster[198] in Hinblick auf die Beziehung zwischen Volk und Elite, wenn Hohmann einen Satz später sagte: „*Tut die Politik, tut die Medienöffentlichkeit gut daran, über diese schweigende Mehrheit hinwegzugehen?*" (ebenda). Zum einen wird eine bestimmte (eigene) Position als Position *der Mehrheit vorgegeben, die diese nur „hinter vorgehaltener Hand*" (ebenda) kundtut, womit er sich als „Volksheld" stilisiert, der mutig ausspreche, was andere nur im „stillen Kämmerlein" dächten - eine Selbstdarstellung, die bis in die aktuellen Diskurse der AfD in der gesamten Neuen Rechten vorzufinden ist.[199] Dann werden „Politik" und „Medienöffentlichkeit" vermengt, als gäbe es eine informelle Absprache zwischen beiden und dies über alle parteilichen und ideologischen Unterschiede hinweg. In seiner Rede zum Tag der Einheit 2003 in Neuhof ging Hohmann in seinem Bestreben, die deutsche Schuld *ad acta* zu legen, noch weiter. In einer gewagten Argumentationskette verband er die Frage deutscher Schuld im Nationalsozialismus mit der Frage jüdischer Schuld im Bolschewismus und schlussfolgerte, dass wenn man die Juden nicht „Tätervolk" nennen könne, die Deutschen auch keines sein könnten, womit nur die „*Gottlosen mit ihren gottlosen Ideologien*" im Nationalsozialismus und Bolschewismus Schuld trügen (Hohmann 2003) - eine Art transnationales Apostaten-*All-Star-Team* soll also verantwortlich sein für den blutigsten Terror des 20. Jahrhunderts. Abgesehen von dem offenbaren Wunsch Hohmanns, seinen

---

[197] Im Gegensatz zu Botho Strauß, den die Neue Rechte durch ihre Rezeption zwar desavouierte, der aber in Bezug auf die Frage deutscher Schuld deutlich orthodoxer auftrat: „*Die Verbrechen der Nazis* [...] *stellen den Deutschen in die Erschütterung und belassen ihn dort, unter dem tremendum; ganz gleich, wohin er sein Zittern und Zetern wenden mag, eine über das Menschenmaß hinausgehende Schuld wird nicht von ein, zwei Generationen einfach "abgearbeitet"* (Strauß 1993).

[198] Seit 2016 ist Martin Hohmann AfD-Mitglied und seit 2017 AfD-Abgeordneter im Bundestag.

[199] Mudde spricht von aufkeimendem Populismus, wenn sich die „*silent majority*" nicht ausreichend durch die Eliten vertreten fühlt (Mudde 2004: 363). Angelehnt an Benedict Andersons Konzept der „*imagined community*" (Anderson 2005: 15) könnte man eher vom Metademos der Neuen Rechten als „*imagined majority*" sprechen.

fragwürdigen Literaturgeschmack öffentlich zu machen[200], um eine laut Hohmann „dunkle Seite“ jüdischer Geschichte zu untersuchen (Hohmann 2003), bricht sich in Hohmanns Rede vor allem der Wunsch Bahn, die deutsche Schuld als „Kollektivschuld“ zu tilgen.[201] Gleichsam müsste dieser Argumentation nach die deutsche Geschichte als von der des Nationalsozialismus getrennt anzusehen sein, beschränkt sich dieser laut Hohmann ja nur auf „vom Glauben abgefallene“ Personen (Hohmann 2003). Damit greift Hohmann Mohlers Mythos einer vom Nationalsozialismus unberührten Konservativen Revolution auf - nur von einer christlich geprägten Warte.[202] Mit dem Vergleich nationalsozialistischer und bolschewistischer Verbrechen griff Hohmann gleichzeitig das Kernelement des Historikerstreits der 1980er auf, dessen Ursprung in dem Vortrag „Zwischen Geschichtslegende und Revisionismus“ des Historikers Ernst Nolte vor der Carl Friedrich von Siemens Stiftung[203] lag.[204] Zusammen mit den die Präventivkriegsthese popularisierenden Hobbyhistorikern Ernst Topitsch und Victor Suvorov erfuhr die kritische Geschichtswissenschaft der 1960er in den 1980ern eine rechtsintellektuelle Reaktion, die große Resonanz genoss und über neurechte Publikationen mithilfe revisionistischer Rechtsintellektueller über den Historikerstreit hinaus wirksam blieb (Wegner 2002: 206-207; Post 2001). Hohmann bediente diesen Diskurs mit seinem Versuch, deutsche Taten mit den Taten anderer in Vergleich zu setzen und somit zu „normalisieren“. Da die Rede damals vor allem bezüglich ihres antisemitischen Potenzials („Juden als Täter“) hin untersucht wurde, sind die Bezüge auf die Deutschen als Opfer des Nationalsozialismus etwas untergegangen.[205] Auch hier redet Hohmann neurechten Positionen das Wort, indem er etwa den Tabu-Mythos einbringt, der bereits in der neurechten Rezeption des Weizsäckerischen „Befreiungsnarrativs“ ab 1985 auftauchte, dass nämlich das Leid der Deutschen aus Gründen der Staatsräson „totgeschwiegen“ werde (Weizsäcker 1985;

[200] Er zitierte aus „The International Jew, the World's Foremost Problem“, einem antisemitischen Standardwerk, das vom bekennenden Antisemiten Henry Ford neben Pamphleten wie der „Protokolle der Weisen von Zion“ publiziert wurde (Hohmann 2003). Außerdem aus Johannes Rogalla von Biebersteins Buch „‘Jüdischer Bolschewismus‘. Mythos und Realität.“, das 2002 in der Edition Antaios erschien, dem neurechten Buchverlag von Götz Kubitschek.

[201] „Kollektivschuld“ wurde als Anklage so von alliierter oder assoziierter Seite nie als politische Handlungsmaxime formuliert (Salzborn 2003b: 22).

[202] Und wird von neurechter Seite, etwa in Kubitscheks Sezession energisch unterstützt (Hoffmann 2004).

[203] Die zu der Zeit (1964-1985) unter der Ägide Armin Mohlers stand.

[204] Nolte stellte in einem veröffentlichten Vortrag die Frage in den Raum: „*Aber gleichwohl muss die folgende Frage als zulässig, ja unvermeidbar erscheinen: Vollbrachten die Nationalsozialisten, vollbrachte Hitler eine 'asiatische' Tat vielleicht nur deshalb, weil sie sich und ihresgleichen als potentielle oder wirkliche Opfer einer 'asiatischen' Tat betrachteten?* [...] *War nicht der 'Klassenmord' der Bolschewiki das logische und faktische Prius des 'Rassenmords' der Nationalsozialisten?*“ (zitiert nach Pfahl-Traughber 2008:86-87).

[205] Etwa „*Wird hingegen darauf hingewiesen, auch Deutsche seien im letzten Jahrhundert im großen Stil Opfer fremder Gewalt geworden, so gilt das schon als Tabubruch*“ (Hohmann 2003).

Hohmann 2003; Thießen 119-120). Zugleich spiegelt sich hier auch ein sekundärer geschichtspolitischer Kampf um den Mythos „Vergangenheitsbewältigung“, der von einer „vorbildhaften“ Aufarbeitung der NS-Verbrechen bereits in den ersten beiden Jahrzehnten nach dem Krieg erzählt, was spätestens Anfang der 1980er historiographisch als falsch angesehen werden musste und ins Gegenteil gekehrt wurde, dass nämlich die Ära Adenauer von im höchsten Maße geschichtsverdrängenden, NS-Verbrechen und -Täter deckenden und tolerierenden, die NS-Vergangenheit insgesamt wegschweigenden „Diskursen“ geprägt war (Frei 1999: 8-9). Insbesondere der Historiker Manfred Kittel spricht in diesem Zusammenhang von einer „Legende der zweiten Schuld“, das Diktum von Ralph Giordano aufgreifend (ebenda: 10), die er im Rahmen seiner Dissertation 1993 zu widerlegen suchte und wunschgemäß zu dem Ergebnis kam, dass die Ära Adenauer eine fast durchgehende, umfassende, intensive und sachgerechte Auseinandersetzung mit dem Nationalsozialismus gewesen sei (ebenda: 10; Schildt 1998: 20). Auch Joachim Fest prägte diese von konservativer Seite bevorzugte Haltung, als er 1990 feststellte, dass die Vergangenheit nicht verdrängt worden sei (Schildt 1998: 20). Die Relevanz dieser beiden Diskursstränge darf kaum unterschätzt werden für das Verständnis ihres gesellschaftlichen Konfliktpotenzials. Auf der einen Seite existiert eine neurechte Meistererzählung, die die Verbrechen des Nationalsozialismus relativiert, normalisiert und auf einen höchst überschaubaren Täterkreis reduziert, die zudem diese Verbrechen als längst abgearbeitet ansieht und das Leid der Deutschen aus Gründen der Staatsräson tabuisiert sieht, wohingegen die deutsche Schuld geradezu „kultisch“ zelebriert werde von einer „linken Gesinnungspolizei“.[206] Auf der anderen Seite steht die sich von ihren mythischen Ursprüngen entfernende offizielle Meistererzählung, die die Verbrechen des Nationalsozialismus als weite Teile des damaligen Volkes inkludierende historische *sui generis* ansieht, deren Aufarbeitung erst im Zuge der „68er-Bewegung“ ihren Anfang genommen hat und bis heute noch nicht abgeschlossen ist, während fälschlicherweise vor allem die deutsche Opferrolle in der öffentlichen Perzeption des Zweiten Weltkriegs in Deutschland überwiegt. Es sind zwei diametral entgegengesetzte Ansätze, die nicht nur Experten und Ideologen entzweien, sondern Gräben reißen bis tief in die Mitte der Gesellschaft. Dass die

[206] Eine Sichtweise, die von Mohler und Schrenck-Notzing von Anfang an vertreten wurde, garniert mit antiamerikanischen Verschwörungstheorien, etwa in dem Buch „Charakterwäsche“ (Harwardt 2017: 139). Bereits anlässlich der Spiegel-Affäre sprach Mohler in Bezug auf die Strauß-Kritik von einem „linken Meinungskartell“, was sich im Spiegel als „Ausgeburt des linken, staatsuntergrabenden Journalismus“ zeige und damit das Gegenteil des „Volkswillens“ sei, welcher sich in der Popularität Strauß‘ widerspiegle (Steber 2017: 353). Eben diese „linke Meinungsdominanz“ sei verantwortlich für den „Nationalmasochismus“, der hinter der Auseinandersetzung mit dem Nationalsozialismus als „Bewältigungsrummel“ stecke und eine deutsche „Realpolitik“ so unmöglich mache (ebenda). Darin finden sich bereits fast alle bis heute in der Neuen Rechten oder im Rechtspopulismus vertretenen Schlagworte sinngemäß.

von konservativ über neurechts bis ins rechtsextreme Spektrum reichenden Positionen des ersteren Mythenkonvoluts im Zuge des Normalisierungs- und (deutschen) Opferdiskurses an Einfluss gewinnen (Frei 1999: 10; Salzborn 2003b: 19-20; Wolfrum 2001: 28-29), dürfte am sich durch die aus dem kommunikativen Gedächtnis verschwindende Vergegenwärtigung des Nationalsozialismus einerseits erklären (Frei 2009: 7-8) und aus der attraktiveren Geschichte, die von Seiten der Neuen Rechten oder gar der extremen Rechten erzählt wird.[207] In deren Erzählung steht das deutsche Volk in seiner Aufarbeitung der Vergangenheit weltweit vorbildlich da[208], trägt an seiner Schuld nicht wesentlich schlimmer als die anderen Völker, die sich anderer, ebenso schlimmer Vergehen schuldig gemacht haben, kann stolz auf die lange Zeit seiner Vergangenheit zurückblicken und sich als Opfer, anstatt als Täter, fühlen. Es bedarf keiner Aufzählung der Gegenerzählung, um deren Nachteile in Bezug auf die Attraktivität ihrer Geschichte im Kontext von Normalisierungs- und (deutschen) Opferdiskurs darzulegen. Öffentlich überzeugen kann der offizielle Diskurs nur im Bereich der Plausibilität und auch dort nimmt dessen Zugkraft mit dem Nachlassen des Vertrauens in die Eliten ab, wodurch der Mythos, der sich gegen jedwede Zergliederung seiner Wahrheit wehrt, an Wirkmacht gewinnt (Cassirer 1990: 123). Wie Siegfried nach dem Bad in Faffnirs Blut gegenüber Klingen, zeigt sich der Mythos unverletzlich gegenüber simplen Dekonstruktionsversuchen (Thießen: 122). Sein Eichenblatt liegt einzig im Gegenmythos, der „Arbeit am Mythos“ (Blumenberg 2001). Diese ist eine „hochkarätige Arbeit des Logos“, die sich an den Bedürfnissen und normativen Vorgaben auch einer rationalisierten und aufgeklärten Gesellschaft orientieren muss (Blumenberg 2001: 18). Nur die Anerkennung der pluralistischen Natur dieser Arbeit, die Miteinbeziehung alternativer Mythen (Münkler und Hacke 2009: 22) kann zu einer demokratischen Aussöhnung und einem gesamtdeutsch identitätsstiftenden Mythos reifen, der sowohl die Verbrechen der als auch an den Deutschen erzählt und damit ausgewogen der Gegenwart und Zukunft zum Nutzen gereicht (Salzborn 2003b: 20 und 40).

[207] Durch das Bedienen etwa „gekränkter“ Nationalgefühle, die Behauptung, eine „unterdrückte Lesart“ deutscher Geschichte zu präsentieren („Tabu“), die Betonung der Unnötigkeit weiterer Wiedergutmachungsanstrengungen und dem Kolportieren diverser Verschwörungstheorien, die Opfermythen nähren (Benz 2005b: 85).

[208] Und kann sich etwa belehrende Töne gegenüber der Türkei, Japan oder sogar Israel erlauben, denn man selbst „habe ja aus der Geschichte gelernt“.

5.6 „Mythos“ 1968: 89er als umgekehrte 68er - *ex oriente nox*?

“Vae victoribus! La gloire est mauvaise conseillère [...] Sadowa a ses lendemains. Le prologue de Waterloo, c'est Austerlitz. Malheur aux vainqueurs! dirons nous aussi.”

- L’Illustration[209]

Ist der im stärkeren Maße für den Rechtspopulismus zugänglichere Osten Deutschlands tatsächlich im Zeichen einer 89er-Generation eine Art „späte Rache der DDR“? Droht nach dem westdeutschen „Austerlitz“ von 1989/90 ein elektorales „Waterloo“? Sind die Abendspaziergänger der Pegida Schatten der Montagsdemonstranten von 1989, die nach dem Siegestaumel in eine Verliererdepression gerieten und sich um ihre Freiheit einer etablierten westdeutschen 1968er-Generation gebracht fühlen? Oder speisen sich beide aus derselben Quelle - der Revolte gegen die als autoritär empfunden Struktur einer bestehenden kulturellen Hegemonie? Steht Ostdeutschland den Staaten der Visegrád-Gruppe mythisch letztlich näher als seinem saturierten Westpendant? Dazu muss man zunächst einen Blick auf den Themenkomplex 1968 selbst werfen. Auch wenn es stellenweise üblich geworden ist, 1968 oder die 68er-Generation als Mythos zu bezeichnen (Münkler 2009: 459), muss diese Beschreibung kritisch gesehen werden. 1968 hat sich nie über eine Generation oder bestimmte transnationale Subkulturen hinaus als sinnstiftend oder legitimierend erwiesen, als Ursprung oder Erzählung einer politischen Gemeinschaft. Zwar kann 1968 als eine Art bundesrepublikanische Sattelzeit zwischen 1949 und 1989, als zivile Neu- oder Nachgründung erzählt werden (Wolfrum 2001: 28; Münkler 2009: 458), doch da die 1968 charakterisierenden Ereignisse in vielen Ländern stattfanden, ist die Deutung als nationaler Mythos hinfällig. Da überhaupt die geschichtspolitische Deutung von 1968 umstritten ist und auch noch auf absehbare Zeit sein wird, kann der Mythos, der auf die breite Akzeptanz einer Meistererzählung angewiesen ist[210], um die Zergliederung seiner Wahrheit zu verhindern, sich nicht entfalten (Wolfrum 2001:

[209] „*Vae Victoribus! Der Triumph ist ein schlechter Ratgeber* [...] *Königgrätz hat sein Morgen. Austerlitz ist der Auftakt Waterloos. Wehe den Siegern! sagen auch wir.*“ (L’Illustration vom 03.09.1870, zitiert nach Jeismann 1992: 236, eigene Übersetzung).

[210] Zwar lebt der Mythos im Gegensatz zum Dogma von seiner Variabilität und Unvollständigkeit, doch die *bricolage* eines Mythos 1968 ist zu facettenreich und zu polarisierend, um ein stimmiges Bild abzugeben (Münkler 2009: 22). Vielleicht verhält sich die Mythenschau von 1968 analog zur Betrachtung eines pointillistischen Gemäldes: So wie bei diesem mit wachsendem Abstand die einzelnen Farbtupfer zu einem harmonischen Ganzen verschmelzen, könnte bei jener der zeitliche Abstand ein stimmigeres Gesamtbild ergeben, aus dem ein Mythos erwächst. Das nötige „Rüstzeug“ hierfür besitzt 1968.

28-29; Cassirer 1990: 123). 1968 ist vielmehr eine Chiffre und historiographisch eine Zäsur. Als Chiffre für die Studentenbewegung setzte sich die Jahreszahl in den 1980er Jahren durch, womit auch eine Analogie zu den demokratischen Revolutionären von 1848 hergestellt wurde (ebenda: 28). Als Zäsur ist 1968 naturgemäß willkürlich, wenn auch nicht zufällig gewählt und konstruiert, um die gesellschaftlichen Prozesse zwischen den frühen 1960ern und den frühen 1970ern gebündelt zu benennen. Als Chiffre steht 1968 für den Emanzipations- und Veränderungswillen einer Generation (die mit der Chiffre verschmolz), dem Wunsch nach sozialem Wandel (Stadler 2010: 9). Durch die Chiffre 1968 formuliert sich teils eine Utopie oder vielmehr viele Utopien: Frieden, Gleichberechtigung, Brüderlichkeit, Freiheit (ebenda: 9). 1968 ist auch ein Symbol mit vielen Belegungen, wie Liebe, Hippies, Drogen, Freiheit, Jugend, Protest, Aufbruch und vielem mehr. Insbesondere für die mythische Betrachtung der Bundesrepublik und ihrer mythischen Herausforderung durch die Neue Rechte aber ist 1968 als Chiffre und Symbol von immenser Bedeutung, da sich das Mythenkonvolut der BRD durch die 68er-Prozesse entscheidend wandelte und sich die Neue Rechte explizit gegen diese Veränderungen wendet, ja den gesamtgesellschaftlichen *status quo* des heutigen Deutschland über 1968 erklärt und opponiert, nicht zuletzt mit der Entwicklung einer Gegenchiffre, einem Gegensymbol: 1989. Schon die optische Kopfüberstellung der 68 durch die 89 stellt den Anspruch vor, die mit 1968 verbundenen Werte und Vorstellungen anzugreifen und umzukehren: Liberalismus, Pazifismus, Individualismus, Hedonismus, Pluralismus, Transnationalismus (Brauner-Orthen 2001: 24-25). Andere durch 1968 verbundene Werte wie Antikapitalismus und Antielitismus werden dagegen nicht angegriffen, sondern vereinnahmt - zum Beispiel durch das bereits angeführte Konzept des Ethnopluralismus. So steht die 89 als Anti-69 in beiden Bedeutungen von „anti" (ἀντί) für „dagegen" aber auch „anstelle von". Für die Neue Rechte ist 1968 also durchaus ein Mythos, wenngleich ein aus dieser Sicht negativer. Dabei ist vor allem die mythische Vereinnahmung von 1968 durch die Neue Linke als linkem Metademos, einer alternativen Öffentlichkeit oder neuen sozialen Bewegung von Bedeutung (Münkler 2009: 458), der die Neue Rechte ja schon *in nomine* Paroli bieten will. So wird 1968 quasi als Beginn einer „Übernahme" Deutschlands durch die Neue Linke betrachtet und wird damit auch negativer Gründungsmythos der Neuen Rechten, die sich als Verteidiger eines „alten Deutschlands" sieht und somit tatsächlich - so gesehen - Konservativismus predigt.. Die 68er selbst als Generation werden als das „neue Establishment" umgedeutet, worin eine umgekehrte Saulus-Paulus-Allegorie im Subtext lesbar wird. Demnach – so in der neurechten Logik – sind die 89er die neue Jugendbewegung, die an die Stelle der alten tritt, die zum Saulus geworden ist, zum Establishment. Für den neurechten Metademos, der mythisch in der

Konservativen Revolution wurzelt, bietet 1989 die Chance einer mythischen Neugründung, um an jüngere Generationen heranzutreten. So treten neue Presseorgane an die Stelle der alten, die Junge Freiheit etwa trat an die Stelle von Criticón. Insbesondere der metapolitische Hegemonialanspruch im öffentlichen und akademischen Diskurs ist Hauptmotiv der Offensive, da die 68er[211] im Zuge des „Marschs durch die Institutionen“ das gesellschaftliche und politische Leben seit den 1970ern stark geprägt haben (Stadler 2010: 10). Claus Leggewie bezeichnet 1968 gar als Chiffre einer „echten Weltrevolution“, wenngleich anders, als von ihren Protagonisten erhofft, eine „subkulturelle Erosion der alten Welt“ (Stadler 2010: 13). Darin zeigt sich auch der Doppelcharakter von 1968: Politisch gescheitert, soziokulturell mit erheblichen Folgewirkungen (Wolfrum 2001: 29). Mit 1989 als Anti-1968 werden viele gesellschaftspolitische Gegensätzlichkeiten der Neuen Rechten und der Neuen Linken aufgegriffen: Nationalpatriotismus gegen Verfassungspatriotismus[212], Traditionalismus gegen Feminismus und sexuellen Egalitarismus[213], Nationalismus gegen Globalismus, Ethnopluralismus gegen Multikulturalismus und viele andere Aspekte, auf die im Einzelnen einzugehen der Rahmen dieses Kapitels zu knapp bemessen ist. Wichtig dabei ist, dass über die Chiffre 68 all diese Punkte angesprochen werden. Wer von einer „Politik der 68er“ spricht, der muss nicht spezifisch aufdröseln, wogegen er ist, denn darin steckt im neurechten Diskurs bereits alles. So wurden die 68er auch zur Chiffre des „inneren Feindes“ (s. Kapitel 5.7). Gleichzeitig konnte spätestens mit dem Einrücken der Grünen in die Bundesregierung 1998 eine bundesrepublikanische 68er-Dominanz glaubhaft propagiert werden, so dass die Neue Rechte über das Narratem 89er im Umkehrschluss als „jungvölkische Opposition“ einen revolutionären Anstrich bekommen konnte. Die Ideen von 1968 sollen dergestalt alt und überholt wirken, die „Ideen von 1989“ dagegen jung und unverbraucht, obgleich es im wesentlichen dieselben Ideen sind, die seit den 1960ern verbreitet werden.

Mit der historischen Zäsur 1989 weicht, wie Saul Friedländer früh bemerkte, die „Zeit des Dritten Reiches um eine Epochenschwelle zurück“ (Frei 2009: 7-8). Gleichzeitig konnte Westdeutschland sich als „Sieger“ von 1989 über einen Unrechtsstaat gerieren und somit quasi 1945 *mutatis mutandis* unter „verkehrten Rollen nachspielen“. Die Stasi trat anstelle der Gestapo, der Mauerschütze anstelle des NS-Henkers, die BRD wurde

[211] Oder vielmehr ihre Ideen, denn dass eine Generation im Lauf der Zeit an Einfluss gewinnt und wieder verliert, ist mehr oder weniger soziologischer Gemeinplatz, sieht man einmal von sogenannten „verlorenen Generationen“ in besonders harten, langen Kriegen ab.

[212] Einem von Dolf Sternberger eingeführten und von Habermas fortgeführten Konzept, dass vor allem als „blutleer“ und „weltfremd“ verschrien wurde (Müller 2010: 111).

[213] Im besonderen Maße gegen Gender-Mainstreaming.

„Sieger- und Besatzungsmacht", wenngleich im Freudentaumel des Umbruchs nur wenige die Wiedervereinigung als das sahen, was es tatsächlich war: Keine Wende, sondern Fortgang des Alten - nur vereinigt. So wenig 1945 eine Stunde Null war, war 1989 eine Wende. Kontinuität im Westen, Bruch im Osten. Keine Vereinigung gleichberechtigter Partner wie in einer Ehe, sondern ein Anschluss eines moralisch ebenso wie ökonomisch bankrotten Verlierers des kalten Krieges, zum zweiten Mal binnen nicht einmal eines halben Jahrhunderts seiner mythischen Kontinuität beraubt. Gleichzeitig aber rückte mit der gesamtdeutschen Erbmasse des Deutschen Reichs dieses wieder in eine unmittelbare Kontinuität mit der Berliner Republik (ebenda: 8-9). Betrachtet man den deutsch-deutschen Kalten Krieg im Sinne Schivelbuschs, kann man dieselben Muster im Umgang der Ostdeutschen mit der „Niederlage" erkennen, die in anderen Kriegen festgestellt wurden: Dem ekstatischen Traumlandzustand aufgrund des Sturzes der alten Ordnung folgte die Ernüchterung der harten sozioökonomischen Anpassung an das marktwirtschaftliche System Westdeutschlands und damit einhergehend stellte sich eine gewisse „Ostalgie" ein, eine moralisch-juristische *levée en masse* zwischen „es war nicht alles schlecht" und „die DDR war kein Unrechtsstaat". Die Aufarbeitung der SED-Verbrechen wurde *mutatis mutandis* als „Siegerjustiz" wie nach 1945 bemängelt und es rührte sich elektoraler Widerstand in den neuen Bundesländern, teils zu Gunsten der SED-Nachfolgepartei, teils zu Gunsten der rechtsextremen NPD (Schivelbusch 2001: 21-27). 1989 als *annus mirabilis* ist ein relativ junger Mythos, der aber im Gegensatz zu 1968 eine gesamtdeutsche Leistungsschau ermöglicht. Während 1968 sich vor allem auf eine Generation bezieht, und mythisch „links" sowie aufgrund des studentischen Hintergrunds akademisch-intellektuell belegt ist, bietet 1989 zwei große Lesarten. Als Mauerfall-Mythos ist es ein Volksmythos, in welchem die Bürger des Ostens in einer friedlichen Revolution die mächtige SED, die Stasi, den gesamten autoritären Staat, eine Diktatur bezwangen, und damit den alten „linken" Traum einer bürgerlichen Revolution auf deutschem Boden wahr machten. Das ist vor allem der Mythos des Ostens mit dem Symbol der Berliner Mauer, die unter dem Druck der Rufe „wir sind das Volk" und „wir sind ein Volk" zerbarst. Dann ist 1989 der Mythos der Wiedervereinigung mit dem Heros Kohl als „Kanzler der Einheit" und dem Symbol Genschers vom Balkon der deutschen Botschaft in Prag, dessen letzten drei Worte im Jubel untergehen. Das ist vor allem der Mythos des Westens. Als Wiedervereinigungs-Mythos ist es ein Elitenmythos, in welchem die Staatsmänner des Westens mit weiser Hand die Gunst der Stunde nutzten und damit den alten „rechten" Traum eines wiedervereinten Deutschlands wahr machten. Wie im Widerstands-Mythos (s. Kapitel 5.5.3) steht mit 1989 also ein Elitenmythos gegen einen Volksmythos. Der ostdeutsche Volksmythos 1989 ist derjenige des 9. Novembers, der westdeutsche Elitenmythos 1989 derjenige des 3. Oktobers. Beide sind Mythen, da sie Legitimität und ein Gemeinschaftsgefühl stiften (im Volksmythos den Ostdeutschen, im Elitenmythos den Westdeutschen), beide reduzieren sie die Komplexität auf ein Minimum (die Rolle der anderen Nationen, ökonomische Sachzwänge, die Lage in der Sowjetunion) und negieren Kontingenz (eingedenk Willy Brandts Diktum von 1989: "Es wächst zusammen, was zusammen gehört"[214]). Sowohl der Zusammenbruch der DDR als auch die Wiedervereinigung wurden retrospektiv zur schicksalshaft determinierten Notwendigkeit erklärt, obgleich niemand die Ereignisse vorhergesehen hatte. Der westdeutsche Elitenmythos 1989 setzte sich offiziell durch, was manche bemängeln, da hierdurch eine gründungsmythische Neufundierung der Republik nicht wahrgenommen worden sei (Münkler 2009: 478). Problematischer ist dagegen die Nichteinbeziehung der Ostdeutschen (ebenda: 480), was das Feld des ostdeutschen Mythos 1989 seltsam unbearbeitet ließ. Der einzige Heros aus dem Osten im Elitenmythos war Teil der Elite - und kein Ostdeutscher: Michail Gorbatschow. Ansonsten folgte neben der harten sozioökonomischen Umstellung im Osten in den kommenden Jahren vor allem die Aufarbeitung der SED-Verbrechen, so dass es kaum ostdeutsche Helden, dafür aber viele ostdeutsche Schurken gab. Das mythisch unbearbeitete Feld der antiautoritären Revolte 1989 wurde dann über die neurechte Besetzung einer 89er-Generation als Anti-68er urbar gemacht (Brauner-Orthen 2001: 24-25), wobei mit 1968 auch eine anti-westliche, anti-intellektuelle und anti-elitäre Stoßrichtung in 1989 transferiert wurde. Für die Neue Rechte ist der brache Volksmythos ein Mythenschatz, in dem alle Themen untergebracht werden können: Westliche Dekadenz, Heldenmut des Volkes, Widerstand gegen Autoritäten, Volkssouveränität, dazu scheinbar nebensächlich eingeflochtene Propageme wie „multikulturelle Phantasien“ und „Mitteldeutschland“ (Junge Freiheit 2009[215]). Unter Miteinbeziehung anderer ostdeutscher Mythen wie Dresden, gelang es so der Neuen Rechten, in Ostdeutschland einen wesentlich stärkeren Metademos aufzubauen als im Westen. Das ist zwar nicht der alleinige Grund für den größeren Wahlerfolg der AfD im

---

[214] Ein Satz, den Brandt nicht etwa am Tag nach der Maueröffnung 1989 bei der großen Kundgebung vor dem Schöneberger Rathaus sprach, sondern beiläufig in zwei Interviews zwischen Tür und Angel fallen ließ. Der Satz schaffte es nicht mal zur Schlagzeile. Erst durch eine lokale SPD-Wandzeitung Ende November wurde Brandts Satz populär und rückte Dezember 1989 in die mediale Massenöffentlichkeit als Motto beim SPD-Parteitag (Wagener 2012).

[215] *„Man sah das „ruhelose Reich“ (Stürmer) glücklich überwunden, flüchtete sich in multikulturelle Phantasien. Westdeutschland hatte es sich im weltpolitischen Windschatten des Eisernen Vorhangs regelrecht bequem gemacht. Die Last der Teilung trugen die Mitteldeutschen in der DDR.*“ [...] *„Die Einheit erkämpft haben die heldenmütigen Deutschen in der DDR, die sich ein Herz faßten und immer zahlreicher auf die Straße gingen in einem Staat, der 200.000 Mitarbeiter eines „Staatssicherheitsdienstes“ zählte, um seine Bürger von der Selbstbestimmung abzuhalten*“ (Junge Freiheit 2009).

Osten oder die stärkere Präsenz der Neuen Rechten im öffentlichen Raum wie etwa im Falle Pegidas in Dresden, aber es spielt eine gewichtige Rolle im Ursachenbündel. Besonders im Osten trat durch die Ablehnung des Elitenmythos ein populistisches Moment hinzu, dass sich aus einem schwelenden ostdeutschen Ressentiment speiste.

5.7 Der ewige Untergang des Abendlandes: Vom Metanarrativ zum Mythos

„Die apokalyptische Rede ist ihrer Form nach, ganz unabhängig von dem, was sie verkündet, autoritativ."

-Michael Rutschky[216]

„Abyssus abyssum invocat."

- Biblia Sacra Vulgata: Psalm 41, Vers 8

Jede Mythologie erzählt in der einen oder anderen Form von sowohl der Schöpfung des Kosmos, der Welt und des Menschen darin, als auch vom Untergang, einem Kataklysmos (κατακλυσμός) etwa oder einer Ekpyrosis (ἐκπύροσις). Diese anthropologisch universelle Vorstellung von Anfang und Ende ist ein wahrscheinlich im menschlichen Sein selbst begründetes Metanarrativ, da die menschlichen Determinanten Geburt und Tod nach einem Äquivalent in der großen Erzählung verlangen, das selbst die ewigen Götter einschließt, wenngleich Ursprung und Ende auch als Teil eines kosmischen Kreislaufs erzählbar sind, etwa das „Große Jahr" in der griechischen Philosophie. Auch in politischen Mythen spielen Werden und Vergehen eine Rolle, indem politische Gemeinschaften wie etwa Nationen in biologischen Metaphern gedeutet und quasi zu Lebewesen erklärt werden. Man spricht von der „Geburtsstunde" einer Nation, wenn sich ein Land zum Beispiel für unabhängig erklärt. Reiche entstehen und verfallen ganz wie wachsende und siechende Menschen wie im Falle des Römischen Reichs, können aber auch wiederauferstehen wie das alte Reich im Barbarossa-Mythos. Im Abendland findet der Untergang nun sein pangenial dioskurisches Wesenselement. Fast scheint es, als hätte es nie einen Aufstieg des Abendlandes gegeben, nur seinen Untergang, so gängig ist die Formel, dass man das eine ohne das andere kaum zu denken vermag. Wie der Schriftsteller Gerhard Henschel süffisant durch den Titel seines Buches andeutet, ist der Untergang des Abendlandes älter als das Abendland selbst, geht es doch im Alter circa eines halben Jahrtausends bereits seit 3000 Jahren unter (Henschel 2010).

[216] Das „was" ist im Original kursiv hervorgehoben (Rutschky 1990: 134).

5.7.1 Bonjour Tristesse[217]*: Décadence und Déclin als Krisenszenario*

„Je suis l'Empire à la fin de la Décadence."

- Paul Verlaine[218]

Vor allem ökonomisch durch kollektive Erinnerungen an Hyperinflation, Massenarbeitslosigkeit und deren Weg nach `45 ist der Topos Untergang in der „mythischen DNS" der Bunderepublik, dem kulturellen Gedächtnis der Deutschen, tief verwurzelt, etwa wenn Guido Westerwelle 2010 der Diskussion um die Erhöhung der Hartz-IV-Regelsätze „sozialistische Züge" nachsagt und als Menetekel ankreidet: *„Wer dem Volk anstrengungslosen Wohlstand verspricht, lädt zu spätrömischer Dekadenz ein*" (Westerwelle 2010). Abgesehen von dem beckenberstenden Spagat zwischen Sozialismus und spätrömischer Dekadenz, zeichnet Westerwelle damit bewusst eine Meistererzählung nach, die sich gegenüber historiographischen Dekonstruktionsversuchen als derart robust erwiesen hat, dass sie in zahlreichen politischen und ökonomischen Mythen Einlass gefunden hat: der Untergang des römischen Weltreichs durch Dekadenz. Im Subtext knüpft Westerwelle an den deutschen Wirtschaftswunder-Mythos an: Wirtschaftswunder durch Leistung, Fleiß, Genügsamkeit. In dieser Lesart ist der implizit durch die Dekadenz angedrohte Untergang Deutschlands[219] auch eine Klarstellung, was Deutschland ist: sein wirtschaftlicher Erfolg. Denn in der Logik der Aussage scheitert Deutschland *totum pro parte*, wenn seine Wirtschaft scheitert. Und ungeachtet der Kritik an Westerwelles Aussage als „kaltherzig" oder „übertrieben", nutzte er Worte, die im konservativen Milieu mythisch wirkmächtig sind. Der Untergang als Menetekel ist eine mit der *décadence* - eine von Nicolas Boileau-Déspreaux zu Zeiten Ludwigs XIV. zur Quasisynonymie mit *déclin* gebrachte Chiffre - untrennbar verbundene Sinneinheit (Swart 1964: 34). In Literatur und Historiographie bleibt die Mythopoesis eines organischen Verfalls von Gemeinschaften durch eine *„décadence des esprit*" (ebenda) als Mahnung lebendig, ob wie im Falle des Römischen Reiches durch Montesquieu und Gibbon (Riecker 2006: 58) oder aber als Epochendrama wie durch Thomas Mann in seinen Werken „Buddenbrooks" oder „Der Zauberberg". Die Idee der Dekadenz ist die Idee der Krise. Neben dem Dolchstoß als Chiffre für den Verrat stehen Gift und Krankheit als Chiffren der Dekadenz, die ein klassisches Untergangsmo-

---

[217] (Sagan 1955).

[218] *„Ich bin das Reich am Ende der Dekadenz*" (eigene Übersetzung) von Paul Verlaine (zitiert nach Engel 1927: 503).

[219] Westerwelle bevorzugte in seinem Gastbeitrag dann doch eine weniger dramatische Formulierung: *„An einem solchen Denken kann Deutschland scheitern.*" (Westerwelle 2010).

tiv nicht nur in Kunst und Literatur darstellt (Schivelbusch 2003: 253-254). Eine Gemeinschaft steckt in einer Wesenskrise durch ihren Verfall, der begründet liegt in ihrer „Entartung“, aber nicht als Abweichung von einer Norm, sondern von einem normativen Ideal, was nichts anderes bedeutet, als dass sich die Gemeinschaft von ihren Ursprüngen entfernt hat, ihrem mythischen Rhizom. So beschworen Römer vom Schlage eines Catos (*maior*) - die Krise der römischen Adaption orientalischer Dekadenz vor Augen - die altrepublikanischen Tugenden des römischen Bauernsoldaten[220]. In manchen islamischen Ländern werden gegen die Dekadenz-Krise der „Verwestlichung“ teilweise die Tugenden eines streng-frommen Frühislams herangezogen, um an den mohammedanischen Dschihad-Mythos anzuknüpfen, demzufolge dank Gottesfurcht der Islam binnen weniger Jahre und ungeachtet anderer Faktoren die Welt im Sturm erobert haben soll. In den USA wird in Krisenzeiten der Pioniergeist des *Frontier*-Mythos beschworen (Osterhammel 2011: 478). Und in Deutschland wird gegen die „Wohlfahrts-Dekadenz“ mit der Tugend der „schwäbischen Hausfrau“ letztlich ein Abziehbild der Trümmerfrau bemüht, um an die mythische Wurzel des Wirtschaftswunders durch Fleiß und Genügsamkeit anzuknüpfen. Ob Bauernsoldat, Märtyrer, Pionier oder Trümmerfrau: Jede Gemeinschaft besitzt also einen mythischen kollektiven Leistungsheros, der entweder direkt oder indirekt als Antidot des Miasmas kollektiver Degeneration bemüht wird. Das „zurück zu den Wurzeln“ besitzt über die *radex* einen schon semantischen Bezug zum Radikalen, zudem tritt das autoritative *telos* des sich im Krisen-Narrativ niederschlagenden Untergangs-Topos in Erscheinung: Der Untergang verlangt nach etwas. Generell lassen sich drei Untergangstypen unterscheiden: Der drohende Untergang, der präsente, beziehungsweise permanente Untergang und der erfolgte oder unvermeidbare, ergo revolutionäre Untergang. Der drohende Untergang ist recht orthodox und fast überall anzufinden. Er wird vor allem von Politikern genutzt, die ihre *policy* als alternativlos präsentieren wollen („*there is no alternative*“ (TINA)) (Séville 2017: 9). Es ist ein zumeist als Krisen-Narrativ formuliertes Szenario, auf den Untergang zuzusteuern. Dekadenz und Verfall sind klassische Topoi dieses Untergangstyps. Ein Beispiel wäre Westerwelles Warnung vor dem möglichen Scheitern Deutschlands durch „spätrömische Dekadenz“ (Westerwelle 2010).[221] Heilmit-

[220] Somit ist es kein Wunder, dass der ältere Cato auch als Namensgeber eines prominent neurechten Geschichtsmagazins („Cato“) herhalten muss, das laut Eigenwerbung „*für den vergessenen Wert des Bewahrens eintritt*" und eine "*Arche*“ sein will „*für die Stürme von morgen*", womit abermals die neurechte Lust am *mene mene tekel u-parsin* des Unterganges - hier in Gestalt des Katklysmos - ersichtlich wird (Schloemann 2017).

[221] Ein Krisen-Narrativ, das sich auf der europäischen Ebene spiegelt, wenn die als Schuldenkrise erzählte Finanzkrise ab 2008 den „über ihre Verhältnisse lebenden“ Griechen, Italienern oder Portugiesen angelas-

tel hier ist die Besinnung auf die Tugenden eines Leistungsheroen, der Vorfahren oder eine bestimmte Politik. Dafür ist es bei seinem radikaleren Pendant des anstehenden Untergangs zu spät. Hier findet der Untergang gerade statt. Es ist ein manichäischer Konflikt. Bei diesem Untergangstyp muss sich jeder entscheiden, ob er gegen den Untergang und seine Verursacher kämpfen will oder nicht. Wer nicht gegen den Untergang kämpft, arbeitet ihn herbei. Die Feststellung eines stattfindenden Untergangs eignet sich für politische Mobilisierungskampagnen und ist durch seine manichäische Konfliktstruktur für Populisten geeignet, die Schutz versprechen, beziehungsweise einen Kampf fordern. Dieser Untergangstyp weist neben Dekadenz und Verfall oft das Verrat-Topos auf („Volksverräter"), kann aber auch eine äußere Konfliktstruktur besitzen (internationale Finanzeliten oder Flüchtlinge). Dabei weist der Untergang langlebige Tendenzen bis hin zur Permanenz auf. Ein solcher Untergangsgedanke lässt sich zum Beispiel in Thilo Sarrazins „Deutschland schafft sich ab" herauslesen. Der letzte Untergangstyp ist der revolutionäre, bereits stattgefundene oder unaufhaltsam anstehende Untergang. Er ist revolutionär, da er entweder tatsächlich alles umgewälzt hat und diese Umwälzung nun erneut revolutionär umgekehrt werden muss oder weil die Ursachen des Untergangs eine Umwälzung verlangen, einen radikalen Neuanfang. Es wird nach einem Retter verlangt, einem Befreier oder Propheten. Dieser Untergangstyp beinhaltet neben Dekadenz, Verfall und Verrat auch äußere Feinde, etwa durch einen Krieg. Beispiel hierfür sind die nationalrevolutionären Untergangs-Mythen in der frühen Weimarer Republik (Schivelbusch 2003: 251-252). Für jeden, der ein bestehendes System stürzen will, ist die Verlagerung des Untergangs in die Vergangenheit eine probate Wahl.

Tabelle 4: Typologie des Untergangs[222]

Untergangs-Typ	Ereignishorizont	Gegenmaßnahme	Geeignet für
Drohender Untergang	Kann passieren	Heilmittel	TINA-Rhetoriker
Permanenter Untergang	Passiert gerade	Schutz/Kampf	Populisten
Revolutionärer Untergang	Ist schon passiert/ ist gewiss	Umkehr/Retter	Revolutionäre

tet wird, die ganz Europa mit in den Untergang zu reißen drohen und wogegen deutsche Haushaltsdisziplin als Heilmittel alternativlos verordnet wird (Séville 2017: 329 und 411).

[222] Eigene Darstellung.

Ob Heilmittel, Kampf oder Retter: Im, nach oder kurz vor dem Untergang nützt hierzu ein Symbol, das Symbol eines neuen Heros, der an alte Ideale anknüpft. Die Trümmerfrau ruft nach der schwäbischen Hausfrau, dem *pin-up-girl* der Austeritätspolitik, als „Heilmittel" der Finanzkrise. Der 89er-Montagsdemonstrant ruft nach dem Pegida-Spaziergänger als Kämpfer gegen die „korrupten Eliten". Der Kyffhäuser-Kaiser ruft nach dem Führer als Befreier eines geknechteten Reichs. Die Rhetorik dahinter ist simpel und absolut: ein alles oder nichts, Umkehr oder sehend in den Untergang (oder nie aus ihm heraus). Die Quintessenz jeder Untergangsgeschichte ist die Konflikt-Dualität[223]: Es gibt einen Feind von innen und es gibt einen Feind von außen. Der Feind von innen „korrumpiert" und „verweichlicht" den „Gemeinschaftskörper", „zerfrisst" ihn von innen, was die Gemeinschaft so weit schwächt, dass sie dem Feind von außen nicht mehr gewachsen ist. So lauten klassische Untergangs-Meistererzählungen: Rom hätte jahrhundertelang Barbaren abgewehrt, doch das Christentum mit seiner jenseitigen Heilsidee habe das Reich geschwächt, Dekadenz „zersetzte" zusätzlich „seine Wehrkraft" und demzufolge hätten die Barbaren das Reich überrennen können, bis es zerfiel (Demandt 2014: 132 und 626). Das deutsche Heer im ersten Weltkrieg sei unüberwindbar gewesen, aber der „Feind im Inneren" - Sozialdemokraten und andere Kandidaten - seien ihm in den Rücken gefallen (Schivelbusch 2003: 245), was möglich gewesen sei, da das wilhelminische Kaiserreich bereits unheilbar dekadent gewesen sei (ebenda: 251-252). Die amerikanische Armee hätte den Vietkong besiegen können, wenn nicht linksintellektuelle Pazifisten und liberale Journalisten das Volk gegen Militär und Politik aufgebracht und das Land so gespalten hätten (Kimball 2008: 233). Die Sowjetunion hätte dem kapitalistischen Westen standhalten können, wenn nicht „naive Reformer" wie Gorbatschow die UdSSR von innen heraus aufgeweicht und zersetzt hätten (Bacia 2014).[224] Die neurechte Rezeption des Dekadenz-Untergang-Theorems in Deutschland bedient sich aller drei Konfliktstrukturen des Untergangs: Der Dekadenz eines amerikanisch geprägten Materialismus und Liberalismus (Olles 2001). Dem Verrat durch „korrupte Eliten" (Lichtmesz 2011). Der äußere Feind durch eine „Flüchtlings-Invasion" und Islamisten (Lichtmesz 2015). Besonders diese äußere Konfliktstruktur folgt damit dem neben Dekadenz zweiten klassischen Untergangsmotiv, dem „Einfall der Barbaren" (Weißmann 2017).

[223] Manchmal ist der Untergang auch trinitär: Verfall im Inneren (Dekadenz), Feind im Inneren (Verrat) und Feind von außen (Krieg) (Schivelbusch 2003: 253).
[224] Vor allem der ehemalige Ministerpräsident der Sowjetunion, Nikolai Ryschkow, vertritt diese Legende vehement in seinem laut FAZ-Rezensent Bacia „Pamphlet": „Mein Chef Gorbatschow. Die wahre Geschichte eines Untergangs" (Bacia 2014).

5.7.2 Hannibal ante portas: „Barbaren" als Untergangsszenario

Bereits der Anstieg der Flüchtlingszahlen Anfang der 1990er Jahre hatte die wertepolitischen Achsen der neuvereinten Republik verschoben. Nach dem Zenit 1992 entschloss sich auch Botho Strauß, die beiden Untergangsmotive Dekadenz und Invasion narrativ zu bedienen. Er sah Konflikte heraufziehen, „*die sich nicht mehr ökonomisch befrieden lassen; bei denen es eine nachteilige Rolle spielen könnte, daß der reiche Westeuropäer sozusagen auch sittlich über seine Verhältnisse gelebt hat*" (Strauß 1993). Es liest sich wie die Verzweiflung eines enttäuschten Konservativen oder wie die Verachtung eines zornigen Intellektuellen: martialisch, fatalistisch, fast chiliastisch. „*Zwischen den Kräften des Hergebrachten und denen des ständigen Fortbringens, Abservierens und Auslöschens wird es Krieg geben*" (ebenda). Im Ganzen ist es eine Reminiszenz alter Feindbilder: der degenerierte, hedonistische Liberalismus, dekadenter Egoismus, Sittenverfall, das Dräuen des Untergangs vermittelst „linker" kultureller Hegemonie. Strauß beklagt einen „*intellektuellen Protestantismus*" und fordert „*Mut zur Sezession*" (ebenda) - zehn Jahre später nennt sich eine neurechte Zeitschrift Sezession, eingedenk der aufmerksamen Nutzung und Deutung von Botho Strauß' Wutschrift kaum als Zufall vorstellbar. Und auf die Dekadenz, die in der Geschichte so oft zitierte „Fäulnis im Inneren" folgt der Angriff von außen. „*Wir werden herausgefordert, uns Heerscharen von Vertriebenen und heimatlos Gewordenen gegenüber mitleidvoll und hilfsbereit zu verhalten, wir sind per Gesetz zur Güte verpflichtet*" (ebenda). Eine intellektuelle Blaupause für die mythopoetische Fortschreibung eines Metanarrativs: Dekadenz (Materialismus, Wohlstand, Liberalismus) - Verrat (die 68er, die Eliten[225]) - Invasion der Barbaren (Migranten, Asylanten[226]) - Untergang. Und je nach Protagonist droht der Untergang (Horst Seehofer[227]), findet er gera-

---

[225] Strauß benennt die „*anarchofidele Erst-Jugend um 1968*" und deren Kopisten „von rechts", von Strauß bereits „Mainstream" benannt (Strauß 1993). Ebenso entsprechend orientierte Medien (ebenda).

[226] Er sagt zwar ausdrücklich, „*wir werden nicht zum Kampf herausgefordert durch feindliche Eroberer*", sondern „*wir werden herausgefordert, uns Heerscharen von Vertriebenen und heimatlos Gewordenen gegenüber mitleidvoll und hilfsbereit zu verhalten*" (Strauß 1993). Doch auch passiv sind Heerscharen Heerscharen, wie es auch im in Kubitscheks Antaios-Verlag neu veröffentlichten (die französische Erstausgabe erschien 1973) „Heerlager der Heiligen" von Jean Raspail beschrieben wird, dem sein Übersetzer und Sezession-Autor Martin Lichtmesz (Weiß 2017: 123) „prophetischen Charakter" zuschreibt (Raspail 2016: 5): „*An diesem Karsamstag belagerten 800.000 Lebende und Tote friedlich die Grenze des Abendlandes. Am nächsten Morgen würde alles vorbei sein*" (Raspail 2016: 13). Die „Barbaren" in dieser Logik sind keine Krieger, es sind Flüchtlinge, aber sie erdrücken durch schiere Masse, Anwesenheit. Auch passiv und ohne Eroberungsherausforderung werden sie von Strauß, Raspail, durch neurechte Denker, Rechtspopulisten und die extreme Rechte klar als Gefahr benannt, als Untergangsszenario.

[227] Etwa wenn er im Asylstreit das Merkelsche „wir schaffen das" verneinte („*kann ich mir beim besten Willen nicht zu eigen machen*") (Stockrahm 2016) und somit ein Scheitern (Deutschlands angesichts der Flüchtlingskrise) suggerierte, womit die eigene Politik (Zuwanderungsbegrenzung) alternativlos präsentiert wird.

de statt (Thilo Sarrazin[228]) oder hat bereits stattgefunden (Botho Strauß[229]). So wie die Polizei bei „Gefahr im Verzug" (*periculum in mora*) ihr unmittelbares Handeln legitimiert und einen erweiterten Handlungsspielraum genießt, gilt die Beschwörung des drohenden Untergangs Politikern als probates Mittel, sowohl das eigene Handeln als alternativlos zu präsentieren, als auch - außergewöhnliche Situationen erfordern außergewöhnliche Maßnahmen - umstrittene und tiefgreifende *policies* umzusetzen. Der permanente von der AfD, der Pegida oder einem Thilo Sarrazin formulierte Untergang durch „Überfremdung" nutzt diesen, um auf einen manichäischen Kampf einzuschwören, das „reine" Volk gegen die „korrupten Eliten", politisch zu mobilisieren und so den vermeintlichen Untergang zu stoppen oder sogar umzukehren. Der Revolutionär aber, oder der, der sich als solcher versteht, der das System an sich umstürzen will, der will den Untergang nicht verhindern, im Gegenteil: der braucht ihn, weil in dieser Denktradition alles von Grund auf neu errichtet werden muss. So der Marxismus vom Zusammenbruch des Kapitalismus ausgeht, den er nicht verhindern, sondern auszunutzen sucht, um auf den Ruinen des Kapitalismus den Kommunismus zu begründen, geht der Faschismus vom Untergang der pluralistischen Gesellschaft aus, dem die Begründung einer „Volksgemeinschaft" folgt. Der Untergang als sich im menschlichen Wesen von Entstehen und Vergehen begründendes Metanarrativ, verfeinert sich da zum politischen Mythos, wo er eine politische Gemeinschaft legitimiert und sinnstiftend festigt. Wenn also Guido Westerwelle ein Scheitern Deutschlands aufgrund der Diskussion über eine Erhöhung des Hartz IV-Regelsatzes als Menetekel hinausruft (Westerwelle 2010), ist sein Untergang nur Mythenplakat, nicht der Mythos selbst. Der Untergang der Neuen Rechten - ob permanent oder revolutionär - ist dagegen insofern Mythos, da er den neurechten Metademos - *idealiter* aus dessen Sicht das gesamte Volk inkludierend - über diesen Untergang einigt,

---

[228] Sein Satz „Deutschland schafft sich ab" erklärt den Prozess des Untergangs *qua* Abschaffung im Präsens, oder wie AfD-Politiker Marc Jongen im Bundestag sekundiert: Die AfD sei eine „*Alternative zur Abschaffung dieses Landes als staatliche und kulturelle Einheit, die Sie alle betreiben, wie Sie von den Altparteien hier sitzen, durch Ihre EU-Politik, durch Ihre Politik der Masseneinwanderung, auch durch Ihre Energiepolitik*." (Deutscher Bundestag 2018: 1294).

[229] In seiner als Glosse maskierten Streitschrift „Der letzte Deutsche" schreibt er zum Ende hin: „*Doch zuvörderst melden sich wie immer die Pazifisten zu Wort und erklären: 'Deutschland wird jeden Tag weniger. Das finde ich großartig.'* [...] *Dank der Einwanderung der Entwurzelten wird endlich Schluss sein mit der Nation und einschließlich einer Nationalliteratur. Der sie liebt und ohne sie nicht leben kann, wird folglich seine Hoffnung allein auf ein wiedererstarktes, neu entstehendes „Geheimes Deutschland" richten*" (Strauß 2015: 124). Darin klingt in Form eines impliziten Futurs II (der Untergang ist unaufhaltsam, erkennbar im „allein", „neu entstehendes" (ebenda)) eine revolutionäre Hoffnung an, die im Verweis auf ein „Geheimes Deutschland" („Geheimes" ist großgeschrieben, ergo als Eigenname auf den George-Kreis zu beziehen (Grünewald 1982: 76)) eine Reminiszenz an den Kyffhäuser-Mythos darstellt, die Wiedererrichtung des Reichs aus größter Not, eine von neurechts ebenso konnotierte Mythenschau (Kubitschek 2004).

legitimiert und diesem Sinn stiftet. Der gemeinsame Kampf gegen einen gemeinsamen Feind mit einem gemeinsamen Ziel - ein klassischer politischer Mythos. Dabei bedient sich die Neue Rechte eines neuen metapolitischen Konzepts, das aus dem Umfeld der *Nouvelle Droite* stammt und in Deutschland von dem Identitären Block ebenso propagiert wird, wie von Junger Freiheit, Sezession, der AfD oder Pegida: Das Konzept des Ethnopluralismus, das an die Stelle des Rassismus der Alten Rechten getreten ist, respektive eine dem Zeitgeschmack angepasste Form des Rassismus oder zumindest der Xenophobie darstellt (Eckert 2010: 26; Stöss 2006: 525). Dabei orientiert sich der Ethnopluralismus an Konzepte wie Samuel Huntingtons „Kampf der Kulturen“, wobei der im Zuge globalisierungsbedingter Migrationsströme einhergehende multikulturelle und multiethnische Pluralismus als Gefahr für die eigene Identität wahrgenommen wird (Eckert 2010: 29). Die Bewahrung einer eigenen Kultur und Identität wird demzufolge als „Recht auf Differenz“ erzählt - sowohl individuell wie kollektiv (ebenda: 28). In diesem Konzept tauchen neben nationalistischen, biologistischen und sozialdarwinistischen Topoi auch Elemente des Antimodernismus und aristokratischen Autoritarismus auf (Eckert 2010: 29-30; Pfeiffer 2018: 39 und 46). Die momentanen Migrationsbewegungen Richtung Europa werden im Rahmen des ethnopluralistischen Konzepts im Sinne eines Krisennarrativs also als Bedrohung dargestellt, in welchem zumeist entindividualisierte Flüchtlingsströme, -fluten oder -horden in Europa „einfallen“, um die ansässige Kultur auszulöschen: das klassische Barbarenmotiv. Der Feind im Inneren, der „bedolchte Verräter“ in diesem Untergangsszenario ist wahlweise ein gern als „Asylindustrie“ anonymisiertes Geflecht aus Rettungshelfern, Asylanwälten, „schönfärbenden Medien“, bestimmten Politikern, freiwilligen Flüchtlingshelfern in den Ankunftsländern und mehr (Paulwitz 2017; Paulwitz 2017b; Fasbender 2016). Die Dekadenz, die „innere Fäulnis“ in diesem Modell ist dann etwa ein „naives Gutmenschentum“, der Liberalismus, Pazifismus, Globalisierung - auch hier bieten sich viele Anlaufstellen, die je nach Situation mythomotorisch aktiviert werden können. Gegenüber dem Narrativ der Bundesregierung „Wir schaffen das“ ist der neurechte Untergangsmythos über das Barbarenmotiv weitaus wirkmächtiger. Nicht nur, dass er einen Konflikt thematisiert auf allen drei Konfliktebenen (Dekadenz - Verrat - Invasion), er hat auch einen auf das Wesentliche reduzierten *story*-Wert (Leben/Tod, McKee 2011: 43-44) und manichäisch belegte Protagonisten (gut/böse). Komplexität wird reduziert, Kontingenz ignoriert („die Politik der ‚offenen Türe‘ musste so enden“). Das Narrativ „wir schaffen das“ (Stärke, Zuversicht, „wir haben schon so viel geschafft“) ist dagegen zu wenig, wenngleich es besser ist, als ein Slogan wie „du schaffst das schon“. Als politischer Mythos hat der Untergang eine nicht zu unterschätzende Mobilisierungswirkung, die nur durch ein Ende der angeführten Untergangsgründe (stark sinkende Flüchtlingszahlen, ausbleibende Flüchtlingskriminalität) unterminiert werden kann.

5.7.3 Die Festung als Heimat: Antemurale-Mythen als Rettungsszenario

„Kein künftiger Fürst, kein Mensch kann solches schaffen!

Ersteige Uruks Mauer, schreit' sie ab,

Blick auf die Gründung, sieh das Ziegelwerk,

Ob es nicht völlig aus gebranntem Stein:

Die sieben Weisen legten ihren Grund!"

- Das Gilgamensch-Epos[230]

Die Vorstellung des Beschützers nicht allein der eigenen politischen Gemeinschaft sondern der Zivilisation schlechthin gegen ihren metanarrativen Erzfeind, die Barbarei ist eine Idee, die wahrscheinlich so alt ist wie die Zivilisation selbst. Der Beschützer der Zivilisation aber - ob Stadt, Reich oder Erdteil, steht stets an vorderster Front, ob auf einer buchstäblichen Vormauer oder selbst als Leib sich „gegen die Feindesflut stemmend" wie Roland in Ronceval. Dabei interpretieren auch politische Gemeinschaften sich kollektiv als „Vormauer" von etwas gegen etwas, womit sie ihre herausragende Stellung unter den Völkern betonen und sich mental verorten, Legitimation und Selbstgewissheit produzieren, Komplexität reduzieren, Kontingenz negieren - ein Mythos. Dieser *antemurale*-Mythos ist essentieller Bestandteil vieler Nationalmythen, um eine nationale Heroisiserung und Sakralisierung, eine Art gemeinschaftliches *sacrificium* in Form der Last einer historischen Mission zu formulieren. Indem man Vormauer von etwas ist, ist man Teil von etwas, das größer ist. Dies kann eine Völkergemeinschaft, eine kulturelle oder religiöse Gemeinschaft. Die Vormauer hat neben ihrer exkludierenden Funktion also auch eine inkludierende. So versteht Deutschland sich in seinen *antemurale*-Mythen als Vormauer Europas nach Osten eben auch als Teil Europas, wobei sich die Ostgrenze Europas von *antemurale* zu *antemurale* erzählerisch nach Osten verschiebt, denn das gleiche gilt etwa auch für Polen und Russland. In Deutschland beging zum Beispiel Bischof Fronhofer 1955 den tausendsten Jahrestag der Schlacht auf dem Lechfeld, indem er die heidnischen Magyaren von 955 mit den „barbarischen Horden aus dem Osten" der Gegenwart gleichsetzte, dem bolschewistischen Russland, das das christliche Abendland

[230] Nach der assyrischen Version des Gilgamensch-Epos (Gilgamensch-Epos Tf. I, 15-19, Seite 24).

bedrohe (Brüning 2016). Neben Exklusion und Inklusion verbinden sich mit dem Topos der Vormauer gewisse symbolische Konnotationen wie etwa „Vorkämpfer“, „Widerstand“, „vorderste Front“, worin sich narrativ der Krieg oder zumindest der Konflikt verbirgt. Der Wall ist metanarrativ die Grenze nicht nur zwischen Nationen oder Kulturen, zwischen Freund und Feind, sondern vor allem zwischen Zivilisation und Barbarei, Ordnung und Chaos. Der Wall, der ausschließt, umrahmt und beschützt. Indem etwas ausgeschlossen wird, definiert der Rahmen das Zusammengehörige diesseits der Mauern, sei es eine Stadt oder ein Imperium – die Mauer schafft eine Gemeinschaft über einen Feind oder Gegner – oder über das Unbekannte, Ungezähmte der Wildnis, dem gegenüber das Bekannte, Gehegte, Kultivierte der Zivilisation steht. Daher stehen Mauern auch an zentraler Stellen in den Gründungsmythen politischer Gemeinschaften.[231] Bereits das Paradies als Garten Eden, Rand der himmlischen Steppe, ist von einer Mauer umgeben. Die Mauer ist die in Stein gehauene Grenzziehung, worin sich ein Ewigkeitsanspruch formuliert, der die Gemeinschaft legitimiert. Gleichzeitig definiert die Mauer als Symbol vor allem der städtischen Wehranlage eine Heimat, ein zu schützendes Ideal, so dass sich das sprichwörtliche *my home is my castle* umkehrt zum *my castle is my home*. Schon sinnbildlich steht die Mauer damit nicht in der Tradition des Liberalismus (dessen symbolische Entsprechung beispielsweise die Brücke wäre), sondern des Konservatismus, da sie das Bewahrenswerte formuliert und bewahrt. Die Mauer als Idee zu formulieren und einen Demos raummythisch selbst zur „Vormauer“ zu formulieren (quasi die „Fleischwerdung“ des Bollwerks) ist das Definieren eines Rollenverständnisses, der das Heroische betont, das Exzeptionelle und das *sacrificium* aufgrund der Last der Verantwortung und der Aufgabe an sich. Mental nimmt man hierdurch eine Selbstverortung vor. Russlands *antemurale christianitatis* als Europas Bollwerk gegen die Tataren, Europas äußerste Grenze, definiert das europäische Selbstverständnis Russlands, dessen Zerrissenheit sich an der gegen den Westen gerichteten „Mauer“ der Orthodoxie des „Dritten Roms“ zeigt.[232] Polen wiederrum setzt ebenfalls auf einen Mythos der *antemurale christianitatis*

---

[231] Etwa Troja, Rom, Jericho und der Fall der Mauer oder die Überwindung dieser markiert gleichsam deren Ende.

[232] In diesem Sinne gibt es mit dem Alexander-Newski-Mythos, beruhend auf der Schlacht an der Newa 1240 gegen Schweden, mehr noch auf der Schlacht gegen den Deutschen Orden auf dem Peipussee 1242, einen gegen westliche Invasoren formulierten Mythos (Schenk 2004: 47), der vor allem im Zweiten Weltkrieg erneut rezipiert wurde, um das Dritte Reich mit dem Deutschen Orden gleichzusetzen, nachdem Sergej Eisenstein und Prokofjew 1938 in Regie und Musik ihre „Arbeit am Mythos“ (Blumenberg 2001) vollbracht haben (Ostrovski 2006: 290-291). Mit dem Mythos der Schlacht auf dem Kulikóvo póle (Schnepfenfeld) 1380 gegen die Tataren (Goldene Horde) und dem Nationalheroen Dmitrij Donskoj formuliert sich der zweite, gegen den Osten gerichtete Gründungsmythos Russlands (Troebst, Stefan 2014, Parppei 2017: 130-131). Die Heiligsprechung sowohl Alexander Newskijs und Dmitrij Donskojs zeigt die essentielle Rolle der orthodoxen Kirche im russischen Nationalmythenkanon (Troebst, Stefan 2014).

im Sinne der *romanitas* gegen das orthodoxe Russland, aber mit dem Sobieski-Mythos als Retter Wiens und damit des Abendlandes auch als *antemurale occidentalis* in antiislamischer Konnotation, dass hierin von Europa oder dem Abendland ausgeschlossen wird. Und auch Deutschland besitzt einen bis ins Mittelalter zurückreichenden *antemurale*-Mythos, der sich definiert über markierende Erinnerungsorte wie das Lechfeld 955, Liegnitz 1241 (ein deutsch-polnischer Mythos), die Marienburg 1410 sowie Wien 1529 und 1683. Daran knüpfte sowohl die nationalsozialistische[233] als auch die bundesrepublikanische Politik an: Westdeutschland als *antemurale mundi liberalis*, die Vormauer des Westens zum bolschewistischen Osten mit Berlin als Bergfried inmitten „der roten Flut".[234] Antemurale Mythen werden verstärkt von konservativer Seite betont, woran die Neue Recht andocken kann, wenn sie mit dem – nun gegen Migranten gerichteten - nationalsozialistischen Propagem der „Festung Europa" das Mythem des imperialen Limes gegen die Barbaren wachruft.[235] Während die Migranten gleich welcher Konvenienz und Absicht damit sinnbildlich kollektiv quasi „Barbaren" werden, feindliche Invasoren, anonyme Horden, das Kollektiv des Chaos, Massen, Fluten, Ströme, eine Naturgewalt, die es abzuwehren gilt, soll das „Abendland", die Heimat in ihrer ordensähnlichen Funktion als Festung, bewahrt werden (Koch 2018: 52). Europa als defensive Schicksalsgemeinschaft ist ein Narratem in der Tradition der *union sacrée* , der heiligen Gemeinschaft bei Kriegsbeginn (Schivelbusch 2003: 43), deren Wagenburg-Mentalität[236] nach innen hin Unterschiede nivelliert und den Konflikt der „Verteidiger" mit den „Invasoren" manichäisch auflädt. Gleichzeitig will sich die Neue Rechte als Metademos jener ominöser „Wahl-Preußen" (Kubitschek 2007b) zum *antemurale germaniae* stilisieren, sind alle selbsternannten „Retter des Abendlandes" *antemurale occidentalis*.[237] Das Bemühen eines *antemurale*-Topos ist die logische Fortsetzung des Krisennarrativs, das Bild der Belagerung selbst eine Art symbolisches TINA-Argument des zusammenrückenden

[233] Hier sei auf Görings Rede vom 30.01.1943 verwiesen: „*Immer und zu allen Zeiten ist Preußen-Deutschland der Wall gewesen, an dem sich die östlichen Horden brachen. Heute steht nun Deutschland für ganz Europa auf äußerster Wacht.*" [...] „*es wurde jetzt der Entschluß gefasst über Bestehen oder Vergehen des Abendlandes.*" (zitiert nach Krüger 1991: 175-177).

[234] Ein gutes Beispiel für einen missglückten Versuch eines *antemurale*-Mythos ist dagegen die Berliner Mauer als „antifaschistischer Schutzwall" (mit der DDR folglich als Vormauer-Frontstaat des Kommunismus), da die eigentliche Intention der Mauer als Abwehr nach innen hin offensichtlich war und dem Mythos somit die notwendige Plausibilität fehlte.

[235] Wobei das Propagem „Festung Europa" von beiden Seiten verwendet wird, positiv konnotiert auf der Antimigrations-Seite (AfD 2015), bereits deutlich früher negativ konnotiert von der Promigrations-Seite (Bündnis90/ Die Grünen 2011). Dies ist keine neue Entwicklung. Bereits im Zuge des Migrationszenits 1992 wurde das Bild der „Festung Europa" bemüht (Habermas 1993).

[236] Die amerikanische *Frontier*-Variante (Osterhammel 2011: 478) des *antemurale*-Topos.

[237] Ein Bild, dass zuletzt vor allem durch den aktionistischen Identitären Block bemüht wurde, dessen Aktivisten ein Boot ins Mittelmeer entsandten, um „Europas Grenzen zu verteidigen" (Thöne et al. 2017).

Abschottens, um den drohenden Untergang abzuwehren. Im Falle des *antemurale*-Topos in den metapolitischen Ansätzen der Neuen Rechten sind deren diskurshegemonialen Bemühungen in Deutschland bislang erfolgreich[238], da zum einen die europäischen und nationalen Grenz- und Migrationsregimes verschärft wurden und weiter werden, und zum anderen die Einstellungen gegenüber Migranten[239] in beachtlichem Maße rechtspopulistischen und rechtsextremen Diskursen folgen, was für ein verschärftes Empfinden einer „kultureller Bedrohung" durch Migranten sorgt (Pickel und Pickel 2018: 317). Bis auf eine politische *quantité négligeable* der europäischen Politik herrscht der Konsens vor, die Grenzen Europas zu stärken und die „unkontrollierte" Migration zu beenden – die Diskussion dreht sich um das „wie hoch" die buchstäblichen oder bildlichen Mauern wachsen sollen, nicht um das „ob" und erst recht nicht um deren „Schleifung". Dabei ist das Bild der Mauer hier als paneuropäisches teleologisches Propagem zu werten, analog zu Donald Trumps Mauerplänen zu Mexiko. In dieser Lesart ist das „Abendland" *in toto* Vormauer, ergo Festung.[240] Der „Willkommenspolitik" Angela Merkels 2015 als auf christlichen und ethischen Prinzipien beruhende fundierende Mythomotorik steht die Neue Rechte mit ihrer kontrapräsentischen nativistischen Mythomotorik entgegen (Assmann 2013: 79-80). Nach Assmann ist Mythomotorik die Kraft und Funktion des Mythos, die der „selbstbildformenden und handlungsleitenden Bedeutung" entspricht, „die er für die Gegenwart hat", also der „orientierenden Kraft, die er für eine Gruppe in einer bestimmten Situation besitzt" (Assmann 2013: 79-80). Diese Funktionskraft kann fundierend sein, indem das Gegenwärtige mythisch retrospektiv als „sinnvoll, gottgewollt, notwendig und unabänderlich" erklärt wird oder kontrapräsentisch, wenn eine defizitäre Gegenwart vom Ideal einer „goldenen Vergangenheit" her revolutionär verändert werden soll (Assmann 2013: 29). Auf der einen Seite steht also eine mit sozioökonomischer Logik (sinnvoll), christlicher Nächstenliebe (gottgewollt), situativer Notwendigkeit und TINA-argumentativer Unabänderlichkeit fundierte Politik Merkels der offenen Grenzen 2015. Auf der anderen Seite mit Verweis auf das nativistische Ideal die kontrapräsentische Forderung nach Abschottung, Abweisung und Ausweisung. Hinter ersterer steht mythisch das Prinzip des anpackenden Wirtschaftswunders („Wir packen das", „Wohl-

---

[238] Analog zu der in anderen europäischen Ländern zu beobachtenden Entwicklung (Pickel und Pickel 2018: 317).

[239] Insbesondere muslimischen, in vielen öffentlichen Debatten werden Flüchtlinge und Muslime quasi gleichgesetzt (Pickel und Pickel 2018: 315).

[240] Der Aufstieg der Mauer zu einem seriellen Element der politischen Ikonographie in der Populärkultur unterstützt diesen Trend zusätzlich (Koch 2018: 52). Auch die zunehmende „Angst vor dem Barbaren" (ebenda: 53) und die Sehnsucht nach einem „starken Staat" (ebenda: 54) spiegelt sich in TV-Filmen und Serien wieder und reflektiert somit gesellschaftliche Veränderungen, der Sehnsucht nach der Errichtung neuer Mauern (ebenda).

stand durch Zuwanderung“). Hinter letzterer steht mythisch die „Volksgemeinschaft“ als primordiales *ius sanguinis* nebst Abendland als *antemurale mundi civilitatis* und Neuer Rechten als *antemurale ocidentalis* gegen das propagierte „Chaos barbarischer Horden“. Die liberale Utopie Europas als offener Kontinent steht hier gegen die Utopie Europas als defensive Schicksalsgemeinschaft gegen den Islam, nichteuropäische Völker, Armut und den Liberalismus als „Feind im Inneren“.

6. Epilog: Den gordischen Knoten mit dem Damoklesschwert lösen?

"There is no final system for the interpretation of myths, and there will never be any such thing. Mythology is like the god Proteus, 'the ancient one of the sea, whose speech is sooth'."

- Joseph Campbell[241]

Ein politischer Mythos ist die rückblickende Wahrschau einer Version der Wirklichkeit, die in zumeist heroisierender Form das Schicksal einer politischen Gemeinschaft konstruiert und diese somit konstituiert, legitimiert und sakralisiert. Anhand der Gegenüberstellung west- und ostdeutscher Mythen sowie deren Zusammenspiel und Antagonismus nach 1989 mit den Mythen der Neuen Rechten wurde gezeigt, wie deren Protagonisten seit Jahrzehnten metapolitisch daran arbeiten, besonders über mythische Erzählungen und Symbolik die Diskurshegemonie in der deutschen Öffentlichkeit zu erringen. Die Analyse der behandelten Mythen von der Stunde Null bis zu den Untergangsmythen in Bezug auf die aktuellen Migrationsbewegungen lässt mehrere Schlüsse zu: Erstens ist die Neue Rechte sehr erfolgreich in ihrem Bestreben gewesen, über geschichtspolitische Ansätze auch an das gemäßigte konservative, teils sogar liberale Milieu heranzutreten und sich über die Verteidigung und Neuinterpretation bestehender Mythen Sympathien zu erarbeiten. Dies lässt sich vor allem im Luftkriegsmythos Dresden und beim Trümmerfrauen-Mythos feststellen. Insofern haben neurechte Diskurse über mythische Erzählungen eine stärkere Präsenz im öffentlichen und durch die AfD auch im politischen Diskurs. Der gleichzeitig zunehmende Rückzug der nicht rechtspopulistischen politischen und gesellschaftlichen Elite von der „Arbeit am Mythos", beziehungsweise der fruchtlose Versuch einer Akademisierung dieser Arbeit über die wissenschaftliche Dekonstruktion bestehender Mythen, beziehungsweise deren Umwandlung in Theorien unterstützt die Neue Rechte in diesem Bestreben zusätzlich. Die Theorie ist ebenso wie das Dogma der Tod des Mythos. Zweitens konnte festgestellt werden, dass die gesellschaftliche Polarisierung bestimmter geschichtspolitischer Fragen nicht ab- sondern zugenommen hat, da im Falle zahlreicher Mythen der offizielle Diskurs diese fallengelassen hat, beziehungsweise eine Umerzählung vorgenommen hat, die deren Attraktivität für das Zielpublikum minimiert. Dadurch, dass die Neue Rechte den Mythos in seiner alten Form beibehalt und ausarbeitet, entstehen so teils unvereinbare Parallelstrukturen innerhalb des deutschen Demos, was die mythische Erzählung dessen angeht, woraus Legitimität und Sinn gezogen und

[241] (Campbell 1949: 381).

worauf sich die Gemeinschaft begründet. Der deutsche Demos ist entsprechend mythisch geteilt, was seinen Widerhall vor allem in gesellschaftspolitischen Fragen nach sich zieht, deren Polarisierung - etwa bei den Themen Migration, Gleichberechtigung oder in moralpolitischen Fragen - die Gesellschaft entzweit. Gleichzeitig wurde gezeigt, dass das Wesen des Populismus kompatibler mit dem Wesen des Mythos und der Aufmerksamkeitsregeln der Massenmedien ist, wodurch sich ein doppelter Vorteil des deutschen Rechtspopulismus durch die Nutzung des mythisches Arsenals der Neuen Rechten ergibt: die Generierung massenmedialer Aufmerksamkeit durch die Wesenselemente des Populismus an sich und des Mythos als Werkzeug *vice versa*. Drittens zeigen sich über die den Mythen beiwohnenden Utopien und Ideologien die Ambitionen der Neuen Rechten, über den Rechtspopulismus keineswegs marginale Änderungen des deutschen Staates und seiner Gesellschaft vorzunehmen, so dass dies auch einen Beitrag zu der normativen Einschätzung des Rechtspopulismus als Gefahr oder Chance der Demokratie leistet, wobei die Antwort hier eindeutig in Richtung Gefahr auszufallen hat. Gerade in Deutschland zeigt das Janusgesicht des Mythos seine destruktive und segregative Seite und auf der europäischen Metaebene lässt sich durch die transnationale Neue Rechte Europas ein ähnlicher Trend erkennen. Es war auch Ziel dieses Buchs, einen theoretischen Beitrag zur Politikwissenschaft und verwandter Disziplinen zu leisten, indem ein brauchbares Analysegerüst zahlreicher bislang nur teilweise zufriedenstellend definierter und in Zusammenhang gebrachter Termini erstellt worden ist, gleichwohl diese Arbeit ausbaufähig wäre. Vor allem aber eines, das im Grunde nicht primäres Ziel dieses Buchs gewesen ist, fiel im Rahmen der bisherigen Ausführungen auf: Dass nämlich die Behauptung, das demokratische Deutschland nach 1945 sei ein mythenarmes Land, nicht gehalten werden kann. So wie bei einem nicht-lethalen Infarkt der Hauptschlagader das Blut sich über Nebenadern und Kapillaren einen neuen Weg sucht, fanden nach dem deutschen Mytheninfarkt 1945 alte und neue Mythen im Kleinen und auf klandestinen Pfaden ihren Weg ins kommunikative und kulturelle Gedächtnis der Deutschen. So schuf sich ein faszinierendes Netz teils paralleler, teils widersprüchlicher Mythenstränge, die mal mehr, mal minder präsent die deutschen Staaten und den wiedervereinigten deutschen Staat zusammenhielten. Gelingt es, einen glaubwürdigen und kohärenten Mythenkomplex zu erzählen, der die alternativen neurechten mit den offiziellen Mythen amalgamiert, ohne die normativen Prinzipien dieser zu verletzen - zugegebenermaßen ein gordischer Knoten *par excellence* - wird es gelingen, ein mythisch wie gesellschaftspolitisch auseinandertreibendes Land wieder zusammenzuführen. Weniger die einseitige Dekonstruktion, sondern die von Blumenberg geforderte „Arbeit am Mythos", verstanden als „hochkarätige Arbeit des Logos" ist notwendig zur Schaffung einer kollektiven Identität, die sich an den Bedürfnissen und normativen Vorgaben auch einer rationalisierten und aufgeklärten Gesellschaft orientiert (Blumenberg 2001: 18). Dieser Arbeit wurde seit der Kanzlerschaft Schröders kaum, seit der Kanzlerschaft Kohls nur wenig Aufmerksamkeit geschenkt. Gerade die pluralistische Natur dieser Arbeit durch die Hände und Münder vieler, durch die Ohren und Augen aller Mitglieder eines Demos zeugt von der im Kern demokratischen und emanzipatorischen Natur des Mythos[242]: Der Mythos gehört nicht seinem Schöpfer, sondern dessen Publikum. Die mythopoetische Qualität durch seine erzählerische Ästhetik und Wirkmacht entscheidet darüber, ob das Publikum einen Mythos annimmt oder nur zur Kenntnis nimmt, was anschaulich wird durch die Überlegenheit westdeutscher Mythen (Wirtschaftswunder) gegenüber ostdeutschen (Antifaschismus) (Münkler und Hacke 2009: 22). In Teilen dürfte dies auch ein Grund für das bessere Abschneiden der AfD in den neuen Bundesländern sein. Wie dargelegt wurde, trägt vor allem die Vereinnahmung der ostdeutschen Mythenlandschaft durch die Neue Rechte Schuld daran, dass sich die mythische Teilung Deutschlands noch immer fortsetzt. Diese räumliche Spaltung ist neben der zunehmenden ideologischen Spaltung durch den Sieg der westdeutschen über die ostdeutschen Mythen nach 1989 erklärbar. In der Überlegenheit sich am „Mythenmarkt" frei entfaltender gegenüber dogmatisch geplanter „Staatsmythen" doppelte sich so der „Sieg" der Marktwirtschaft über die Planwirtschaft auf dem Mythenfeld (Münkler und Hacke 2009: 22-23). Dass der von Kohl über die „blühenden Landschaften" reaktivierte Wirtschaftswunder-Mythos in Ostdeutschland an Wirkung verlor (ebenda: 22) und in eine Schivelbuschsche „Traumland-Depression" umschlug (Schivelbusch 2003: 43), hat neben dem Ausbleiben raschen ökonomischen Erfolgs seine Ursache im fehlenden identitätsstiftenden Element. Das Wirtschaftswunder erzählt eine kollektive Leistungsschau des gesamten westdeutschen Demos. Die „blühenden Landschaften" sind dagegen eine Erzählung vom „reichen Westdeutschen", der dem „armen Ostdeutschen" das Land wiederaufbaut – ein quasikolonialer, weniger nationaler als imperialer Mythos (etwa: Die Metropole zivilisiert die Provinz), der in einem Imperium vielleicht gefruchtet hätte, auf nationalstaatlicher Ebene indes versagt. Dabei ist das gleichberechtigte Nebeneinander der Mythen von Bedeutung, die es ermöglichen, die von Marquard betonten liberalisierenden Eigenschaften des Mythos zur Entfaltung zu bringen, anstelle seiner segregativen und destruktiven (Münkler und Hacke 2009: 21-22 und 29). Von einer „Mythendämmerung" kann also keineswegs gesprochen werden, denn gleichwohl die „technisch-wissenschaftliche Zivilisation" eine mythendekonstruierende Natur aufweist, produziert

[242] Wobei der Mythos ebenso gut zur Festigung autoritärer Strukturen beitragen kann, was in der Geschichte hinreichend gezeigt worden ist.

sie ebenso neue Mythen (ebenda: 21). Insofern ist die Betrachtung des Mythos innerhalb der Sozialwissenschaften und insbesondere in der Politikwissenschaft unerlässlich zum Verständnis von Werden, Sein und Vergehen politischer Gemeinschaften. Für künftige Forschung interessant werden dürfte die Frage, ob sich der noch von gemeinsamen Interessen unterdrückte inhaltliche Konflikt der Neuen Rechten zwischen dem völkisch-populistischen Flügel à la Björn Höcke und dem machtstaatlich-elitistischen Flügel à la Götz Kubitschek mythisch ausdrücken wird, wovon auszugehen ist, da die primär antiislamische Konfliktstrategie jenes Flügels und die primär antiliberale Konfliktstrategie dieses Flügels unterschiedlicher Mythen bedürfen. Ersterer müsste so verstärkt den Abendland-Mythos bearbeiten, letzterer eher einen preußisch-deutschen Mitteleuropa-Mythos. Ob sich auf lange Sicht die neurechten Mythen durchsetzen und welche, bzw. welche Interpretation sowie welche der von neurechts verteidigten „alten" Mythen der Bundesrepublik, wird sich zeigen, doch sie haben das Potenzial, zumindest weiter an Einfluss zu gewinnen. Grund hierfür ist einerseits der Verlust von Notwendigkeit bestimmter Mythen wie der Stunde Null, der frühen Aufarbeitung des Nationalsozialismus, der Westbindung, aber auch die fehlende Zugkraft überarbeiteter Mythen, zumal die bestehenden zu oft dekonstruiert werden, ohne zeitgleich eine adäquate neue Geschichte zu erzählen, die anstelle des Mythos treten kann und da, wo dies geschieht, idealistische Vorstellungen Pate stehen, die verkennen, was einen Mythos erfolgreich macht: Plausibilität (der Mythos kann geglaubt werden, weil er intuitiv intelligibel ist), Attraktivität (der Mythos will geglaubt werden, weil er legitimiert und Sinn stiftet) und Addiktivität (der Mythos muss geglaubt werden, weil sein Entzug als Verlust einer Identität empfunden wird, was eine Abhängigkeit bedingt) (Münkler und Hacke 2009: 23). Es muss also eine gute Geschichte erzählt werden, die sich an den Bedürfnissen der Menschen orientiert und Zusammenhalt stiftet. Durch das allmähliche Hinabgleiten des Nationalsozialismus aus dem kommunikativen Gedächtnis in die lange Zeit werden die sich aus ihm speisenden Mythen eine entsprechende Arbeit an ihnen notwendig machen, die über das didaktische Mahnen hinausgehend den kategorischen Imperativ Adornos, Auschwitz dürfe sich nicht wiederholen, berücksichtigt (Adorno 1970: 356). Gleichzeitig muss ein solcher Mythos inklusiv sein. Auch wenn es von einer akademisch-normativen Seite als gesinnungsethisch falsch betrachtet werden muss, bestimmte Mythen, die auch nationalsozialistische Täter positiv inkludieren und tendenziell die deutsche Schuld relativieren, rituell zu zelebrieren sowie symbolisch und narrativ zu erzählen, ist das Überlassen der Ausprägung dieser Mythen an demokratieskeptische bis offen demokratiefeindliche Personen und Organisationen verantwortungsethisch fahrlässig. Es mag keinen Meisterweg geben, dieses Mythendilemma zu lösen - es zu ignorieren aber wäre verhängnisvoll.

Literatur

Abedi, Amir (2004): *Anti-political establishment parties: A comparative analysis*. London: Routledge.

Abelshauser, Werner (2004): *Deutsche Wirtschaftsgeschichte seit 1945*. München: C.H. Beck.

Adenauer, Konrad (1949): *Erste Regierungserklärung des Bundeskanzlers vor dem Deutschen Bundestag am 20.09.1949*. Online unter: https://www.konrad-adenauer.de/dokumente/erklaerungen/1949-09-20-regierungserklaerung [Letzter Zugriff: 16.05.2018].

Adenauer, Konrad (1919): *1. Februar 1919: Ansprache vor einer Versammlung der linksrheinischen Abgeordneten zur Nationalversammlung, der linksrheinischen Abgeordneten zur preußischen Landesversammlung und der Oberbürgermeister der besetzten rheinischen Städte im "Hansasaal" in Köln*. Online unter: https://www.konrad-adenauer.de/dokumente/reden/1919-02-01-rede-hansasaal [Letzter Zugriff: 30.06.2018].

Adorno, Theodor W. (1970): *Negative Dialektik*. Frankfurt am Main: Suhrkamp.

AfD (2015): Facebok-Eintrag vom 30.10.2015. Online unter: https://de-de.facebook.com/alternativefuerde/photos/a.542889462408064.1073741828.540404695989874/1024621107568228/ [Letzter Zugriff: 17.02.2018].

Aischylos (1999): *Die Orestie. Agamemnon, Die Totenspende, Die Eumeniden*, übers. v. E. Staiger, Stuttgart: Reclam.

Albertazzi, Daniele/ McDonnell, Duncan (Hg.) (2008): *Introduction: The sceptre and the spectre*. In: Diess. (Hg.): *Twenty-First Century Populism: The Spectre of Western European Democracy*. New York: Palgrave McMillan, 1-14.

Ament, Hermann (1984): *Der Rhein und die Ethnogenese der Germanen*. In: Praehistorische Zeitschrift 59(1), 37-47.

Anderson, Benedict (2005): *Die Erfindung der Nation: Zur Karriere eines folgenreichen Konzepts*, übers. v. B. Burkhardt. Frankfurt: Campus-Verlag.

Angern, Wolf-Hagen von (2010): *Geschichtskonstrukt und Konfession im Libanon*. Berlin: Logos Verlag.

Ariost, Ludovico (2004): *Rasender Roland (nacherzählt von Italo Calvino)*, übers. v. B. Kroeber und J. D. Gries, Frankfurt am Main: Eichborn Verlag.

Aristoteles (1973): *Politik*, übers. v. O. Gigon, München: dtv.

Arnold, Markus (2012): *Erzählen. Die ethisch-politische Funktion narrativer Diskurse*. In: Arnold, Markus/ Dressel, Gert/ Viehöver, Willy (Hg.): *Erzählungen im Öffentlichen: über die Wirkung narrativer Diskurse*. Wiesbaden: VS Verlag für Sozialwissenschaften, 17-63.

Asmussen, Hans/ Dibelius, Otto/ Niemöller, Martin (1945): *Stuttgarter Schulderklärung*. Online unter: https://www.elk-wue.de/fileadmin/Downloads/Glauben/Geistliches/Bekenntnisse/Der_Wortlaut_der_Stuttgarter_Schulderklaerung.pdf [Letzter Zugriff: 26.04.2018].

Assheuer, Thomas/ Sarkowicz, Hans (1992): *Rechtsradikale in Deutschland: die alte und die neue Rechte*. München: C.H. Beck.

Assmann, Aleida (2007): *Der lange Schatten der Vergangenheit. Erinnerungskultur und Geschichtspolitik*. Bonn: BpB.

Assmann, Jan (2013): *Das kulturelle Gedächtnis. Erinnerung und politische Identität in frühen Hochkulturen*. München: Beck.

Assmann, Jan (2007b): *Das kulturelle Gedächtnis*. In: Assmann, J.: *Thomas Mann und Ägypten. Mythos und Monotheismus in den Josephsromanen*. München: C.H. Beck, 67–75.

Bacia, Horst (2014): *Moskauer Dolchstoßlegende*. In: FAZ (21.07.2014). Online unter: http://www.faz.net/aktuell/politik/politische-buecher/nikolaj-ryschkow-mein-chef-gorbatschow-moskauer-dolchstosslegende-13057142.html [Letzter Zugriff: 23.06.2018].

Bar-On, Tamir (2008): *Fascism to the Nouvelle Droite: the dream of pan-european empire*. In: Journal of Contemporary European Studies 16(3), 327-345.

Barthes, Roland (2016): Mythen des Alltags. Berlin: Suhrkamp.

Bauerkämper, Arnd (2009): *Zivilgesellschaftliches Engagement im Katholizismus? Die Debatte über das „christliche Abendland" in Deutschland, Österreich und Italien, 1945 bis 1965*. In: ders./Nautz, Jürgen (Hg.): *Zwischen Fürsorge und Seelsorge. Christliche Kirchen in den europäischen Zivilgesellschaften seit dem 18. Jahrhundert*. Frankfurt am Main/ New York: Campus Verlag, 175-214.

Becker, Manuel (2013): *Geschichtspolitik in der "Berliner Republik": Konzeptionen und Kontroversen*. Wiesbaden: Springer-Verlag.

Becker, Sven/ Krause, Ludwig (2017): *Die wollen nicht nur lesen*. In: Der Spiegel 5/2017 (03.02.2017). Online unter: http://www.spiegel.de/spiegel/bibliothek-des-konservatismus-in-berlin-wo-die-rechten-eine-neue-republik-planen-a-1132494.html [Letzter Zugriff: 13.07.2018].

Beer, Mathias (1998): *Im Spannungsfeld von Politik und Zeitgeschichte. Dokumentation der Vertreibung der Deutschen aus Ost-Mitteleuropa*. In: Vierteljahrshefte für Zeitgeschichte 46(3), 345-389.

Benz, Wolfgang/ Scholz, Michael F. (2009): *Deutschland unter alliierter Besatzung 1945-1949: Die DDR 1949-1990*. In: diess.: *Gebhardt - Handbuch der Deutschen Geschichte*. Bd. 22. Stuttgart: Klett-Cotta.

Benz, Wolfgang (2005): *Wirtschaftsentwicklung von 1945 bis 1949*. In: Informationen zur politischen Bildung 259, 44-52.

Benz, Wolfgang (2005b): *Kriegsverbrechen der Alliierten*. In: Benz, Wolfgang/ Reif-Spirek, Peter (Hg.): *Geschichtsmythen: Legenden über den Nationalsozialismus*. Berlin: Metropol, 65-86.

Bernhard, Roland/ Grindel, Susanne/ Hinz, Felix/ Kühberger, Christoph (Hg.) (2017): *Was ist ein historischer Mythos? Versuch einer Definition aus kulturwissenschaftlicher und geschichtsdidaktischer Perspektive*. In: diess.: *Mythen in deutschsprachigen Geschichtsschulbüchern. Von Marathon bis zum Élysée-Vertrag*. Göttingen: V&R unipress, 11-32.

Bhagavadgita (1997): übers. v. R. Boxberger, neu herausg. v. Helmuth v. Glasenapp, Stuttgart: Reclam.

Biedermann, Hans/ Hulbert, James (1994): *Dictionary of symbolism: Cultural icons and the meanings behind them*. New York: Meridian.

Bizeul, Yves (Hg.) (2013): *Rekonstruktion des Nationalmythos?: Frankreich, Deutschland und die Ukraine im Vergleich*. Göttingen: Vandenhoeck & Ruprecht.

Bizeul, Yves (2006): *Politische Mythen, Ideologien und Utopien. Ein Definitionsversuch*. In: Vorsteher, Dieter: *Mythos No. 2. Politische Mythen*. Würzburg: Königshausen & Neumann, 10-29.

Bizeul, Yves (2000): *Theorien der politischen Mythen und Rituale*. In: Ders.: *Politische Mythen und Rituale in Deutschland, Frankreich und Polen*. Berlin: Duncker & Humblot,15-39.

Blumenberg, Hans (2001): *Arbeit am Mythos*. Frankfurt am Main: Suhrkamp.

Bönisch, Georg (2006): *Amnesie und Amnestie*. In: Spiegel Special 1/2006 (21.02.2006). Online unter: http://www.spiegel.de/spiegel/spiegelspecial/d-45964826.html [Letzter Zugriff: 16.06.2018].

Brandstetter, Marc (2006): *Die vier Säulen der NPD*. In: Blätter für deutsche und internationale Politik 51(9), 1029-1031.

Brauner-Orthen, Alice (2001): *Die Neue Rechte in Deutschland. Antidemokratische und rassistische Tendenzen*. Opladen: VS Verlag für Sozialwissenschaften.

Breuer, Stefan (1990): *Die „Konservative Revolution" – Kritik eines Mythos*. In: Politische Vierteljahresschrift, 31(4), 587 – 607.

Brodkorb, Mathias (2009): *Held der Nation? Wie die „Junge Freiheit" mit Held Stauffenberg andersrum Geschichtspolitik betreibt*. In: ZEIT-ONLINE (29.01.2009). Online unter: https://blog.zeit.de/stoerungsmelder/2009/01/29/held-der-nation-wie-die-%E2%80%9Ejunge-freiheit%E2%80%9C-mit-held-stauffenberg-andersrum-geschichtspolitik-betreibt_755 [Letzter Zugriff: 20.07.2018].

Brüning, Alfons (2016): Tagungsbericht HT 2016: *Mythos Bedrohung – Mythos Sicherheit: Schutzwallvorstellungen im östlichen Europa des 20. und 21. Jahrhunderts*. Hamburg, 20.09.2016 – 23.09.2016. In: H-Soz-Kult (15.10.2016). Online unter: https://www.hsozkult.de/conferencereport/id/tagungsberichte-6748 [Letzter Zugriff: 14.07.2018].

Bubik, Roland (1995): *Herrschaft und Medien. Über den Kampf gegen die linke Meinungsdominanz*. In: Schwilk, Heimo/ Schacht, Ulrich: *Die selbstbewußte Nation. „Anschwellender Bocksgesang" und weitere Beiträge zu einer deutschen Debatte*. 3. erweiterte Auflage, Berlin/ Frankfurt am Main: Ullstein Verlag.

Bucerius, Gerd (1947): *Hintergründe eines Wirtschaftswunders*. In: DIE ZEIT 14/1947 (03.04.1947). Online unter: https://www.zeit.de/1947/14/hintergruende-eines-wirtschaftswunders/komplettansicht [Letzter Zugriff: 31.05.2018].

Bündnis 90/ Die Grünen: *Keine „Festung Europa", keine neuen Schlagbäume*. Pressemitteilung (23.06.2011) einer Erklärung von Claudia Roth. Online unter: https://www.gruene.de/presse/keine-festung-europa-keine-neuen-schlagbaeume.html [Letzter Zugriff: 17.07.2018].

Campbell, Joseph (1949): *The Hero with a Thousand Faces*. New York: Pantheon Books.

Canetti, Elias (2003): *Masse und Macht*. Frankfurt am Main: Fischer.

Cassirer, Ernst (1990): *Versuch über den Menschen. Einführung in eine Philosophie der Kultur*. Frankfurt am Main: S. Fischer.

Chamberlin, J. Edward (2010): *If this is your land, where are your stories?: finding common ground*. Toronto: Vintage Canada.

Chołuj, Bożena (2006): *Die Renaissance des Begriffes Mitteleuropa*. In: Beichelt, Timm/ et al.: *Europa-Studien. Eine Einführung*. Wiesbaden: VS Verlag, 111-124.

Christmann, Hans Helmut (1965): *Neuere Arbeiten zum Rolandslied*. In: Romanistisches Jahrbuch 16(1), 49–60.

Cicero, M. Tullius (2002): *De legibus*, herausg. und übers. v. Rainer Nickel, Düsseldorf/Zürich: Artemis und Winkler.

Clausewitz, Carl von (1993): *Vom Kriege*. In: Stumpf, Reinhard (Hg.): *Kriegstheorie und Kriegsgeschichte. Carl von Clausewitz. Helmuth von Moltke*. Frankfurt am Main: Deutscher Klassiker Verlag, 9-423.

Conze, Vanessa (2005): *Das Europa der Deutschen: Ideen von Europa in Deutschland zwischen Reichstradition und Westorientierung (1920-1970)*. München: Oldenbourg Verlag.

Coudenhove-Kalergi, Richard Nicolaus Graf von (1964): *Die Wiedervereinigung Europas*. Wien: Herold.

Coudenhove-Kalergi, Richard Nikolaus Graf von (1924): *Das Europäische Manifest 1. Mai 1924.* Online unter: https://de.scribd.com/document/296853331/Das-Paneuropaische-Manifest-Kurzfassung-Richard-Nikolaus-Von-Coudenhove-Kalergi [Letzter Zugriff: 03.06.2018].

Das Gilgamensch-Epos (1998): eingeführt, rhytmisch übertragen und mit Anmerkungen versehen v. H. Schmökel. Stuttgart/ Berlin/ Köln: Kohlhammer.

Decker, Frank (2013): *Der neue Rechtspopulismus.* Wiesbaden: Springer-Verlag.

Decker, Frank (2006): *Die populistische Herausforderung. Theoretische und ländervergleichende Perspektiven.* In: Frank Decker (Hg.): *Populismus. Gefahr für die Demokratie oder nützliches Korrektiv?* Wiesbaden: VS Verlag 11, 9-32.

Decker, Frank (2003): *Von Schill zu Möllemann.* In: Forschungsjournal Soziale Bewegungen 16(4), 55-66.

Decker Oliver/ Kiess, J./ Brähler E. (2016): *‚Gesegneter Boden ideologischer Verwirrung' (Geiger)? Der Extremismus der Mitte.* In: Aschauer, Wolfgang/ Donat, E./ Hofmann, J. (Hg.): *Solidaritätsbrüche in Europa. Europa – Politik – Gesellschaft.* Wiesbaden: Springer VS.

Demandt, Alexander (2014): *Der Fall Roms. Die Auflösung des römischen Reiches im Urteil der Nachwelt.* 2., erweiterte und aktualisierte Auflage. München: C.H. Beck.

Deutscher Bundestag (Hg.) (2018): *Stenografischer Bericht 15. Sitzung, Plenarprotokoll 19/15 (23.02.2018).* Online unter: http://dipbt.bundestag.de/dip21/btp/19/19015.pdf#P.1289 [Letzter Zugriff: 03.07.2018].

Deutscher Bundestag (Hg.) (2015): *Antwort der Bundesregierung auf die Kleine Anfrage der Abgeordneten Sevim Dağdelen, Dr. Sahra Wagenknecht, Dr. Gesine Lötzsch, weiterer Abgeordneter und der Fraktion DIE LINKE. Drucksache 18/4076 (20.02.2015).* Online unter: http://dip21.bundestag.de/dip21/btd/18/040/1804076.pdf [Letzter Zugriff: 13.07.2018].

Deutscher Bundestag (Hg.) (1999): *Stenografischer Bericht 48. Sitzung, Plenarprotokoll 14/48 (25.06.1999).* Online unter: http://dipbt.bundestag.de/doc/btp/14/14048.pdf [Letzter Zugriff: 08.06.2018].

Deutsche Welle (2018): Tweet beim Bundeskongress der Jungen Alternative (02.06.2018). Online unter: https://twitter.com/dw_politik/status/1002864963478843392 [Letzter Zugriff: 05.06.2018].

DIE ZEIT (1946): *Das „heimliche Deutschland" der Männer des 20. Juli.* In: DIE ZEIT 22/1946 (18.07.1946). Online unter: https://www.zeit.de/1946/22/das-heimliche-deutschland-der-maenner-des-20-juli [Letzter Zugriff: 20.07.2018].

Diehl, Paula (2016): *Einfach, emotional, dramatisch. Warum Rechtspopulisten so viel Anklang in den Massenmedien finden.* In: Die Politische Meinung 539, 78-83.

Dirsch, Felix (2012): *Am Ende des Weges.* In: Junge Freiheit 29/2012 (13.07.2012). Online unter: https://jungefreiheit.de/service/archiv?artikel=archiv12/201229071355.htm [Letzter Zugriff: 20.05.2018].

Dostejewski, Fjodor M. (1980): *Tagebuch eines Schriftstellers*, herausg. v. E. Rahsin, München: Piper.

Dubiel, Helmut (1986): *Das Gespenst des Populismus*. In: Dubiel, Helmut (Hg.): *Populismus und Aufklärung*. Frankfurt am Main: Suhrkamp, 33-50.

Duby, Georges/ Guy Lardreau (1982): *Geschichte und Geschichtswissenschaft: Dialoge*. Frankfurt am Main: Suhrkamp.

Eagleton, Terry (1993): *Was ist Ideologie?* In: ders.: *Ideologie. Eine Einführung*. Stuttgart: J.B. Metzler, 7-41.

Eckert, Roland (2010): *Kulturelle Homogenität und aggressive Intoleranz. Eine Kritik der Neuen Rechten*. In: Aus Politik und Zeitgeschichte 44/2010, 26-33.

Endres, Alexandra (2010): *Einwanderung ist kein Minusgeschäft*. In: ZEIT ONLINE (21.10.2010). Online unter: https://www.zeit.de/wirtschaft/2010-10/interview-bauer-migration/komplettansicht [Letzter Zugriff: 02.06.2018].

Enzensberger, Hans Magnus (1992): *Gangarten. Ein Nachtrag zur Utopie*. In: Saage, R. (Hg.): *Hat die politische Utopie eine Zukunft?* Darmstadt: Wissenschaftliche Buchgesellschaft, 65-74.

Fasbender, Thomas (2016): *Das Fremde bemächtigt sich unserer Lebenswelt*. In: Junge Freiheit. Online unter: (22.12.2016). https://jungefreiheit.de/debatte/kommentar/2016/das-fremde-bemaechtigt-sich-unserer-lebenswelt/ [Letzter Zugriff: 17.07.2017].

Feit, Margret (1987): *Die Neue Rechte in der Bundesrepublik: Organisation – Ideologie – Strategie*. Frankfurt am Main: Campus Verlag.

Firdausī, Abū ʾl-Qāsim (2010): *Schāhnāme - Die Rostam-Legenden*, übers. v. J. Ehlers, Stuttgart: Reclam.

Fischer, Karsten (2017): *Das Paradox der Autonomie und seine Entfaltungen. Eine Urgeschichte politischer Liberalität*. In: Bumke, C. (Hg.)/ Röthel, A.: *Autonomie im Recht. Gegenwartsdebatten über einen rechtlichen Grundbegriff*. Tübingen: Mohr Siebeck, 411-434.

Fischer, Karsten/ Huhnholz, Sebastian (2010): *Amnesie und Antizipation. Ein politiktheoretischer Klärungsversuch des Problems von Nachkriegsordnungen*. In: Behemoth 3(1), 49–74.

Fischer, Karsten (2004): *„Heimat" – zur sozialen Konstruktion einer politischen Utopie*. In: Erziehen heute, 54(1), 2-10.

Fischer, Karsten/ Münkler, Herfried (2000): *„Nothing to kill or die for ..." – Überlegungen zu einer politischen Theorie des Opfers*. In: Leviathan. Zeitschrift für Sozialwissenschaft 28(3), 343-362.

Förster, Larissa (2010): *Postkoloniale Erinnerungslandschaften: Wie Deutsche und Herero in Namibia des Kriegs von 1904 gedenken*. Frankfurt am Main/ New York: Campus Verlag.

Fourastié, Jean (1979): *Les Trente Glorieuses: Ou la révolution invisible de 1946 à 1975*. Paris: Librairie Arthème Fayard.

François, Étienne (2005): *Pierre Nora und die „Lieux de memoire"*. In: Nora, Pierre: *Erinnerungsorte Frankreichs*, übers. v. M. Bayer, E. Heinemann, E. Ranke, U. Schäfer, H. Thill und R. Tiffert. München: C.H. Beck.

François, Etienne/ Siegrist, Hannes/ Vogel, Jakob (1995): *Die Nation. Vorstellungen, Inszenierungen, Emotionen*. In: Diess.: *Nation und Emotion*. Göttingen: Vandenhoeck und Ruprecht, 13-35.

Frei, Norbert (2009): *Deutsche Lernprozesse. NS-Vergangenheit und Generationenfolge*. In: ders.: *1945 und wir. Das Dritte Reich im Bewußtsein der Deutschen*. München: dtv, 38-55.

Frei, Norbert (1999): *Vergangenheitspolitik. Die Anfänge der Bundesrepublik und die NS-Vergangenheit*. München: dtv.

Fulbrook, Mary (1997): *Myth-making and national identity: the case of the GDR*. In: Hosking, Geoffrey A./ Schöpflin, George (Hg.): *Myths and nationhood*. New York: Routledge, 72-87.

Gafke, Matthias (2016): *Wie sich Rechtspopulisten zu Widerstandskämpfern stilisieren*. In: Frankfurter Allgemeine (07.09.2016). Online unter: http://www.faz.net/aktuell/politik/inland/afd-instrumentalisiert-bewegung-des-20-juli-um-graf-stauffenberg-14423288.html?printPagedArticle=true#pageIndex_0 [Letzter Zugriff: 20.07.2018].

Geary, Patrick J. (2002): *Europäische Völker im frühen Mittelalter: zur Legende vom Werden der Nationen*. Frankfurt a. Main: Fischer-Taschenbuch-Verlag.

Gehrke, Hans-Joachim (1994): *Mythos, Geschichte, Politik - antik und modern*. In: Saeculum 45(2): 239-264.

Geibel, Emanuel (1918): *Werke, Band 2*, Leipzig/ Wien: Bibliographisches Institut.

Glaser, Dirk (2014): *Neue Deutung als Kriegspublizist*. In: Junge Freiheit 08/2014 (14.02.2014). Online unter: https://jungefreiheit.de/service/archiv?artikel=archiv14/201408021457.htm [Letzter Zugriff: 20.05.2018].

Goethe, Johann Wolfgang von (2002): *Johann Wolfgang von Goethe. Werke Kommentare und Register. Band VIII. Romane und Novellen III*. Hamburger Ausgabe in 14 Bänden, textkritisch durchgesehen und kommentiert von Erich Trunz, München: C.H. Beck.

Goldhagen, Daniel Jonah (1996): Hitlers willige Vollstrecker. München: Siedler.

Gramsci, Antonio (2012): *Gefängnishefte*, übers. v. R. Graf, G. Kuck, J. Meinert, L. Schröder sowie den Herausgebern, herausg. von K. Bochmann und W. Haug, 10 Bde, Bd. VIII. Hamburg: Argument-Verlag.

Greiert, Andreas (2017): *Innovation und Ressentiment. Ernst Kantorowicz im historiographischen Diskurs der Weimarer Republik*. In: Historische Zeitschrift 305(2), 393-419.

Gries, Rainer (2005): *Mythen des Anfangs*. In: Aus Politik und Zeitgeschichte 18-19/2005, 12-18.

Gries, Rainer (2005b): *Zur Ästhetik und Architektur von Propagemen. Überlegungen zu einer Propagandageschichte als Kulturgeschichte*. In: Gries, Rainer/ Schmale, Wolfgang (Hg.): Kultur der Propaganda. Bochum: Winkler, 9-36.

Groppe, Carola (2004): *Der Geist des Unternehmertums: Eine Bildungs-und Sozialgeschichte: Die Seidenfabrikantenfamilie Colsman (1649- 1840)*. Köln/ Weimar/ Wien: Böhlau.

Grünewald, Eckhart (1982): *Ernst Kantorowicz und Stefan George. Beiträge zur Biographie des Historikers bis zum Jahre 1938 und zu seinem Jugendwerk „Kaiser Friedrich der Zweite"*. Wiesbaden: Franz Steiner.

Grunert, Robert (2012): *Der Europagedanke westeuropäischer faschistischer Bewegungen 1940-1945*. Paderborn: Schöningh.

Grunert, Robert (2012b): *Autoritärer Staatenbund oder nationalsozialistischer Großraum? „Europa" in der Ideenwelt faschistischer Bewegungen*. In: Zeithistorische Forschungen/Studies in Contemporary History 9(3), 442-448.

Guttandin, Friedhelm (1998): *Einführung in die „Protestantische Ethik" Max Webers*. Opladen/Wiesbaden: Westdeutscher Verlag.

Habermas, Jürgen (1993): *Die Festung Europa und das neue Deutschland*. In: DIE ZEIT 22/1993 (28. Mai 1993). Online unter: https://www.zeit.de/1993/22/die-festung-europa-und-das-neue-deutschland/komplettansicht [Letzter Zugriff: 17.07.2018].

Habermas, Jürgen (Hg.) (1978): *Einleitung*. In: ders.: *Stichworte zur "Geistigen Situation der Zeit"*. 2 Bde. Frankfurt am Main: Suhrkamp, 7-35.

Hackmann, Jörg (2015): *Die symbolische Aneignung historischer Räume im östlichen Preußen. Nationale und regionale Strategien*. In: Acta Historica Universitatis Klaipedensis 30, 170-188.

Hacquemand, Eric (2016): *Qui a dit quoi?* Infografik in Le Parisien: *Symbole : Jeanne d'Arc dépasse les clivages*. Online unter: http://www.leparisien.fr/politique/symbole-jeanne-d-arc-depasse-les-clivages-08-05-2016-5776877.php [Letzter Zugriff: 12.07.2018].

Haffner, Sebastian (1978): *Anmerkungen zu Hitler*. München: Kindler Verlag.

Hahn, Hans Henning/ Hahn, Eva (2006): *Mythos "Vertreibung"*. In: Hein-Kircher, Heidi/ Hans Henning Hahn (Hg.): *Politische Mythen im 19. und 20. Jahrhundert in Mittel- und Osteuropa*. Marburg: Verlag Herder-Institut, 407-425.

Hamburger Abendblatt (2005): *Das Manifest: "Du bist Deutschland" im Wortlaut*. In: Hamburger Abendblatt (29.09.2005). Online unter: https://www.abendblatt.de/politik/deutschland/article107042910/Das-Manifest-Du-bist-Deutschland-im-Wortlaut.html [LetzterZugriff: 22.06.2018].

Hanley, Seán/ Sikk, Allan (2016): *Economy, corruption or floating voters? Explaining the breakthroughs of anti-establishment reform parties in eastern Europe*. Party Politics 22(4), 522-533.

Harney, Michael (2013): *The Cantar de Mio Cid as pre-war propaganda*. In: Romance Quarterly 60(2) (2013): 74-88.

Harth, Dietrich (1992): *Revolution und Mythos: sieben Thesen zur Genesis und Geltung zweier Grundbegriffe historischen Denkens*. In: Harth, Dietrich/ Assmann, Jan (Hg.): *Revolution und Mythos*. Frankfurt am Main: Fischer-Taschenbuch-Verlag, 9-38.

Hartleb, Florian (2004): *Rechts- und Linkspopulismus: Eine Fallstudie anhand von Schill-Partei und PDS.* Wiesbaden: VS Verlag.

Harwardt, Darius (2017): *„Die Gegenwehr muss organisiert werden - und zwar vor allem auch geistig“: Armin Mohler und Caspar von Schrenck-Notzing als Rechtsintellektuelle in der frühen Bundesrepublik.* In: Goering, Daniel Timothy (Hg.): *Ideengeschichte heute. Traditionen und Perspektiven.* Bielefeld: transcript-Verlag, 119-149.

Haubold-Stolle, Juliane (2006): *Mythos Oberschlesien in der Weimarer Republik. Die Mythisierung der oberschlesischen Freikorpskämpfe und der „Abstimmungszeit“ (1919-1921) im Deutschland der Zwischenkriegszeit.* In: Hein-Kircher, Heidi/ Hans Henning Hahn (Hg.): *Politische Mythen im 19. und 20. Jahrhundert in Mittel- und Osteuropa.* Marburg: Verlag Herder-Institut, 407-425.

Heil, Johannes (2003): *Matthaeus Parisiensis, Henry Morgenthau und die jüdische Weltverschwörung.* In: Benz, Wolfgang/ Reif-Spirek, Peter (Hg.): *Geschichtsmythen: Legenden über den Nationalsozialismus.* Berlin: Metropol, 131-149.

Heim, Tino (2017): *Pegida als leerer Signifikant, Spiegel und Projektionsfläche – eine Einleitung.* In: ders. (Hg.): *Pegida als Spiegel und Projektionsfläche. Wechselwirkungen und Abgrenzungen zwischen Pegida, Politik, Medien, Zivilgesellschaft und Sozialwissenschaften.* Wiesbaden: Springer VS, 1-32.

Heine, Heinrich (2011): *Deutschland. Ein Wintermärchen 1844.* In: Das poetische Werk von Heinrich Heine. Herausg. v. F. und K. van Eycken. Frankfurt am Main: Haffmanns Verlag bei Zweitausendeins, 503-593.

Heinemann, Ulrich/ Krüger-Charlé, Michael (1997): *Arbeit am Mythos. Der 20. Juli 1944 in Publizistik und wissenschaftlicher Literatur des Jubiläumsjahres 1994 (Teil II).* In: Geschichte und Gesellschaft 23(3), 475-501.

Heinö, Andreas Johansson (2017): *Timbro Authoritarian Populism Index 2017.* Online unter: https://timbro.se/app/uploads/2018/01/populism-index-2017.pdf [Letzter Zugriff: 20.04.2018].

Henschel, Gerhard (2010): *Menetekel. 3000 Jahre Untergang des Abendlandes.* Frankrfurt am Main: Eichborn.

Herbert, Ulrich (2013): *Geschichte Deutschlands im 20. Jahrhundert*. München: C.H. Beck.

Herodot (2004): *Historien*, herausg. und übers. v. J. Feix, Düsseldorf/Zürich: Artemis und Winkler.

Hobbes, Thomas (1966): *Leviathan*, übers. v. Walter Euchner u. herausg. v. I. Fetscher, Berlin: Suhrkamp.

Hoch, Anton (1969): *Das Attentat auf Hitler im Münchner Bürgerbräukeller 1939*. In: Vierteljahrshefte für Zeitgeschichte 17(4), 383-413.

Höhne, Valerie/ Wensierski, Peter (2017): *Neue rechte Allianz. AfD auf dem Kreuzzug*. In: Spiegel Online (18.07.2017). Online unter: http://www.spiegel.de/spiegel/fromme-christen-und-rechte-waehler-verbuenden-sich-im-widerstand-a-1158077.html [Letzter Zugriff: 29.06.2018].

Höpner, Martin (2010): *Warum betreibt der EuGH Rechtsfortbildung? Die Politisierungshypothese*. In: Sozialer Fortschritt 59 (5): 141-151.

Hoffmann, Arne (2004): *Hohmanns Demontage - Eine Medienanalyse*. In: Sezession (01.01.2014). Online unter: https://sezession.de/7618/hohmanns-demontage-eine-medienanalyse [Letzter Zugriff: 17.07.2018].

Hohmann, Martin (2003): *Ansprache von MdB Martin Hohmann zum Nationalfeiertag, 3. Oktober 2003* (Ursprung von der Website der Neuhofer CDU). Online unter: https://www.heise.de/tp/features/Der-Wortlaut-der-Rede-von-MdB-Martin-Hohmann-zum-Nationalfeiertag-3431873.html [Letzter Zugriff: 08.06.2003].

Honnigfort, Bernhard (2015): *70. Jahrestag der Bombenangriffe Der zählebige Mythos Dresden*. In: Kölner Stadt-Anzeiger (12.02.2015). Online unter: https://www.ksta.de/politik/70--jahrestag-der-bombenangriffe-der-zaehlebige-mythos-dresden-1245068 [Letzter Zugriff: 13.07.2018].

Huber, Wolfgang (2002): *Europa als Wertegemeinschaft – zu den christlichen Grundlagen des Kontinents*. Online unter: http://www.kas.de/wf/doc/kas_551-544-1-30.pdf?040415174506 [Letzter Zugriff: 15.06.2018].

Hübner, Kurt (2016): *Die Wahrheit des Mythos*. Freiburg, München: Verlag Herder GmbH.

Huneke, Dorte (2013): *„Wir sind längst eine heterogene Gesellschaft"*. In: bpb-Magazin 02/2013 (04.10.2013), 18-19.

Hutter, Dominik (2013): *Drohanrufe bei den Grünen*. In: Süddeutsche Zeitung SZ.de (10. Dezember 2013). Online unter http://www.sueddeutsche.de/muenchen/verhuellung-des-truemmerfrauen-denkmals-drohanrufe-bei-den-gruenen-1.1839870 [Letzter Zugriff: 02.06.2018].

Ionescu, Ghiţa/ Ernest Gellner (Hg.) (1969): *Populism: its meaning and national characteristics*. London: Macmillan.

Ipsen, Flemming, et al. (2017): *Rechtsextreme Medienstrategien. Inszenierung von Radikalität im Social Web und ihre Attraktivität für Jugendliche.* In: Hohnstein, Sally/ Herding, Maruta: *Digitale Medien und politisch-weltanschaulicher Extremismus im Jugendalter.* Halle (Saale): Deutsches Jugendinstitut, 17-38.

Jähnichen, Traugott (2010): *Die protestantischen Wurzeln der Sozialen Marktwirtschaft.* Online unter: http://www.ethik-und-gesellschaft.de/ojs/index.php/eug/article/viewFile/1-2010-art-3/113 [Letzter Zugriff: 26.04.2018].

Jarausch, Konrad/ Sabrow, Martin (2011): *„Meistererzählung." Zur Karriere eines Begriffs.* In: Jarausch, Konrad/ Sabrow, Martin (Hg.): *Die historische Meistererzählung. Deutungslinien der deutschen Nationalgeschichte nach 1945.* Göttingen: Vandenhoeck & Ruprecht, 9-32.

Jansen, Christian/ Borggräfe, Henning (2007): *Nation-Nationalität-Nationalismus: Historische Einführungen.* Bd. 1. Frankfurt am Main: Campus Verlag.

Jeismann, Michael (1992): *Das Vaterland der Feinde: Studien zum nationalen Feindbegriff und Selbstverständnis in Deutschland und Frankreich 1792-1918.* Stuttgart: Klett-Cotta.

Joffe, Josef (2018): *Schlag ins Gesicht. Den klassischen Antisemitismus haben die Deutschen nach 1945 weitgehend eingehegt. Nun kommt er als Import zurück.* In: DIE ZEIT 18/2018 (26.04.2018), 4.

Joffe, Josef (2011): *Sonderweg „Platz an der Sonne". Atom- und Außenpolitik – der doppelte deutsche Sonderweg.* In: DIE ZEIT 17/2011 (20.04.2011). Online unter: https://www.zeit.de/2011/17/P-Atompolitik-Aussenpolitik [Letzter Zugriff: 20.05.2018].

Judis, John B. (2016): *Populist explosion: How the great recession transformed american and european politics.* New York: Columbia Global Reports.

Junge Freiheit (2009): *20 Jahre Mauerfall. Wir 89er.* In: Junge Freiheit 46/2009 (08.11.2009). Online unter: https://jungefreiheit.de/politik/deutschland/2009/wir-89er/ [Letzter Zugriff: 13.05.2018].

Junginger, Horst (2009): *Paganismus und Indo-Germanentum als Identifikationselemente der Neuen Rechten.* In: Puschner, Uwe/ Großmann, Georg Ulrich: *Völkisch und national: zur Aktualität alter Denkmuster im 21. Jahrhundert.* Darmstadt: Wissenschaftliche Buchgesellschaft, 280-290.

Kant, Immanuel (1784): *Beantwortung der Frage: Was ist Aufklärung?*, In: Berlinische Monatsschrift 12, 481–494.

Kant, Immanuel (1784b): *Idee zu einer allgemeinen Geschichte in weltbürgerlicher Absicht.* In: ders., *Gesammelte Schriften*, Akademie-Ausgabe Bd. VIII, Berlin/Leipzig: Preußische Akademie der Wissenschaften.

Kaase, Max (1983): *Sinn oder Unsinn des Konzepts „Politische Kultur "für die Vergleichende Politikforschung, oder auch: Der Versuch, einen Pudding an die Wand zu nageln.* In: Kaase, Max/ Klingemann, H.D. (Hg.): *Wahlen und politisches System. Analysen zur Bundestagswahl 1980.* Opladen: VS Verlag für Sozialwissenschaften, 144-171.

Keßler, Patrick (2018): *Die "Neue Rechte" in der Grauzone zwischen Rechtsextremismus und Konservatismus? Protagonisten, Programmatik und Positionierungsbewegungen.* Berlin: LIT Verlag.

Khaleghi-Motlagh, Djalal (1994): "*Derafš-e Kāvīān*", Encyclopædia Iranica, Vol. VII, Fasc. 3, 315-316, Online unter: http://www.iranicaonline.org/articles/derafs-e-kavian- [Letzter Zugriff: 29.04.2018].

Kimball, Jeffrey (2008): *The enduring paradigm of the 'Lost Cause': Defeat in Vietnam, the stab-in-the-back legend, and the construction of a myth.* In: Macleod, Jenny (Hg.): *Defeat and memory*. London: Palgrave Macmillan, 233-250.

Kitchin, Robert (1994): *Cognitive maps: What are they and why study them?* In: Journal of Environmental Psychology 14, 1–19.

Klein, Kerwin Lee (1995): *In search of narrative mastery: Postmodernism and the people without history.* In: History and Theory 34(4), 275-298.

Klingst, Martin/ Middelhoff, Paul/ Thumann, Michael (2018): *Plötzlich ganz nah. Der türkische Einmarsch in Nordsyrien befeuert den Konflikt zwischen Kurden und Türken in Deutschland.* In: DIE ZEIT 13/2018 (22.03.2018), 8.

Koch, Lars (2018): *Walling out – Zur Diskurspolitik und Mythomotorik Neuer Mauern in der Populärkultur.* In: Besand, Anja (Hg.): *Von Game of Thrones bis House of Cards. Politische Perspektiven in Fernsehserien.* Wiesbaden: Springer VS, 51-69.

Koselleck, Reinhart/ Jeismann, Michael (Hg.) (1994): *Der politische Totenkult. Kriegerdenkmäler in der Moderne.* München: Wilhelm Fink Verlag.

Koselleck, Reinhart (1979): *Standortbindung und Zeitlichkeit. Ein Beitrag zur historiographischen Erschließung der geschichtlichen Welt.* In: ders.: *Vergangene Zukunft. Zur Semantik geschichtlicher Zeiten.* Frankfurt am Main: Suhrkamp, 176-207.

Kraushaar, Wolfgang (2000): *1968 als Mythos, Chiffre und Zäsur.* Hamburg: Hamburger Edition.

Kriesi, H./ Pappas, T. S. (Hg.) (2015): *European populism in the shadow of the great recession.* Colchester: ECPR Press.

Kroll, Frank-Lothar (2005): *Friedrich der Große als Gestalt der europäischen Geschichtskultur.* In: Wehinger, Brunhilde (Hg.): *Geist und Macht, Friedrich der Große im Kontext der europäischen Kulturgeschichte.* Berlin: Walter de Gruyter, 185-200.

Krüger, Peter (1991): *Etzels Halle und Stalingrad: Die Rede Görings vom 30.1. 1943*. In: Heinzle, Joachim/ Waldschmidt, Anneliese (Hg.): *Die Nibelungen: ein deutscher Wahn, ein deutscher Alptraum: Studien und Dokumente zur Rezeption des Nibelungenstoffs im 19. und 20. Jahrhundert*. Frankfurt am Main: Suhrkamp, 151-190.

Kubitschek, Götz (2016): *Briefwechsel zwischen Claus Leggewie und Götz Kubitschek* (Teil II). (Brief Götz Kubitscheks vom 28.03.2016). In: Sezession (7. Januar 2017). Online unter: https://sezession.de/56950/briefwechsel-zwischen-claus-leggewie-und-gotz-kubitschek-teil-ii [Letzter Zugriff: 29.06.2018].

Kubitschek, Götz (2007): *Preußen! Und nun?* In: Junge Freiheit 09/07 (23.02.2007). Online unter: https://jungefreiheit.de/service/archiv?artikel=archiv07/200709022356.htm [Letzter Zugriff: 03.07.2018].

Kubitschek, Götz (2007b): *Trotzdem: Preußen!* In: Junge Freiheit 09/07 (23.02.2007). Online unter: https://jungefreiheit.de/service/archiv?artikel=archiv07/2007090223jf.htm [Letzter Zugriff: 03.07.2018].

Kubitschek, Götz (2004): *Das Schwert des Geheimen Deutschland*. In: Sezession 6 (1. Juli 2004). Online unter: https://sezession.de/7416/das-schwert-des-geheimen-deutschland [Letzter Zugriff: 03.07.2018].

Kumpfmüller, Michael (1995): *Die Schlacht von Stalingrad. Metamorphosen eines deutschen Mythos*. München: Fink.

Kundera, Milan (1984): *Un occident kidnappé oder die Tragödie Zentraleuropas*. In: Kommune. Forum für Politik und Ökonomie 2(7), 43-52.

Laclau, Ernesto (2005): *Populism: What's in a name?* In: Panizza, Francisco (Hg.): *Populism and the Mirror of Democracy*, London, New York: Verso, 32-49.

Langebach, Martin/ Sturm, Michael (Hg.) (2015): *Erinnerungsorte der extremen Rechten*. Wiesbaden: Springer VS.

Langer, Susanne K. (1953): *Feeling and form: A theory of art, developed from Philosophy in a new key*. London: Routledge and Kegan Paul.

Lappenküper, Ulrich (2001): *Die deutsch-französischen Beziehungen 1949-1963: Von der „Erbfeindschaft" zur „Entente élémentaire"*. Bd. 49. München: Oldenbourg Verlag.

Latour, Bruno (2017): *L'Europe est seule, mais seule l'Europe peut nous sauver*. In: Hamon, Benoît/ Jadot, Yannick/ Wieviorka, Michel: *La Politique est à nous*. Paris: Éditions Robert Laffont, 319-326.

Leggewie, Claus (2001): *1968 ist Geschichte*. In: Aus Politik und Zeitgeschichte 22-23(1), 3-6.

Leggewie, Claus (1987): *Der Geist steht rechts. Ausflüge in die Denkfabriken der Wende*. Berlin: Rotbuch.

Lehmann, Karl (2005): *Ökumenischer Gottesdienst "60 Jahre Ende des Zweiten Weltkriegs"* (08.05.2005). Online unter: https://dbk.de/nc/presse/aktuelles/meldung/oekumenischer-gottesdienst-60-jahre-ende-des-zweiten-weltkriegs/detail/ [Letzter Zugriff: 30. 06. 2018].

Lehnert, Erik (2013): *Konservative Revolution in Europa?* In: Sezession (20. November 2013). Online unter: https://sezession.de/41893/konservative-revolution-in-europa [Letzter Zugriff: 26.06.2018].

Lehnert, Erik (2010): *Die letzten Preußen*. In: Sezession (01.10.2010). Online unter: https://sezession.de/22731/die-letzten-preussen-2 [Letzter Zugriff: 13.07.2017].

Le Rider, Jacques (2008): *Mitteleuropa, Zentraleuropa, Mittelosteuropa: A mental map of Central Europe*. In: European Journal of Social Theory 11(2), 155-169.

Lersch, Heinrich (1916): *Herz! Aufglühe dein Blut. Gedichte im Kriege*. Jena: Eugen Diederichs.

Lethen, Helmut (2006): *Der Sound der Väter*. Gottfried Benn und seine Zeit. Berlin: Rowohlt.

Lévi-Strauss, Claude (1977): *Die Struktur der Mythen*. In: ders.: Strukturale Anthropologie I, Frankfurt am Main: Suhrkamp, 226–254.

Lévi-Strauss, Claude (1963): *Structural Anthropology*. New York: Basic Books.

Lichtmesz, Martin (2015): *„Flüchtlingskrise": Die globalistische Perspektive*. In: Sezession (19.10.2015). Online unter: https://sezession.de/51808/fluechtlings-krise-die-globalistische-perspektive [Letzter Zugriff: 03.07.2018].

Lichtmesz, Martin (2011): *Die Totgesagten und die Totsager*. In: Sezession (20.06.2011). Online unter: https://sezession.de/25268/die-totgesagten-und-die-totsager [Letzter Zugriff: 03.07.2018].

Lipset, Seymour M./ Rokkan, Stein (Hg.) (1967): *Cleavage structures, party systems, and voter alignments. An introduction*. In: Lipset, Seymour M./ Rokkan, Stein: *Cleavage structures, party systems, and voter alignments. Cross national perspectives*. New York: Free Press, 1-64.

Lohmann, Nina (2010): *Der „Raum" in der deutschen Geschichtswissenschaft*. In: Studia Territorialia 3-4, 47-93.

Luhmann, Niklas (1984): *Soziale Systeme*. Frankfurt am Main: Suhrkamp.

Lyotard, Jean-François (1988): *Le postmoderne expliqué aux enfants*. Paris: Galilée.

Mair, Stefan/ Perthes, Volker (2011): *Ideen und Macht. Was definiert die relative Gewichtsverteilung in der Welt*. In: Internationale Politik 66(3), 10-23.

Malzahn, Claus Christian/ Herzinger, Richard (2011): *Gehören wir noch zum Westen?* In: Welt am Sonntag (12.06.2011). Online unter: https://www.welt.de/print/wams/politik/article13425877/Gehoeren-wir-noch-zum-Westen.html [Letzter Zugriff 12.05.2018].

Mann, Christian (2009): *Die Demagogen und das Volk*. Berlin: Akademie Verlag.

Mann, Thomas (1974): *Betrachtungen eines Unpolitischen*, 2. durchgesehene Aufl., Frankfurt am Main: S. Fischer Verlag.

Mann, Erika (Hg.) (1963): *Thomas Mann. Briefe, Bd. 2: 1937–1947*. Frankfurt am Main: S. Fischer.

Mann, Klaus (1989): *Der Wendepunkt. Ein Lebensbericht*. München: edition spangenberg.

Martensen, Sven (2005): *Die Ästhetik der Macht: Zur architektonischen Selbstdarstellung der Bundesrepublik Deutschland*. In: Krol, Martin (Hg.)/ et al.: *Macht-Herrschaft-Gewalt: gesellschaftswissenschaftliche Debatten am Beginn des 21. Jahrhunderts*. Band 1. Münster: LIT Verlag, 189-202.

Massing, Otwin (2006): *Der (europäische) Präambelgott. Fetisch, sakralisierende Überhöhung oder Skandalon? Über den Atavismus politischer Symbolsprache in „modernen" Staaten*. In: Walkenhaus, Ralf / Machura, Stefan / Nahamowitz, Peter / Treutner, Erhard (Hg.): *Staat im Wandel*. Festschrift für Rüdiger Voigt zum 65. Geburtstag, Stuttgart: Franz Steiner Verlag, 377–423.

McKee, Robert (2011): *Story. Die Prinzipien des Drehbuchschreibens*. Berlin: Alexander Verlag.

Meier, Christian (1983): *Die Entstehung des Politischen bei den Griechen*. Frankfurt am Main: Suhrkamp.

Meuthen, Jörg (2017): Facebook-Eintrag vom 25.07.2017. Online unter: https://www.facebook.com/Prof.Dr.Joerg.Meuthen/videos/867178603430846/ [Letzter Zugriff: 02.06.2018].

Milton, John (2008): *Das Verlorene Paradies*, übers. v. B. Schuhmann, Frankfurt am Main: Zweitausendeins.

Mitscherlich, Alexander/ Mitscherlich, Margarete (1970): *Eine deutsche Art zu lieben*. München: Piper.

Mohler, Armin (1989): *Die Konservative Revolution in Deutschland: Ein Handbuch.* 3., um einen Ergänzungsband erweiterte Aufl., Darmstadt: Wissenschaftliche Buchgesellschaft.

Mudde, Cas/ Kaltwasser, Cristóbal Rovira (2012): *Populism in Europe and the Americas: Threat and Corrective for Democracy?* Cambridge: Cambridge University Press.

Mudde, Cas (2004): *The populist Zeitgeist*. In: Government and Opposition, 39(4), 542–563.

Mühlenfeld, Daniel (2013): *Die Vergesellschaftung von „Volksgemeinschaft" in der sozialen Interaktion*. In: Zeitschrift für Geschichtswissenschaft 61, 826-846.

Müller, Ernst Wilhelm (1989): *Der Begriff „Volk" in der Ethnologie*. In: Saeculum 40(3-4), 237-252.

Müller, Winfried/ Steinberg, Swen (2016): *Dresden. Eine Kurzbiographie*. In: Aus Politik und Zeitgeschichte 66(5-7), 8-14.

Müller, Jan-Werner (2016): *Was ist Populismus? Ein Essay*. Frankfurt am Main: Suhrkamp.

Müller, Jan-Werner (2010): *Verfassungspatriotismus. Eine systemische Verteidigung*. In: vorgänge Heft 3, 111-118.

Müller, Jost (1995): *Mythen der Rechten. Nation, Ethnie, Kultur*. Berlin/Amsterdam: Edition ID-Archiv.

Münkler, Herfried/ Hacke, Jens (2009): *Politische Mythisierungsprozesse in der Bundesrepublik: Entwicklungen und Tendenzen*. In: Diess.: *Wege in die neue Bundesrepublik. Politische Mythen und kollektive Selbstbilder nach 1989*. Frankfurt am Main: Campus Verlag, 15-32.

Münkler, Herfried (2009): *Die Deutschen und ihre Mythen*. Berlin: Rowohlt.

Münkler, Herfried (1994): *Politische Mythen und nationale Identität. Vorüberlegungen zu einer Theorie politischer Mythen*. In: Frindte, Wolfgang (Hg.): *Mythen der Deutschen: Deutsche Befindlichkeiten zwischen Geschichten und Geschichte*. Opladen: VS Verlag für Sozialwissenschaften, 21-27.

Münz, Rainer/ Ohliger, Rainer (2009): *Auslandsdeutsche*. In: François, Étienne/ Schulze, Hagen (Hg.): *Deutsche Erinnerungsorte I*. München: C.H. Beck, 370-389.

Naumann, Friedrich (1915): Mitteleuropa. Berlin: Reimer.

Neubauer, John (2003): *What's in a name? Mitteleuropa, Central Europe, Eastern Europe, East-Central Europe*. In: Kakanien Revisited 7, 1-11.

Neujahr, Doris (2001): *"Frau, komm!" – eine Stadt wird vergewaltigt. Massenvergewaltigungen und Zwangsprostitution deutscher Frauen bleibt tabu*. In: Junge Freiheit (03.08.2011). Online unter: https://jungefreiheit.de/service/archiv?artikel=archiv01/31_32_1yy57.htm [Letzter Zugriff: 13.07.2018].

Neuschäfer, Hans-Jörg (2011): *Klassische Texte der spanischen Literatur: 25 Einführungen vom Cid bis Corazón tan blanco*. Stuttgart: JB Metzler.

Neutzner, Matthias, et al. (2010): *Abschlussbericht der Historikerkommission zu den Luftangriffen auf Dresden zwischen dem 13. und 15. Februar 1945*. Online unter: https://www.dresden.de/media/pdf/infoblaetter/Historikerkommission_Dresden1945_Abschlussbericht_V1_14a.pdf [Letzter Zugriff: 12.07.2018].

Neutzner, Matthias (2009): *Dresden. Nachdenken über ein Geschichtssymbol*. In: Sächsische Zeitung Online (11.02.2009). Online unter: https://www.sz-online.de/nachrichten/dresden-nachdenken-ueber-ein-geschichtssymbol-2043643.html [Letzter Zugriff: 12.07.2018].

Neutzner, Matthias (2005): *Vom Alltäglichen zum Exemplarischen. Dresden als Chiffre für den Luftkrieg der Alliierten*. In: Reinhard, Oliver; Neutzner, Matthias; Hesse, Wolfgang (Hg.): *Das rote Leuchten - Dresden und der Bombenkrieg*. Dresden: Edition Sächsische Zeitung, 110-127.

Newald, Richard (2011): *Nachleben des antiken Geistes im Abendland bis zum Beginn des Humanismus: eine Überschau*. Tübingen: Walter de Gruyter.

Olles, Werner (2001): *Allah gegen Mickymaus*. In: Junge Freiheit (21.09.2001). Online unter: https://jungefreiheit.de/service/archiv?artikel=archiv01/391yy35.htm [Letzter Zugriff: 29.06.2018].

Omidsalar, Mahmud (2013), „*Kāva*", Encyclopædia Iranica, Vol. XVI, Fasc. 2, 130-132, Online unter: http://www.iranicaonline.org/articles/kava-hero [Letzter Zugriff: 29.04.2018].

Orwell, George (2016): *1984*. Hongkong: Enrich Spot.

Osterhammel, Jürgen (2011): *Die Verwandlung der Welt: Eine Geschichte des 19. Jahrhunderts*. München: C.H. Beck.

Ostrovski, Donald (2006): *Alexander Nevskii's „Battle on the ice". The creation of a legend*. In: Russian History 33(2/4), 289–312.

Ottmann, Henning (2010): *Die Konservative Revolution (Arthur Moeller van den Bruck, Thomas Mann, Oswald Spengler, Ernst Jünger)*. In: ders.: *Geschichte des politischen Denkens*, 4 Bde, Bd.4, Das 20. Jahrhundert. Stuttgart: JB Metzler, 143-214.

Padfield, Peter (1984): Dönitz. Des Teufels Admiral. Berlin/ Frankfurt am Main/ Wien: Ullstein.

Pappas, Takis S. (2016): *Modern Populism: Research Advances, Conceptual and Methodological Pitfalls, and the Minimal Definition*. Online unter: http://politics.oxfordre.com/view/10.1093/acrefore/9780190228637.001.0001/acrefore-9780190228637-e-17?print=pdf [Letzter Zugriff: 20.04.2018].

Parppei, Kati (2017): *The battle of Kulikovo refought: „The first national feat"*. Leiden: Brill.

Paul, Gerhard (2005): *Der letzte Spuk*. In: DIE ZEIT 19/2005 (04.05.2005). Online unter: https://www.zeit.de/2005/19/A-Flensburg/seite-6 [Letzter Zugriff: 16.06.2018].

Paulwitz, Michael (2018): *Die Trümmer waren längst beseitigt*. In: Junge Freiheit 07/2018 (09.02.2018). Online unter: https://jungefreiheit.de/service/archiv?artikel=archiv18/201807020957.htm [Letzter Zugriff: 02.06.2018].

Paulwitz, Michael (2017): *Sie fluten Europa*. In: Junge Freiheit (24.06.2017). Online unter: https://jungefreiheit.de/debatte/kommentar/2017/sie-fluten-europa/ [Letzter Zugriff: 17.07.2017].

Paulwitz, Michael (2017b): *Die Schönfärberei hält an*. In: Junge Freiheit (11.11.2017). Online unter: https://jungefreiheit.de/debatte/kommentar/2017/die-schoenfaerberei-haelt-an/ [Letzter Zugriff: 17.07.2017].

Peters, Tiemo Rainer (1998): *Thesen zu einer Christologie nach Auschwitz*. In: Manemann, Jürgen/ Metz; Johann B. (Hg.): *Christologie nach Auschwitz. Stellungnahmen im Anschluß an Thesen von Tiemo Rainer Peters*. Münster: LIT, 2-7.

Pfahl-Traughber, Armin (2008): *Die wissenschaftliche Dimension des „Historikerstreits" auf dem Prüfstand. Eine Auseinandersetzung mit Ernst Nolte und Jürgen Habermas.* In: Kailitz, Steffen (Hg.): *Die Gegenwart der Vergangenheit: Der „Historikerstreit" und die deutsche Geschichtspolitik.* Wiesbaden: Springer, 84-104.

Pfahl-Traughber, Armin (1998): *„Konservative Revolution" und „Neue Rechte". Rechtsextremistische Intellektuelle gegen den demokratischen Verfassungsstaat.* Opladen: Leske + Budrich.

Pfeiffer, Thomas (2018): *„Wir lieben das Fremde – In der Fremde" Ethnopluralismus als Diskursmuster und –strategie im Rechsextremismus.* In: Schellhöh, Jennifer: *Großerzählungen des Extremen: Neue Rechte, Populismus, Islamismus, War on Terror.* Bielefeld: transcript Verlag, 35-55.

Pickel, Gert/ Susanne Pickel (2018): *Migration als Gefahr für die politische Kultur?* In: Zeitschrift für Vergleichende Politikwissenschaft 12, 297-320.

Piecken, Gorch (2016): *The benchmark: Dresden, 13. Februar 1945. Vom Umgang einer Stadt mit ihrer Geschichte.* In: Aus Politik und Zeitgeschichte 66(5-7), 15-22.

Pippin, Robert (2004): *Lighting and flesh, agent and deed (I, 6-17).* In: Höffe, Otfried (Hg.): Friedrich Nietzsche. *Zur Genealogie der Moral.* Berlin: Akademie Verlag, 47-64.

Plato, Alexander von (2007): *Erinnerungen an ein Symbol: Die Bombardierung Dresdens im Gedächtnis von Dresdnern.* BIOS-Zeitschrift für Biographieforschung, Oral History und Lebensverlaufsanalysen 20(1), 123-137.

Platon (1991): *Philebos - Timaios - Kritias, Griechisch und deutsch, Sämtliche Werke VIII*, übers. v. F. Schleiermacher, ergänzt durch Übers. v. F. Susemihl et al., herausg. v. K. Hübner, Frankfurt am Main/Leipzig: Insel Taschenbuch.

Pöthe, Zitha (2014): *Perikles in Preußen. Die Politik Friedrich Wilhelms II. im Spiegel des Brandenburger Tores.* Berlin: Epubli.

Pohl, Walter (2004): *Identität und Widerspruch: Gedanken zu einer Sinngeschichte des Frühmittelalters.* Wien: Verlag der Österreichischen Akademie der Wissenschaften.

Polke-Majewski, Karsten (2017): *Björn Höcke greift unsere Identität an.* ZEIT ONLINE (18.01.2017). Online unter: https://www.zeit.de/politik/deutschland/2017-01/afd-bjoern-hoecke-rede-holocaust-mahnmal-berlin/komplettansicht [Letzter Zugriff: 08.06.2018].

Popper, Karl (1959): *Woran glaubt der Westen?* Online unter: http://siaf.ch/files/popper.pdf [Letzter Zugriff: 18.05.2018].

Post, Walter (2001): *Die Mitschuld Stalins ist eindeutig nachzuweisen.* In: Junge Freiheit 03/01 (12.01.2001). Online unter: https://jungefreiheit.de/service/archiv?artikel=archiv01/031yy47.htm [Letzter Zugriff: 13.07.2018].

Priester, Hans E. (1936): *Das deutsche Wirtschaftswunder*, Amsterdam: Querido Verlag.

Priester, Karin (2012): *Rechter und linker Populismus: Annäherung an ein Chamäleon*. Frankfurt am Main, New York: Campus Verlag.

Ptak, Ralf (2004): *Vom Ordoliberalismus zur Sozialen Marktwirtschaft: Stationen des Neoliberalismus in Deutschland*. Opladen: Leske + Budrich.

Rademacher, Bernd (2013): *Deutschland hat das meiste zurückbezahlt*. In: Junge Freiheit 38/2013 (13.09.2013). Online unter: https://jungefreiheit.de/service/archiv?artikel=archiv13/201338091360.htm [Letzter Zugriff: 02.06.2018].

Raspail, Jean (2016): *Das Heerlager der Heiligen*. Übers. v. M. Lichtmesz. Schnellroda: Verlag Antaios.

Raulet, Gérard (1993): *Die Modernität der „Gemeinschaft"*. In: Brumlik, Micha / Brunkhorst, Hauke (Hg.): *Gemeinschaft und Gerechtigkeit*. Frankfurt am Main: Fischer, 72-93.

Retterath, Jörn (2016): *"Was ist das Volk?": Volks-und Gemeinschaftskonzepte der politischen Mitte in Deutschland 1917–1924*. Berlin: De Gruyter Oldenbourg.

Reuter, Elke/ Hansel, Detlef (1997): *Das kurze Leben der VVN 1947-1953. Die Geschichte der Vereinigung der Verfolgten des Naziregimes in der sowjetischen Besatzungszone und in der DDR*. Berlin: Edition Ost.

Richter, Emanuel (1996): *Die Paneuropa-Idee. Die aristokratische Rettung des Abendlandes*. In: Nautz, Jürgen/ Nautz, Jürgen/ Vahrenkamp, Richard, (Hg.): *Die Wiener Jahrhundertwende: Einflüsse, Umwelt, Wirkungen*. Wien: Böhlau Verlag, 788-812.

Riecker, Joachim (2006): *"Das Geheimnis der Freiheit ist Mut": antike Vorbilder in der amerikanischen Außenpolitik von Theodore Roosevelt bis Bill Clinton*. Paderborn: Ferdinand Schöningh.

Riesman, David (1986): *Utopisches Denken in Amerika*. In: Neusüss, A. (Hg.): *Utopie. Begriff und Phänomen des Utopischen*. Frankfurt am Main, New York: Campus, 327-338.

Rink, Martin (2015): *Die Bundeswehr 1950/55-1989*. Berlin/Boston: Walter de Gruyter.

Rohe, Karl (1996): *Politische Kultur: Zum Verständnis eines theoretischen Konzepts*. In: Niedermayer, Oskar/ Beyme, Klaus von (Hg.): *Politische Kultur in Ost-und Westdeutschland*. Wiesbaden: Springer-Verlag, 1-21.

Rutschky, Michael (1990): *Was heißt und zu welchem Ende betreibt man Kulturpessimismus?* In: ders.: *Reise durch das Ungeschick und andere Meisterstücke*. Zürich: Haffmans, 130-152.

Rydgren, Jens/ Meiden, Sara van der (2016): *Sweden, now a country like all the others? The Radical Right and the end of swedish exceptionalism*. In: SU Department of Sociology Working Paper Series 25, 1-38.

Sagan, Françoise (1955): *Bonjour Tristesse*. Wien: Ullstein.

Said, Edward (1981): *Orientalismus*. Frankfurt am Main/ Berlin/ Wien: Ullstein.

Salzborn, Samuel (2015): *Rechtsextremismus. Erscheinungsformen und Erklärungsansätze*. Baden-Baden: Nomos.

Salzborn, Samuel/ Schiedel, Heribert (2003): *"Nation Europa": Ethnoföderale Konzepte und kontinentale Vernetzung der extremen Rechte*. In: Blätter für deutsche und internationale Politik 10(48), 1209-1217.

Salzborn, Samuel (2003b): *Opfer, Tabu, Kollektivschuld Über Motive deutscher Obsession*. In: Klundt, Michael / Salzborn, Samuel / Schwietring, Marc / Wiegel, Gerd: *Erinnern, verdrängen, vergessen. Geschichtspolitische Wege ins 21. Jahrhundert*. Gießen: Netzwerk für politische Bildung, Kultur und Kommunikation, 17-41.

Samuel, Raphael / Thompson, Paul (1990): *The myths we live by*. London/New York: Routledge.

Scheil, Stefan (2017): *Was für Schutt?* In: Junge Freiheit 27/2017 (30. Juni 2017). Online unter: https://jungefreiheit.de/service/archiv?artikel=archiv17/201727063063.htm [Letzter Zugriff: 02.06.2018].

Scherrer, Jutta (2014): *Russland verstehen? Das postsowjetische Selbstverständnis im Wandel*. In: Aus Politik und Zeitgeschichte 47-48/2014, 17-26.

Schivelbusch, Wolfgang (2003): *Die Kultur der Niederlage*. Frankfurt am Main: S. Fischer.

Schelkshorn, Hans (2017):*Wider die Instrumentalisierung des Christentums. Zur Unvereinbarkeit von neorechter Ideologie und christlicher Moral*. In: Lesch, Walter (Hg.): *Christentum und Populismus: Klare Fronten?* Freiburg/ Basel/ Wien: Herder, 26-37.

Schenk, Frithjof Benjamin (2004): *Aleksandr Nevskij: Heiliger, Fürst, Nationalheld: eine Erinnerungsfigur im russischen kulturellen Gedächtnis (1263-2000)*. Köln/ Weimar: Böhlau Verlag.

Schlenke, Dorothee (2010): *„Christliches Abendland?" Grundsätzliche Überlegungen zur Bedeutung des Christentums für die Vorstellung europäischer Identität*. In: Mentz, Olivier/ Herold, Raja (Hg.): *Gibt es ein Wir? Reflexionen zu einer europäischen Identität*. Berlin: Lit, 9-44.

Schloemann, Johan (2017): *Rechte Gedanken in neuem Gewand*. In: SZ.de (09.09.2017). Online unter: http://www.sueddeutsche.de/medien/neues-heft-stuerme-von-gestern-1.3656454 [Letzter Zugriff: 19.06.2018].

Schlürmann, Jan (2015): *Die" Wirmer-Flagge" Die wechselhafte Geschichte eines vergessenen Symbols der deutschen Christlichen Demokratie*. In: Historisch-Politische Mitteilungen 22(1), 331-342.

Schmid, Thomas (2005): *Auschwitz*. In: FAZ.net (27.01.2005). Online unter: http://www.faz.net/aktuell/politik/kommentar-auschwitz-1215376.html [Letzter Zugriff: 20.07.2018].

Schmidt, Friedemann (2001): *Die Neue Rechte und die Berliner Republik: parallel laufende Wege im Normalisierungsdiskurs*. Wiebaden: Westdeutscher Verlag.

Schmitt, Carl (1985): *Die geistesgeschichtliche Lage des heutigen Parlamentarismus*. 6. Aufl. nach der 2. Aufl. von 1926. Berlin: Duncker & Humblot.

Schmitt, Carl/ Schelz, S (Hg.)/ Jüngel E. (1979): *Die Tyrannei der Werte*. Hamburg: Lutherarisches Verlagshaus.

Schneider, Ute (2005): *Weltbilder auf Karten*. Online unter: http://www.bpb.de/gesellschaft/medien-und-sport/bilder-in-geschichte-und-politik/73116/weltbilder-auf-karten?p=all [Letzter Zugriff: 12.05.2018].

Schell, Dorothea (1997): *Der Stern von Vergina als nationales Symbol in Griechenland*. In: Brednich, Rolf Wilhelm, et al.: Symbole. Münster: Waxmann Verlag, 298-307.

Schildt, Axel (1998): *Der Umgang mit der NS-Vergangenheit in der Öffentlichkeit der Nachkriegszeit*. In: Loth, Wilfried/ Rusinek, Bernd-A. (Hg.): *Verwandlungspolitik: NS-Eliten in der westdeutschen Nachkriegsgesellschaft*. Frankfurt am Main: Campus Verlag, 19-54.

Schrenck-Notzing, Caspar von (1992): Editorial. In: Criticón 133, September/Oktober 1992, 207.

Schulze, Christoph (2009): *Das Viersäulenkonzept der NPD*. In: Braun, Stephan/ Geisler, Alexander/ Gerster, Martin (Hg.): *Strategien der extremen Rechten*. Wiesbaden: VS Verlag, 92-108.

Schulze, Winfried (2002): *Vom „Sonderweg" bis zur „Ankunft im Westen"*. In: Geschichte in Wissenschaft und Unterricht 53, 226-240.

Schumacher, Björn (2009): *Warum nicht ein Tribunal von Dresden?* In: Junge Freiheit (13.02.2009). Online unter: https://jungefreiheit.de/debatte/interview/2009/warum-nicht-ein-tribunal-von-dresden/ [Letzter Zugriff: 13.07.2018].

Schwilk, Heimo/ Schacht, Ulrich (Hg.) (1994): *Die selbstbewußte Nation: "Anschwellender Bocksgesang" und weitere Beiträge zu einer deutschen Debatte*. Berlin: Ullstein.

Séville, Astrid (2017): *" There is no alternative": Politik zwischen Demokratie und Sachzwang*. Frankfurt am Main: Campus Verlag.

Shaw, Gisela (1997): *Zeit für den Schlussstrich? – Oder: Die ‚Dritte Schuld'?: Die Debatte um die Amnestie für SED-Unrecht*. In: German Life and Letters 50(1), 103-126.

Sloterdijk, Peter (2016): *Vom Unbehagen der Demokratie*. In: DIE ZEIT 49/2016 (07.12.2016). Online unter: https://www.zeit.de/2016/49/populismus-demokratie-us-wahl-donald-trump-condoleezza-rice/komplettansicht [Letzter Zugriff: 18.05.2018].

Soboczynski, Adam (2017): *Völkische Nachtgedanken. Rüdiger Safranski versucht Sieferles Verschwörungstheorie zu retten*. In: DIE ZEIT 27/2017 (28.06.2017). Online unter: https://www.zeit.de/2017/27/rolf-peter-sieferle-finis-germania-ruediger-safranski [Letzter Zugriff: 20.07.2018].

Sombart, Werner (1915): *Händler und Helden: Patriotische Besinnungen*. München/ Leipzig: Duncker & Humblot.

Spengler, Oswald (1979): *Der Untergang des Abendlandes. Umrisse einer Morphologie der Weltgeschichte*. München: DTV.

Speyer, Wolfgang (1999): *Frühes Christentum im antiken Strahlungsfeld. Kleine Schriften II* (Wissenschaftliche Untersuchungen Zum Neuen Testament 116). Tübingen: Verlag Mohr Siebeck.

Spletter, Martin (2015): *Trümmerfrauen: Historikerin spricht von Missverständnis*. In: WAZ (10.04.2015). Online unter: https://www.waz.de/staedte/essen/truemmerfrauen-historikerin-spricht-von-missverstaendnis-id10544524.html [Letzter Zugriff: 02.06.2018].

Stadler, Friedrich (2010): *Das Jahr 1968 als Ereignis, Symbol und Chiffre gesellschaftlicher und wissenschaftlicher Konfliktzonen*. In: Rathkolb, Oliver/ Stadler, Friedrich (Hg.): *Das Jahr 1968 - Ereignis, Symbol, Chiffre*. Göttingen: V&R unipress, 9-20.

Steber, Martina (2017): *Die Hüter der Begriffe: Politische Sprachen des Konservativen in Großbritannien und der Bundesrepublik Deutschland, 1945-1980*. München: De Gruyter Oldenbourg.

Steinbach, Peter (2017): *Wer sind wir, dass wir sagen könnten: eine heroische Tat? Vom langen Weg zur Anerkennung des Regimegegners Claus Schenk Graf von Stauffenberg*. In: Zehnpfennig, Barbara: *Politischer WiderstandAllgemeine theoretische Grundlagen und praktische Erscheinungsformen in Nationalsozialismus und Kommunismus*. Baden-Baden: Nomos, 115-148.

Stockrahm, Sven (2016): *Wir schaffen das nicht?* In: ZEIT ONLINE (30.07.2016). Online unter: https://www.zeit.de/politik/deutschland/2016-07/fluechtlingskrise-deutschland-angst-terror-radikalisierung/komplettansicht [Letzter Zugriff: 03.07.2018].

Stöss, Richard (2006): *Rechtsextreme Parteien in Westeuropa*. In: Niedermayer, Oskar/ Stöss, Richard/ Haas, Melanie: *Die Parteiensysteme Westeuropas*. Wiesbaden: VS-Verlag 521-564.

Strauß, Botho (1993): *Anschwellender Bocksgesang*. In: DER SPIEGEL 6/1993 (08.02.1993). Online unter: http://www.spiegel.de/spiegel/print/d-13681004.html [Letzter Zugriff: 11.05.2018].

Strohmeier, Martin/ Yalcin-Heckmann, Lale (2016): *Die Kurden: Geschichte, Politik, Kultur*. München: C.H. Beck.

Stuckrad, Kocku von (2006): *Die Rede vom „Christlichen Abendland“: Hintergründe und Einfluss einer Meistererzählung*. In: Augustin, Christian/ Wienand, Johannes/ Winkler, Christiane (Hg.): *Religiöser Pluralismus und Toleranz in Europa*. Wiesbaden: VS Verlag für Sozialwissenschaften, 235-247.

Sueton (2013): *Leben und Taten der römischen Kaiser (Kaiserviten). Über berühmte Männer*. Übers. v. A. Stahr und W. Krenkel, mit einer Einleitung v. W. Krenkel. Köln: Anaconda.

Svevo, Italo (1988): *Zeno Cosini*, übers. v. P. Rismondo und R. M. Gschwend, herausg. v. S. de Lugnani, G. Contini und C. Magris, Reinbek bei Hamburg: Rowohlt.

Swart, Koenraad W. (1964): *The sense of decadence in nineteenth-century France*. Dordrecht: Springer Science & Business Media.

Thamer, Hans-Ulrich (1998): *Volksgemeinschaft: Mensch und Masse*. In: Dülmen, Richard van (Hg.): *Erfindung des Menschen. Schöpfungsträume und Körperbilder 1500-2000*. Wien: Boehlau, 367-388.

The Editors of Encyclopædia Britannica (2013): "*Slavophile*", Encyclopædia Britannica, Online unter: https://www.britannica.com/topic/Slavophile [Letzter Zugriff: 12.05.2018].

Thießen, Malte: *Mythos und städtisches Selbstbild. Gedenken an Bombenkrieg und Kriegsende in Hamburg nach 1945*. In: Hein-Kircher, Heidi/ Hans Henning Hahn (Hg.): *Politische Mythen im 19. und 20. Jahrhundert in Mittel- und Osteuropa*, Marburg: Verlag Herder-Institut, 107-122.

Thöne, Eva/ Feck, Maria/ Hämäläinen, Janita (2017): *Hetze auf dem Meer*. In: SPIEGEL ONLINE (22.07.2017). Online unter: http://www.spiegel.de/panorama/anti-fluechtlings-aktion-identitaere-bewegung-will-mit-schiff-ins-mittelmeer-a-1159037.html [Letzter Zugriff: 13.07.2018].

Thukydides (1993): *Geschichte des Peloponnesischen Krieges*, übers. und mit einer Einführung versehen von G.P. Landmann, 2 Bde., München: Artemis & Winkler.

Tönsmeyer, Tatjana (2014): *Einleitung: Grenzen und Räume - Neue Forschungen und Forschungsimpulse*. In: Zeitschrift für Ostmitteleuropa-Forschung/Journal of East Central European Studies 63(1), 1-3.

Traboulsi, Fawwaz (2012): *A history of modern Lebanon*. Second edition. London: Pluto Press.

Trautsch, Jasper M. (2017): *Was ist „der Westen"? Zur Semantik eines politischen Grundbegriffs der Moderne*. In: Forum Interdisziplinäre Begriffsgeschichte 1(6), 58-66.

Treber, Leonie (2015): *Mythos „Trümmerfrau": deutsch-deutsche Erinnerungen*. In: Aus Politik und Zeitgeschehen 16-17/2015, 28-34.

Treber, Leonie (2014): *Mythos Trümmerfrauen. Von der Trümmerbeseitigung in der Kriegs– und Nachkriegszeit und der Entstehung eines deutschen Erinnerungsortes*. Essen: Klartext.

Troebst, Stefan (2014): *Analyse: Vom "Vaterländischen Krieg 1812" zum "Großen Vaterländischen Krieg 1941–1945"*. Online unter: http://www.bpb.de/internationales/europa/russland/analysen/179106/analyse-vom-vaterlaendischen-krieg-1812-zum-grossen-vaterlaendischen-krieg-19411945?p=all [Letzter Zugriff: 17.07.2018].

Tuchel, Johannes (2015): *Den schweigen sie tot*. In: ZEIT-ONLINE (09.04.2015). Online unter: https://www.zeit.de/2015/15/georg-elser-kino-hitler-attentat/komplettansicht [Letzter Zugriff: 20.07.2018].

Tüngel, Richard (1946): *Adenauers neue Hauptstadt*. In: DIE ZEIT 43/1946 (12.12.1946). Online unter: https://www.zeit.de/1946/43/adenauers-neue-hauptstadt [Letzter Zugriff: 30.06.2018].

Unger, Frank (2008): *Populismus und Demokratie in den Vereinigten Staaten von Amerika*. In: Faber, Richard/ Unger, Frank (Hg.): Populismus in Geschichte und Gegenwart. Würzburg: Königshausen & Neumann: 57-78.

Van Laak, Dirk (2002): *Gespräche in der Sicherheit des Schweigens: Carl Schmitt in der politischen Geistesgeschichte der frühen Bundesrepublik*. Berlin: Akademie Verlag.

Venohr, Wolfgang (2001): *„In Freiheit dienen"*. In: Junge Freiheit 02/01 (05.01.2001). Online unter: https://jungefreiheit.de/service/archiv?artikel=archiv01/021yy09.htm [Letzter Zugriff: 06.07.2018].

Virchow, Fabian (2017): *Europa als Projektionsfläche, Handlungsraum und Konfliktfeld. Die extreme Rechte als europäische Akteurin?* In: Hentges, Gudrun/ Nottbohm, Kristina/ Platzer, Hans-Wolfgang (Hg.): *Europäische Identität in der Krise?: Europäische Identitätsforschung und Rechtspopulismusforschung im Dialog*. Wiesbaden: Springer-Verlag, 149-165.

Voigt, Rüdiger (2016): *Mythen, Symbole und Rituale (in) der Politik: Entstehung, Einsatz und Wirkung*. In: Der Donauraum 53(2), 151-158.

Vorländer, Hans (2016): *Zerrissene Stadt: Kulturkampf in Dresden*. In: Aus Politik und Zeitgeschichte 66(5-7), 22-28.

Wagener, Volker (2012): *Willy Brandt: "Es wächst zusammen, was zusammen gehört"*. In: Deutsche Welle (13.12.2012). Online unter: https://p.dw.com/p/16wTr [Letzter Zugriff: 20.07.2018].

Walser Martin (1998): *Dankesrede von Martin Walser zur Verleihung des Friedenspreises des Deutschen Buchhandels in der Frankfurter Paulskirche am 11.Oktober 1998*. Online unter: https://hdms.bsz-bw.de/files/440/walserRede.pdf [Letzter Zugriff: 08.06.2018].

Weber, Max (1988): *Gesammelte Aufsätze zur Religionssoziologie I*. Tübingen: Mohr.

Wedgwood, Cicely Veronica (1967): *Der Dreißigjährige Krieg*. Übers. v. A. G. Girschick. München: List Verlag, 1971.

Wegner, Bernd (2001): *Präventivkrieg 1941? Zur Kontroverse um ein militärhistorisches Scheinproblem*. In: Elvert, Jürgen/ Krauss, Susanne (Hg.): *Historische Debatten und Kontroversen im 19. und 20. Jahrhundert. Jubiläumstagung der Ranke-Gesellschaft in Essen*, 2001. Wiesbaden: Franz Steiner Verlag, 206-219.

Weichlein, Siegfried (2012): *Ursprungsmythen in unvordenkbarer Vergangenheit*. In: Dimiter Daphinoff/ Hallensleben, Barbara (Hg.): *Unsterblichkeit. Vom Mut zum Ende*. Heidelberg: Universitätsverlag Winter, 19-33.

Weißmann, Karlheinz (2017): Kommentar zum Terror von Manchester. Wo bleibt der Appell zur Abwehr, zum Kampf? In: Junge Freiheit (23.05.2017). Online unter: https://jungefreiheit.de/debatte/kommentar/2017/wo-bleibt-der-appell-zur-abwehr-zum-kampf/ [Letzter Zugriff: 29.06.2018].

Weiß, Volker (2016): *Armin Mohler: Er forderte die Revolution von rechts*. In: DIE ZEIT 29/2016 (07.07.2016). Online unter: https://www.zeit.de/2016/29/armin-mohler-neue-rechte-afd/komplettansicht [Letzter Zugriff 12.05.2018].

Weizsäcker, Richard von (1985): *Rede zur Gedenkveranstaltung im Plenarsaal des Deutschen Bundestages zum 40. Jahrestag des Endes des Zweiten Weltkrieges in Europa* (08.05.1985). Online unter: http://www.bundespraesident.de/SharedDocs/Reden/DE/Richard-von-Weizsaecker/Reden/1985/05/19850508_Rede.html [Letzter Zugriff: 12.06.2018].

Werth, Karsten (2006): *Ersatzkrieg im Weltraum. Das US-Raumfahrtprogramm in der Öffentlichkeit der 1960er Jahre*. Frankfurt am Main: Campus Verlag.

Wesle, Carl (Hg.) (1985): *Das Rolandslied des Pfaffen Konrad*. Tübingen: Max Niemeyer Verlag.

Wessel, Martin Schulze (1988): *Die Mitte liegt westwärts. Mitteleuropa in tschechischer Diskussion*. In: Bohemia 29, 325-344.

Westerwelle, Guido (2010): *An die deutsche Mittelschicht denkt niemand*. In: Die Welt (11.02.2010). Online unter: https://www.welt.de/debatte/article6347490/An-die-deutsche-Mittelschicht-denkt-niemand.html [Letzter Zugriff: 19.06.2018].

Wette, Wolfram (2013): *Das große Heldenopfer*. In: DIE ZEIT 08/2013 (14.02.2013). Online unter: https://www.zeit.de/2013/08/Goebbels-Sportpalastrede-1943/komplettansicht [Letzter Zugriff: 30.06.2018].

Wette, Wolfram (2013b): *Militärhistoriker: Die Erinnerung an Stalingrad ist unterschiedlich*. Interview von Thielko Grieß im Deutschlandfunk (02.02.2013). Online unter: https://www.deutschlandfunk.de/militaerhistoriker-die-erinnerung-an-stalingrad-ist.694.de.html?dram:article_id=236286 [Letzter Zugriff: 30.06.2018].

Wette, Wolfram (2002): *Die Wehrmacht. Feindbilder, Vernichtungskrieg, Legenden*. Frankfurt am Main: S. Fischer.

Wiesner, J. (1994): *Ölbaum [1]*. In: Lexikon der Alten Welt, Band 2, 2118-2119, Augsburg: Weltbild.

Winkler, Heinrich August (2004): *Aus der Geschichte lernen? Zum Verhältnis von Historie und Politik in Deutschland nach 1945*. In: DIE ZEIT 14/2004 (25.03.2004). Online unter: https://www.zeit.de/2004/14/winkler [Letzter Zugriff: 13.05.2018].

Winter, Martin Clemens (2015): *Luftkrieg. Akteure und Deutungen des Gedenkens seit 1945*. In: Langebach, Martin/ Sturm Michael: *Erinnerungsorte der extremen Rechten*. Wiesbaden: Springer VS, 197-212.

White, Hayden (1994): *Metahistory. Die historische Einbildungskraft im 19. Jahrhundert in Europa*. Frankfurt am Main: Fischer Wissenschaft.

Wiegel, Gerd (1997): *Politik mit der Vergangenheit. Entsorgung der Geschichte als Beitrag zur Hegemoniefähigkeit*. In: Klotz, Johannes/ Schneider, Ulrich/ Elm, Ludwig (Hg.): *Die selbstbewußte Nation und ihr Geschichtsbild - Faschismus, Holocaust, Wehrmacht*. Köln: PapyRossa Verlag, 65-77.

Wodak, Ruth (2016): *Politik mit der Angst. Zur Wirkung rechtspopulistischer Diskurse*. Wien/Hamburg: Konturen.

Wolfrum, Edgar (2001): *„1968“ in der gegenwärtigen deutschen Geschichtspolitik*. In: Aus Politik und Zeitgeschichte 22-23(1), 28-36.

Yilmaz, Serdar (2008): *Kurdischer Nationsbildungsprozess – Beginn und Verlauf der kurdischen Nationsbildung in der Türkei*. Diss. Universität Wien. Online unter: http://othes.univie.ac.at/788/1/06-18-2008_9308390.pdf [Letzter Zugriff: 29.04.2018].

Zorn, Daniel (2018): *Ethnopluralismus als strategische Option*. In: Schellhöh, Jennifer: *Großerzählungen des Extremen: Neue Rechte, Populismus, Islamismus, War on Terror*. Bielefeld: transcript Verlag, 21-33.